# 综合能源服务


主　编 ◎ 闫占新　高　犁

副主编 ◎ 廖宗毅　雷晶晶　严晓丹

编　写 ◎ 薛　平　谭　琦　黄　睿　唐　杰

李达炜　冉韵早　石富童



西南交通大学出版社

·成　都·

图书在版编目（CIP）数据

综合能源服务 / 闫占新，高犁主编. -- 成都：西南交通大学出版社，2023.11
ISBN 978-7-5643-9580-3

Ⅰ. ①综… Ⅱ. ①闫… ②高… Ⅲ. ①能源经济－服务市场－高等职业教育－教材 Ⅳ. ①F407.2

中国国家版本馆 CIP 数据核字（2023）第 229769 号

Zonghe Nengyuan Fuwu
综合能源服务

主　编／闫占新　高　犁

策划编辑／李芳芳　张少华
责任编辑／余崇波
封面设计／GT 工作室

西南交通大学出版社出版发行
（四川省成都市金牛区二环路北一段 111 号西南交通大学创新大厦 21 楼　610031）
营销部电话：028-87600564　　028-87600533
网址：http://www.xnjdcbs.com
印刷：四川玖艺呈现印刷有限公司

成品尺寸　185 mm × 260 mm
印张　13.75　　字数　308 千
版次　2023 年 11 月第 1 版　　印次　2023 年 11 月第 1 次

书号　ISBN 978-7-5643-9580-3
定价　56.00 元

课件咨询电话：028-81435775
图书如有印装质量问题　本社负责退换

# 前 言

PREFACE

从火的发现和利用，到煤炭、石油、天然气等一次化石能源的开采使用，为社会发展和进步提供了丰富的物质和能量保障。能源在人类文明进程中提供了源源不断的动力，是推动社会存在和进步的基石，对社会发展、生活改善以及文明进步起着至关重要的支撑作用。然而，随着社会发展步伐的加快，人类对能源需求量呈指数式增长，对化石能源的大规模开采、利用和消耗，导致大量的有害气体、粉尘等污染物排放到大气中，不仅对全球气候、生态环境造成了不可忽视的影响，也对人类健康和生存空间带来严重威胁。同时，对一次能源的过度使用，直接导致了资源枯竭和生物多样性丧失等问题，甚至出现因争夺能源有引发战争的可能。

为了延续人类文明，实现可持续发展，人类活动必须在能源、文明和环境三者之间寻求平衡，那么就必须对能源利用提出变革。一方面要推动一次化石能源利用转型，提高能源的综合利用率，减少污染物排放；另一方面要大力发展太阳能、风能、水能等清洁能源，替代化石类能源，构建综合能源系统，实现污染物的“零”排放。2020 年，我国在第 75 届联合国大会上正式提出“双碳”目标，即在 2030 年前实现碳达峰，2060 年前实现碳中和。该目标的提出，为我国能源发展指明了方向，也为综合能源系统的发展提供了发展动力。

本教材从能源发展历史入手，分析了能源在人类文明发展过程中发挥的重要作用，以及在开发利用能源的过程中呈现出来的问题，从而引出综合能源系统，着重分析其与传统供能系统的差异性及优势作用。分层、分步、分类对综合能源系统构建的关键技术、信息采集及管理系统、优化调控运行方式、运行模式和政策机制以及供给侧能源服务、负荷侧需求响应服务类型、典型案例等多个方面进行了阐述和分析。

本教材在编写过程中，得到了国网四川技能培训中心、国网四川营销服务中心以及国网四川综合能源服务有限公司有关同志的支持和帮助，为本教材的编写提供了宝贵意见，在此表示感谢！

教材中使用的部分图片来源于互联网，仅用于学术研究，如有侵权，请与本书作者联系。

由于编者学术水平和编写时间有限，书中难免有不足之处，恳请各位专家和读者提出宝贵意见。

编 者

2023 年 10 月

# 目　录
CONTENTS

# 第 1 章　能源利用与发展现状

能源、文明和环境是人类社会发展不可或缺的三个要素，存在密切的相互关系。能源作为推动社会和经济发展的基础，是现代文明的重要支撑。人类文明的进步离不开能源的供应和利用。从古代的火种到现代的石油、天然气和电力，能源的发现和利用推动了人类社会的发展和进步。能源的稳定供应和高效利用，为社会提供了丰富的物质和能量基础，满足了人们的生活和生产需求。

能源的供应和利用对经济增长、生活改善和社会发展起着至关重要的作用。然而，能源的开采、利用和消耗也对环境产生了不可忽视的影响。环境问题成为人类社会发展的一大挑战。能源的使用导致大量的温室气体排放和空气污染，对全球气候和生态系统带来了严重威胁。同时，资源的过度开采和利用导致资源的耗竭和生物多样性的丧失。

为了实现可持续发展，人类社会必须寻求能源、文明和环境之间的平衡。这意味着需要推动能源转型和可再生能源的开发和利用，大力发展综合能源，减少温室气体排放和空气污染，提高能源利用效率。同时，还需要保护自然资源和生态环境，实现经济、社会和环境的协调发展。

只有通过合理利用能源，推动文明进步，同时保护和改善环境，人类社会才能实现可持续发展，为未来创造更加美好的生活条件。

## 1.1　能源利用发展

人类进化的历史，也是一部不断向自然界索取能源的历史。伴随着能源的开发利用，人类社会逐渐从远古的刀耕火种走向现代文明。人类使用能源大致可以分为柴草时期、煤炭时期、石油时期和可再生能源时期。

### 1. 柴草时期

在原始社会，人类学会了使用工具和火，特别是学会了利用火来取暖和做饭。此后一直到 18 世纪中叶，人类一直以柴草烧饭、取暖和照明，以人力、畜力和极少量水车、风车为动力，从事手工生产和交通运输。在马车的低吟声中，人类度过了漫长的农业文明时代。尽管生产力和生活水平非常低下，但火的发现和使用，使人类开始迈向具有理性的文明社会。这一时期生产力低下，人类基本受制于大自然（见图 1.1）。

图 1.1　钻木取火（左）和古代水车（右）

### 2. 煤炭时期

从 18 世纪中叶开始，以蒸汽机的发明为代表，人类进入了能源利用的煤炭时期。中国人早在 1 000 多年前就学会了使用煤，但大规模开采和利用煤则始于 17 世纪的英国。煤气灯的使用，结束了人类生活的漫漫黑夜。蒸汽机的发明，使煤炭一跃成为第二代主体能源。随着 18 世纪以煤炭为燃料的蒸汽机的广泛应用，纺织、冶金、采矿、机械加工等产业获得迅速发展。蒸汽机车、轮船的出现，又使交通运输业得到巨大进步。通过大规模使用机器，欧洲国家率先进入了工业社会，人类开始对大自然进行大规模的改造（见图 1.2）。

图 1.2　蒸汽机

### 3. 石油时期

19 世纪末，以发明内燃机和电力为代表，人类进入以石油为主要能源的时代。中国人很早就发现石油是一种可燃的液体，宋朝的沈括就对石油做了详细的记载。但漫长的封建社会，压抑了中国人的聪明才智的发挥和科学技术的发展。而在地球的另一端，工业革命带来了巨大的技术进步。随着世界上第一口油井的打出，现代石油工业由此发端。19 世纪 80 年代初以汽油为燃料的世界上第一辆汽车问世，从此开始了大规模使用石油的汽车时代。从 19 世纪初法拉第发现电磁感应，到 19 世纪末爱迪生发明电灯，作为一次能源的石油和煤炭被转换成便于输送和利用的二次能源——电能，使人类永远地脱离了黑暗。到 20 世纪 60 年代，全球石油的消费量超过煤炭，成为第三代主体能源。以石油和电能为基础，内燃机、电力机等动力机械，以及电话、电视、计算机、互联网等信息设备的发明和使用，将人类快速推进到现代文明时代（见图 1.3）。

图 1.3　内燃机

4. 可再生能源时期

进入 21 世纪，在使用石油、煤、天然气等化石能源以及核能的同时，水力能以及太阳能、风能、海洋能、生物质能等可再生能源也逐渐走上舞台。由于传统的化石能源面临枯竭，人类正在积极地开发可再生的新能源。尽管目前人类仍处于石油能源时期，但按照当前的发展趋势预测，到 21 世纪中叶，可再生能源将占据人类总能源需求的 50%以上（见图 1.4）。

图 1.4　风电和光伏

人类使用能源的历史（见表 1.1）就是人类文明演化的历史。正是因为掌握了工具，支配了能源，人类才得以成为万物之灵，诞生出文明，从此主导世界，拥有改造和支配自然界的伟力。能源是我们的重要法宝，从能源的种类来看，人类使用能源的历史可以更简单地概括为传统能源时期、新能源兴起时期和综合能源时期三个阶段，这三个阶段刚好对应人类的过去、现在和未来。

表 1.1　人类利用能源的历史

| 名称 | | 时期 | 特点 |
|---|---|---|---|
| 传统能源时期 | 柴草时期 | 约 50 万年前～18 世纪中叶 | 以柴草、人力、畜力为主，辅以少量风车、水车 |
| | 煤炭时期 | 18 世纪中叶～20 世纪中叶 | 以煤炭为主要能源，以蒸汽机为主要驱动机 |
| | 石油时期 | 20 世纪中叶～21 世纪初 | 以石油为主要能源，以内燃机和电机为驱动机 |
| 可再生能源兴起时期 | | 21 世纪初至今 | 大力发展太阳能、风能、水能、生物质能等可再生能源 |
| 综合能源时期 | | 以后 | 形成可再生能源（太阳能、风能、水力能、生物质能等）以及化石能源（石油、煤炭、天然气等）等多种能源综合利用体系 |

### 1. 传统能源时期（过去）

传统能源时期横跨了人类的远古采猎文明、农业文明及近代工业文明。从最早的人类祖先“靠天吃饭”，到后来随着文明的发展和技术的进步，人类对能源的利用从被动获取逐渐转变成有意识地主动使用，能源从柴草升级过渡到石油。从最初的第一缕火焰进入人类视野到钻木取火，从早期的采猎文明到农业文明，火的发现不仅播下了文明的种子，加速了人类的进化，也激发了能源的潜力。到了 18 世纪，从奥斯特发现电流磁效应到法拉第发现电磁感应定律，从瓦特发明蒸汽机到西门子发明发电机，人类开始掌握电力，迈入“电气时代”，使电力和石油成为时代的宠儿，而广泛应用于发电的煤炭、水力、核能等能源也开始走向巅峰。

### 2. 可再生能源兴起时期（现在）

传统能源时代主要以煤炭、石油等化石能源为主。由于人类对能源消耗的速度远远大于地球储备能源的速度，以煤炭、石油为代表的传统能源终将耗尽，届时人类必须寻找新的替代能源，而取之不尽的可再生能源便是完美答案。步入现代文明之后，人类更注重生态文明建设，更注重环境保护，更注重可持续发展，以风电、太阳能、水电等为代表的清洁能源开始登上舞台，未来势必成为主角。

### 3. 综合能源时期（未来）

目前，人类所使用的能源种类空前繁多，有以石油、煤炭、天然气为代表的传统化石能源，也有以太阳能、风能为代表的新能源。为了能源的可持续发展，为了生态环境的建设，在可预见的未来，新能源在整个能源体系中的比重会越来越大并占据主要地位，而化石能源的消耗速度将大幅减小，人类需要在化石能源消耗殆尽之前，完成对新能源的替代，形成可再生能源（太阳能、风能、水力能、生物质能等）以及化石能源（石油、煤炭、天然气等）等多种能源综合利用体系。

## 1.2　能源的定义与分类

### 1.2.1　能源的定义

能源，在诞生之初指的是能量的来源。能量的来源主要来自三个方面：一是太阳的辐射能量，如太阳能、风能等；二是地球内部固有的能量，如地热能、原子能等；三是地球与其他天体相互作用产生的能量，如潮汐能。它们分别称为第一类能源、第二类能源和第三类能源（见表 1.2）。

表 1.2　一次能源分类

| 按来源分 | 可再生能源 | 不可再生能源 |
|---|---|---|
| 第一类能源（直接或间接来自太阳辐射） | 太阳能、风能、水力能、波浪能、海流能、海水温差能、生物质能 | 煤、石油、天然气 |
| 第二类能源（地球内部固有的能量） | 地热能、火山能、地震能、海啸能 | 核燃料（铀、钍、钚、氘等） |
| 第三类能源（地球与天体相互作用能） | 潮汐能 | |

第一类能源来自太阳辐射，又可分为：①间接来自太阳辐射，经光合作用转化为生物质能，如草木中所含的能量，其中一部分又经过生物体的转化，变为煤、石油、天然气、沼气、油页岩等；②间接来自太阳辐射，经空气或水的吸收转化，变为风能、水力能、波浪能、海水温差能等；③直接吸收太阳辐射，转化为热能或光能，如太阳能热水、太阳能供暖、太阳能光伏电池等。

第二类能源为地球内部固有的能量，又可分为：地热能、地震、火山运动、核能（铀、钍、氘、氚）等。

第三类能源为地球与其他天体的相互作用能，主要是潮汐能，它来自月亮和太阳对地球海水的引力。

随着文明的发展和科技的进步，人类对能源有了更广泛的认识。能源的概念从能量的来源演变成产生能量的原料和资源，如煤和石油等化石能源提供热能，水力和风力提供机械能，地热提供热能，太阳提供电磁辐射能（可转化为热能或电能）。许多自然过程能产生一定的能量，普通的垃圾也可以转化为能量，但转化的数量和转化的难易程度差异极大。因此，能源又可定义为较集中而又较容易转化的含能物质或含能资源。

### 1.2.2　能源的分类

#### 1. 较为常见的两种能源分类方式（见表 1.3）

（1）按加工、转换与否分类，能源可分为：①一次能源，指自然界中以天然形态存在的原油、原煤、天然气、柴薪、水流、核燃料，以及太阳辐射、地热、潮汐等；②二次能源，指由一次能源经过加工或转换得到的能源，如煤气、焦炭、汽油、煤油、热水、电能、氢能等。其中电能是最重要、也是最方便的二次能源。

（2）按反复使用、再生与否分类，能源可分为：①不可再生能源，即只能一次性使用，不可再生的能源，包括所有化石能源和核能；②可再生能源，即可以反复使用，不会耗尽的能源，包括太阳直接辐射能（简称太阳能）、风能、海洋能、地热能等。

表 1.3　能源的常见分类

| | | |
|---|---|---|
| 一次能源 | 可再生能源 | 太阳辐射、生物质、风、流水、海浪、潮汐、海流、海水温差、地热水、地热蒸汽、热岩层 |
| | 不可再生能源 | 化石燃料（煤、石油、天然气、油页岩、可燃冰）、核燃料（铀、钍、钚、氘等） |
| 二次能源 | 电能、氢能、汽油、煤油、柴油、火药、酒精、甲醇、丙烷、苯胺、焦炭、硝化棉、甘油三硝酸酯（硝化甘油）等 | |

#### 2. 目前兴起的两种能源分类

（1）按普及与否分类，能源可分为：①常规能源，指现阶段已经大规模生产和广泛使用的能源，也称传统能源，包括一次能源中可再生的水能资源和不可再生的煤炭、石油、天然气等；②新能源，指正在研发、尚未普及的能源，如太阳能、风能、海洋能等。常规能源和新型能源是相对概念，现在的常规能源过去也曾是新型能源，而今天的新型能源将来也可能会成为常规能源。19 世纪初，蒸汽机刚开始使用时，煤炭就是那时的新型能源；19 世纪末，内燃机发明时，石油就是当时的新型能源；20 世纪 50 年代，核能刚被利用时，也被称为新型能源，而随着科学技术进步，现在世界上很多国家正在建造核电站，工业发达国家已把核能看成是常规能源了，但在发展中国家仍把它算作新型能源。

（2）按清洁与否分类，能源可分为：①清洁能源，指在利用中不会产生或产生极小污染的能源，如太阳能、风能等；②非清洁能源，指在利用中会产生较大污染的能源，如煤炭、石油等。

#### 3. 较为冷门的能源分类

（1）按照资源形态分类，能源可分为：①含能体能源，其能量存在于物质中，易于储存，包括化石燃料（煤、石油、天然气等）、核燃料、地热能、氢能等；②过程性能源，其能量存在于运动过程中，无法直接储存，包括太阳辐射、风、河流、潮汐、波浪等。

（2）按化石与否分类，能源可分为：①化石能源，由古代生物的化石沉积而来，如煤炭、石油和天然气等（科学家推断它们是千百万年前靠近海岸的微生物或动植物残骸大量淤积在海底，后来经过地壳的运动逐渐被埋藏在地底下，再经过细菌的分解及长期在高压、高温的作用产生化学变化而变成构造复杂的碳氢化合物）；②非化石能源，除化石能源之外的都是非化石能源，包括水能、太阳能、生物质能、风能、核能、海洋能和地热能等。

（3）按商品与否分类，能源可分为：①商品能源，指进入能源市场作为商品销售的能源，如煤炭、石油、天然气和电力等；②非商品能源，指不能进入能源市场作为商品销售的能源，如薪柴和秸秆等农作物残余。

（4）按可燃与否分类，能源可分为：①燃料能源，作为燃料使用，主要提供热能的称之为燃料能源，如泥炭和木材等；②非燃料能源，不能作为燃料使用，如水能、风能、地热能和海洋能等。

### 1.2.3 能源的品质

地球上可供人类使用的能源很多，他们各具特色，各有优劣。通过对能源进行品质评价，可以了解各种能源的综合价值。评价各种能源的技术指标主要归纳为实用性、经济性和灵活性三个方面，同时也要考虑环境的影响。

#### 1. 实用性

评价能源实用性的技术指标有两个：能流密度和能源品位。

（1）能流密度，即在单位体积或单位面积内从能源获得的功率。新能源，如太阳能和风能的能流密度较小，只有几百瓦每平方米；常规能源和核能的能流密度大。能流密度小是可再生能源的共性。因此，太阳能、风能等可再生能源的利用需占用较大的接收面积。

（2）能源品位。从转换为电能的难易程度考虑，能源有低品位和高品位之分。较难转化为电能的为低品位能源，较易转化为电能的为高品位能源。能源的品位高低是相对的，例如，比较水力能与化石燃料：水力能可直接转化为机械能，再转化为电能；而化石燃料须先通过燃烧转化为热能，再转化为机械能，进而转化为电能。水力能更容易转化，因此是高品位能源。在实际生活中，大量的低品位能源未被利用，白白浪费掉，如工业废热、太阳热能、小水能等，把它们积累起来仍是一笔巨大的能量。

#### 2. 经济性

评价能源经济性的技术指标有两个：能源投资和运输费用和损耗。

（1）能源投资，即开发能源所需的费用和设备价格。化石能源与核燃料，从勘测开采到加工运输，需投入大量人力物力，本身即耗能。太阳能、风能等可再生能源，由大自然提供，无能源费用，只是设备的初投资仍较高。2018 年，太阳光伏发电的设备投资平均为 1 万元/kW（并网式），风能则已经降到 4 千元/kW，接近天然气和石油的设备投资或水电设备的投资。

（2）运输费用和损耗。能源需要从产地运输到使用地，但运输本身消耗能源，也需要投资，所以远距离运输影响其使用成本。石油和天然气可以用管道从产地输送到用户，太阳能、风能等则难以运输。

### 3. 灵活性

评价能源灵活性的技术指标主要有两个：能源供应的连续性和存储的可能性。要求能源能连续供应，不用时能储存起来，需要时能立刻发出能量。一般化石燃料容易储存，可再生能源如太阳能、风能则难以储存，也难以连续供应。

### 4. 环境影响

此外，由于生态文明建设的发展和人类环保意识的提高，人们开始敬畏自然，保护自然，因此在能源利用中，环境影响是必须要考虑的因素，环境污染已成为影响全球的重大问题。几种主要能源对环境的影响简述如下：

（1）核电站：放射线污染、核废料。

（2）燃煤电站：温室效应、酸雨、粉尘排放。

（3）水电站：淹没土地、改变生态、引发地震、土地盐碱化、妨碍灌溉与航运。

（4）太阳能、风能、潮汐能、波浪能：对环境无直接污染，但占用大量陆地或海面。风能对鸟类、海洋能对航运有部分影响。废弃的太阳电池也会造成污染。

## 1.3 能源与环境

18 世纪的工业革命揭开了人类历史的新篇章。人类掌握了日益先进的干预自然的手段和工具，在山川、河流、森林、海洋、太空，到处都留下了活动的足迹。社会生产力的发展和物质财富的增长刺激了人类对自然的征服欲和占有欲。但是，当人类创造一个又一个经济奇迹的同时，又一步步把自己推向了灾难的边缘：能源危机、生态危机、环境危机、粮食危机，这些都是人类不加节制地破坏大自然的后果。由于大量使用化石能源、砍伐森林以及化学排放等，人类正面临着严峻的生态与环境危机

### 1.3.1 温室效应

大气中的二氧化碳（$CO_2$）、甲烷（$CH_4$）等气体允许来自太阳的短波辐射通过，却能够吸收地球发出的红外长波辐射，使部分能量再返回到地球，如同温室中的玻璃一样，阻挡地球的正常热量散失，这就是温室效应。研究人员发现，自 1840 年工业革命以来，大气中 $CO_2$ 的含量（体积分数）增加了 30%，这可能是过去 42 万年中的最高值。全球气温的变化严重扰乱了世界气候的自然平衡状况。目前，$CO_2$体积分数每年增加 3%，每年大约有 230 亿吨 $CO_2$被释放到地球的大气中。如果这种趋势继续下去，未来 50 年内全球气温将上升 1.5 ~ 4.5 °C，这将使极地冰雪融化，海水升温膨胀，将淹没全球大多数沿海地区，气候也将发生重大变化。

近年来，世界各地气候异常情况明显增加，如洪水、干旱和高温等。大量数据证明，气候异常是由于人类使用化石燃料如煤、石油、天然气，排放大量 $CO_2$ 等温室气体造成（见图 1.5）。

图 1.5　温室效应

### 1.3.2　大气污染

大气污染物包括硫氧化物（$SO_2$）、氮氧化物（$NO_x$）、臭氧（$O_3$）以及粉尘等颗粒污染物。其主要原因包括大量使用化石燃料、大规模烧毁森林或秸秆、工业废气排放以及施工扬尘等。据统计，100 万千瓦的燃煤电站年排烟尘 100 万吨、二氧化硫（$SO_2$）6 万吨、强致癌物苯并芘 630 kg，并形成酸雨，不仅破坏森林、庄稼，而且污染水源，影响动物和人的生存。我国是大气污染最严重的国家之一，每年废气排放总量约 8.5 亿立方米，含二氧化硫（$SO_2$）1 500 万吨、烟尘 1 300 万吨、粉尘 780 万吨。华中、华南和西南地区酸雨区占国土面积的 30%左右，造成巨大的经济损失。空气污染还会引起多种呼吸道疾病。

颗粒污染物是指粒径为 0.1 ~ 100 μm 的各种微粒，主要有飘尘、降尘等，称为总悬浮颗粒物（TSP）。TSP 的存在造成雾霾天气，使得大气能见度降低，空气污浊。通常把粒径在 10 μm 以下的颗粒物称为可吸入颗粒物，又称 PM10。特别是粒径小于 2.5 μm 的粒子（PM2.5），能够经过人的呼吸系统进入肺部，引起呼吸系统疾病、心血管疾病和癌症，对人体危害极大（见图 1.6）。近年来我国的城市雾霾有所减弱，但仍排在世界前列，环境治理任重道远。

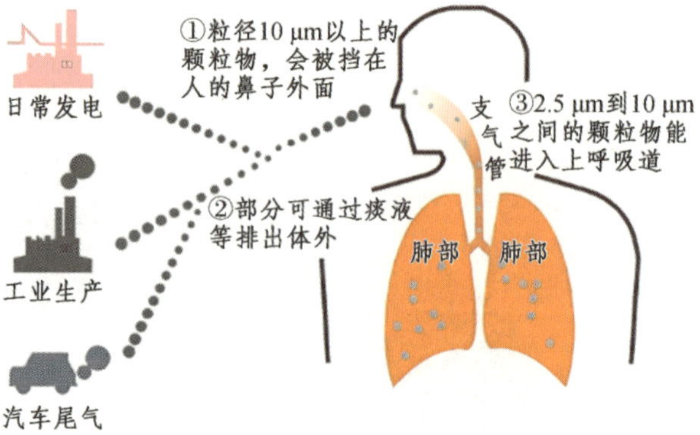


图 1.6　PM2.5 的来源及危害

### 1.3.3　水污染

全世界都面临严峻的淡水资源短缺，这一问题在我国尤甚。我国有世界第一的水力资源，但又是贫水大国，人均水资源仅为世界人均水资源的 1/4。全国 30 条主要河流，从东北的松花江、辽河，到中华民族的母亲河——黄河、长江，一直到南方的湘江、珠江，都已受到不同程度的污染。

工业和生活污水排放未经任何处理即排放到江河湖海，导致许多地区的地下水和饮用水源受到严重污染，对人体健康造成极大危害。由于人口膨胀和过度开发，水资源短缺问题在我国华北地区尤为严重（见图 1.7）。

图 1.7　工业废水无序排放

### 1.3.4　森林砍伐

森林是地球生态循环的重要组成，能够吸收大量 $CO_2$，放出 $O_2$。森林还提供野生动物栖息地，涵养水源，防风固沙，调节气候，净化大气。热带雨林被称作“地球的肺部”，提供全球 50%的新鲜氧气，并抵消温室效应的影响。自 1945 年以来，世界上一半以上的雨林被毁坏。目前热带雨林覆盖率不到地球的 10%，大多数分布在南美的巴西亚马孙流域，少数分布在东南亚以及我国的海南岛，一旦全遭破坏，将使全球气候大幅恶化。

2018 年，我国的森林覆盖率只有约 22%，为世界平均值的 1/2，森林总面积仅占世界的 4%，人均森林资源仅为世界人均值的 1/6（见表 1.4）。到了 2022 年，我国森林覆盖率提升至 24.02%，人工林面积多年来稳居世界首位。但是自 1980 年以来，我国原有森林面积减少了约 23%，从东北到西南，许多原有森林遭到严重破坏。东北大、小兴安岭森林的大量砍伐，使黑龙江省年降水量由过去的 600 mm 降至 380 mm，过去罕见的春旱、伏旱和夏季酷热现象常有发生。

表 1.4　世界主要国家的森林覆盖率（来源自网络数据，截至 2018 年）

| 日本 | 巴西 | 俄罗斯 | 美国 | 德国 | 印度 | 中国 |
|---|---|---|---|---|---|---|
| 68% | 58% | 48% | 33% | 30% | 24% | 22% |

### 1.3.5　臭氧空洞

臭氧层位于距地面 30 km 左右的平流层内，对太阳紫外线有极强的吸收作用，能够吸收 99%以上对人类有害的太阳紫外线，是地球上生命的天然屏障。

1985 年一支英国南极考察队发现南极上空臭氧层出现空洞，该处 $O_3$ 含量仅为正常值的 40%～50%，面积与美国相当。其后北极上空也发现了空洞。科学家认为，$O_3$ 减少 1%，射到地面上的紫外辐射将增加 2%，皮肤癌、白内障发病率都将增加，海洋浮游生物无法进行光合作用。一旦食物链受损，海洋生物将面临灭绝。臭氧层破坏的主因是人类排放的氟氯烃（CFCl）、甲烷等，上述物质存在于冰箱、空调、灭火器、喷雾剂和化工生产中。臭氧层要完全恢复需要 100 年的时间（见图 1.8）。

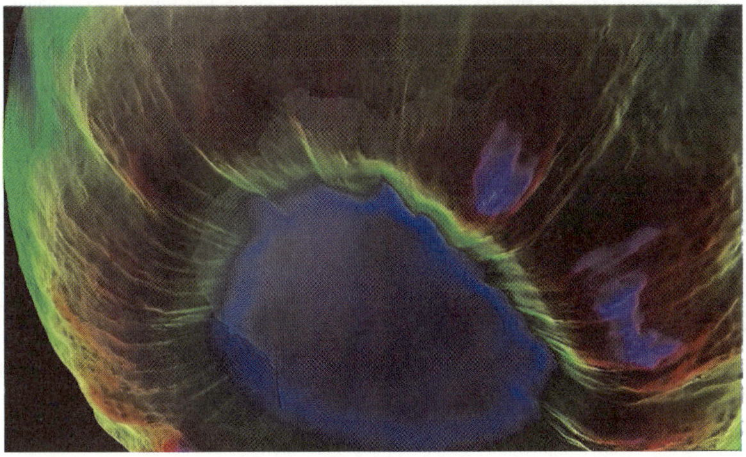

图 1.8　臭氧空洞

### 1.3.6　固体垃圾污染

据国家环保部门统计，全国工业固体废弃物总量（不含乡镇企业）为每年 7 亿吨以上，综合利用率仅为 30%左右。2/3 的城市陷入垃圾包围之中。全国城市生活垃圾每年 1 亿多吨，并且以每年 6%～7%的速度增长，无害化处理率不足 20%。大量未经处理的工业废渣和城市垃圾堆存于城郊等地，成为严重的二次污染源。

### 1.3.7 启 示

世界卫生组织报告显示，近年来全世界每年死亡的 4 500 万人中，有 3/4 是由于环境恶化引起癌症等疾病高发所致。因此，我们每个人都应关心自己周围环境的改善。

自工业革命以来，人类生产力爆发式提高，物质生活得到极大富足，随之而来的是化石能源的快速消耗和工业生产的重度污染，巨量碳排放、工业垃圾、粉尘等无一不警醒我们窘迫的处境，严峻的能源形势和生态文明问题已经赤裸地摆在了整个人类面前。

目前人类所依赖的化石能源是不可再生的，总有耗尽之日；是不清洁的，使用过程中不仅有碳排放会造成温室效应，引发气候变化，也会有硫化物、粉尘等造成大气污染，危害人类健康。在未来，为了人类的生存和发展，必然发生能源变革，可以预见更适合生态文明的综合能源与现在的能源相比更加的清洁化、低碳化和可持续。

## 1.4 能源现状及发展趋势

根据国际上通行的能源预测，石油和天然气均将在未来 50～60 年内枯竭，煤炭也只能用 200 年左右。在人口众多的我国，传统能源将枯竭得更快，形势不容乐观。与世界上一些资源贫乏的国家相比，我国的能源资源并不缺乏。水力资源居世界第一，煤炭储量居世界第三，石油居第六，天然气居第十六。但由于人口太多，就人均资源占有量而言，我国的一次能源又非常匮乏。因此，开发利用新能源，提高资源综合利用效率，是我国现代化建设的关键。表 1.5 列出了我国和世界主要能源的储量和储采比（按当年生产水平尚可开采的剩余能源储量的年数）的对比。从中可看出，随着国民经济的快速增长，我国正面临着日益严峻的能源危机。

表 1.5 我国主要能源与世界的对比

| | 煤炭 | 石油 | 天然气 |
|---|---|---|---|
| 世界总可采储量 | 10 741 亿吨 | 2 444 亿吨 | 188.1 万亿立方米 |
| 中国可采储量 | 1 432 亿吨 | 35 亿吨 | 8.4 万亿立方米 |
| 中国所占比例（%） | 13.3 | 1.5 | 4.5 |
| 世界储采比 | 139 | 53.5 | 48.8 |
| 中国储采比 | 37 | 18.2 | 43.3 |
| 中国产量名次 | 1 | 6 | 4 |

注：资料来源为《BP 世界能源统计年鉴 2021》。

### 1.4.1 我国能源现状

（1）人均能源不足。我国人口占世界总人口 21%，人均能源资源占有量不到世界平均水平的一半，人均煤炭储量只相当于世界平均值的 1/2，人均石油可采储量仅为世界平均值的 1/10，人均用电量不足世界平均值的 1/2。

（2）能源分布不均。我国的煤炭、石油和天然气资源主要集中在东北、华北和西北地区，水电资源则集中在西南地区，而经济发达、人口集中的东部沿海地区能源却严重缺乏。因此，大规模、长距离的北煤南运、北油南运、西气东输、西电东送，是我国能源流向的显著特征和能源运输的基本格局，也造成过大的能源输送损失和长期紧张的交通运输。

（3）能源构成不合理。目前我国一次能源消费仍旧以煤为主，2020 年我国一次能源消费结构中，煤炭占比为 56.7%，石油占比为 18.9%，天然气占比为 8.5%，非化石能源占比为 15.9%。煤炭与石油的消费走势趋于下降，天然气和水电、核电、风电的消费比例虽然有所上升，但非化石能源占比依然偏低。这样的能源结构说明我国现阶段能源利用过于单一，过于依赖煤炭、石油等化石能源，反映出我国能源结构的均衡性差，不能抵抗未来煤炭、石油紧缺而带来的经济风险和能源问题。

（4）能源效率低。我国目前单位产值能耗是世界较高的国家之一，能源效率约为 30%，主要工业产品单位能耗比发达国家高出 30%以上。据统计，2021 年我国每创造 1 美元 GDP，消耗的能源约为美国的 4 倍、德国和法国的 7 倍、日本的 11 倍。

（5）能源过度依赖进口。英国石油公司（BP）发布的《BP2030 世界能源展望：中国专题》预测我国能源生产量在消费中的比重从 2015 年的 85%降至 2035 年的 79%，并成为世界上最大的能源净进口国。统计数据表明，我国煤炭供需缺口占煤炭消费量的比例于近十年稳定在 5%左右；天然气从 2005 年的可以自给自足，逐渐发展到 2018 年超过 30%的消费依赖于进口，近十年增长了超过 35 个百分点；从 1993 年起，我国就变成了石油净进口国。2013 年，我国超过美国，成为世界第一大石油进口国。2018 年我国原油进口量为 4 亿多吨，石油对外依存度为 70%以上，石油对外依存度是衡量一个国家和地区石油供应安全的重要指标，这对我国的能源安全提出了严重的挑战。

（6）环境污染极为严重。目前我国环境形势严峻，生态平衡脆弱。我国各类污染物排放量均居世界首位，远远超过自身的环境容量极限。煤炭在我国能源结构中的占比虽然逐年下降，但截至 2018 年煤炭占比仍为 60%。以煤为主的能源消费结构所带来的严重环境污染、煤炭燃烧的低效率和煤炭使用防污染设施的缺乏，导致我国雾霾频繁发生。煤炭消费的巨大体量和煤的高碳性，使煤炭相关二氧化碳排放量成为我国二氧化碳排放的最主要来源，同时使我国成为世界第一碳排放国。据统计，我国的 CO2、SO2、NO（氮氧化物）等排放，均占到全球排放总量的四分之一以上。除了大气污染，我国还存在严重的水污染、土壤污染和土地荒漠化问题。因此，改变能源结构，保护环境，是关系国民生存和健康的大事（见图 1.9）。

图 1.9 清洁能源、化石能源与环境（来于网络）

### 1.4.2 化石能源的困境

虽然人类在不断地开发和利用新能源，但在目前的能源结构中，化石能源仍占据主要地位。化石能源的不可再生性是人类文明前行的阻碍，化石能源的大量开发和使用，是造成环境污染与生态破坏的主要原因。而大力发展综合能源，是人类必然的选择，是文明演进的需要，是保护环境、尊重自然的体现。发展综合能源不仅能缓解能源危机与压力，适应人类文明现在和未来发展的需要，更是推动文明进步、加速文明转型的动力。

（1）社会发展的代价。从社会发展的角度来看，随着人口的增长和城市化进程的加速，能源需求不断增加，人类的能源消耗迅速增长，能耗的增长速度大大超过了人口增长速度。在 20 世纪，世界人口从 16 亿增长到 60 亿，增长近 3 倍；而同一时期，世界一次能源的年消耗量从 20 亿吨标准煤增长到 200 亿吨标准煤，足足增长了 9 倍。随着经济的发展和生活水平的提高，能源的需求也越来越多样化，不仅需要满足传统能源需求，如电力、燃料等，还需要满足新兴能源需求，如可再生能源、电动汽车等。单一能源的供应无法满足这种消耗爆炸式增长及种类多样化的需求。

（2）文明演进的需要。自第一次工业革命以来，人类对自然资源不加节制地索取，使赖以生存的自然生态遭到破坏。农业和工业高速的发展不断挤压其他物种生存空间，大量物种因此濒临灭绝。人类破坏生存的家园，使大气、河流和海洋不断受到污染的侵蚀，局部环境不断恶化、造成人类生存的困境。文明的进步必然伴随着能源的革命和转型。人类为适应文明演进的新趋势和新要求，出于自我保护的本能，必须从根本上解决文明前行的动力困扰，实现能源的安全、稳定、清洁、永续利用，在迈向生态文明的道路中建立可持续、综合、高效的能源技术。

### 1.4.3 综合能源发展的必要性

改革开放以来，改革开放以来，我国经历了 40 多年的高速发展，实现了经济、军事与科技的腾飞，这些成就离不开海量的能源消耗，同时也造成了我国能源问题的困境。我国地大物博，拥有储量丰富的化石能源，但由于人口众多，人均能源远低于世界平均水平。我国能源的“火车头”仍是化石能源，煤炭的产量和消耗位居世界第一，石油大量依赖进口，不仅造成环境污染，还影响能源安全，容易被外国卡住石油的“咽喉”。幸运的是，我国地域辽阔，地形多变，蕴藏着极其丰富的可再生能源，主要有太阳能、风能、水力能和生物质能。我国陆地总面积 2/3 以上地区年日照时数大于 2200 h，属于太阳能资源丰富地区。我国西藏、青海、新疆、甘肃、宁夏、内蒙古属于世界上太阳能资源最丰富的地区。我国风能资源丰富，陆地可开发利用风能资源约 2.5 亿千瓦，加上海上风能资源，共计有约 10 亿千瓦的资源潜力。如果可以有效利用这些丰富的太阳能和风能，不仅能弥补能源总量的不足，还能有效地减少甚至摆脱对外能源进口的依赖。

为解锁这些可再生能源的庞大储备，减轻我国的能源供应压力，我国正采取积极措施，将太阳能、风能、垃圾发电、太阳能热、地热能、沼气等可再生能源，与传统化石能源智慧融合，共同构筑一个高效、协调的综合能源系统。综合能源不仅是对各类能源资源的物理性整合，更是一场深刻的能源生产和消费革命，旨在通过策略性布局与创新集成，开创一个既满足当前需求又惠及长远发展的能源新模式。在能源的多样性的基础上提高可靠性，降低能源的成本，提高能源的利用效率；通过大量消纳可再生能源，大幅减少化石能源的消耗；通过不断的技术创新，持续提高可再生能源的比例，在化石能源枯竭之前摆脱对化石能源的依赖，实现能源的可持续发展。

综合能源系统致力于为社会各领域提供综合性的能源解决方案与服务，以实现“清洁、科学、高效、节约、经济”为宗旨，推动能源使用的规模化转型，加速传统能源使用方式的革新，调整社会能源结构，促进低碳经济的发展，为我国乃至全球的能源安全与生态环境保护贡献力量。

# 课后习题

1. 什么叫能源？

2. 从能量守恒的角度，世界上的总能量保持不变，但人类为何存在能源危机？

3. 什么是生态平衡、温室效应、臭氧层破坏？影响他们的主要因素有哪些？

4. 为何电能是最佳的二次能源？你认为目前哪种能源技术转换为电能最方便高效？

5. 举例说明可再生能源（如太阳能）与不可再生能源（如煤）的优缺点。

6. 化石能源仍是当今人类的主要能源，假设现在世界上的化石能源全部耗尽，新的替代能源还未问世，将会出现什么情况？并举例设想几个场景。

7. 畅想一下 21 世纪中期世界的主要能源是什么？人类最终将如何解决能源问题？

# 第 2 章 综合能源系统

## 2.1 综合能源系统基本概念

### 2.1.1 什么是综合能源系统

综合能源系统（Integrated Energy System，IES）是指将多种不同类型的能源（如电能、热能、气体等）进行综合利用，形成高效、低碳、可持续的能源体系，以满足不同领域的能源需求。综合能源系统的建设可以通过能源互联网等技术手段，实现能源生产、转换、储存、调度和使用的协同和优化，提高能源利用效率和经济性，同时减少能源消耗和环境污染。综合能源系统的核心在于能源互联互通和优化调配。通过建立多能互补、协同联动的能源网络，实现不同能源之间的相互转化和优化利用，实现能源系统的高效和可靠运行。比如，太阳能、光伏和风能发电的波动性大，需要结合储能技术进行优化调度，同时可以将多余的能源通过能源互联网输送到其他地区，实现全局优化。

综合能源系统包括以下几个方面：

（1）多能互补：利用不同能源的优势，将它们组合起来实现互补利用，最大限度地提高能源的利用效率和经济性。

（2）多能联供：将多种能源进行联合供应，为用户提供更加稳定、高效的能源服务，同时减少能源的浪费和污染。

（3）多能储能：通过多种技术手段（如电池、超级电容、储热罐等）对能源进行储存，以实现能源的调度和平衡。

（4）多能管理：利用能源互联网、物联网等技术手段，对综合能源系统进行集中监控和管理，以实现能源的智能化调度和管理。

综合能源系统的建设可以提高能源利用效率和经济性，降低能源消耗和环境污染，有利于实现能源的可持续发展。目前，综合能源系统在城市供能、工业用能、交通运输等领域得到了广泛应用，成为能源转型和绿色发展的重要手段。

### 2.1.2 与传统能源系统相比的区别和优势

能源是人类赖以生存和发展的基础，是国民经济的命脉。如何在确保人类社会能源可持续供应的同时尽量减少用能环节对环境的污染，是当今世界各国共同关注的热点。而打破原有各供能系统单独规划、单独设计和独立运行的既有模式，进行社会能源系统的一体化规划建设和运行优化，并最终构建统一的社会综合能源系统，将成为适应社会能源领域变革，确保社会用能安全和长治久安的必由之路。

（1）综合能源系统有助于可再生能源的规模化开发利用，有助于传统一次能源利用效率的提高，有助于人类共同应对全球气候变化和实现人类社会能源的可持续供应。

气候变化和环境污染是当代人类共同面对的最严峻挑战，而一次化石能源的过度开发利用是其重要诱因，因此提高一次能源利用效率和实现可再生能源的规模化开发利用，就成为世界各国应对上述问题的不二选择。而无论一次能源利用效率的提升，还是可再生能源的规模化开发利用，都离不开综合能源系统和相关技术的支持。

现如今，正是由于缺乏综合能源系统相关技术的支持，才形成我国可再生能源规模化开发的瓶颈：我国中西部存在丰富的风能、太阳能，但电力系统长久以来在建设过程中未考虑大量可再生能源发电入网的需要，是造成弃风和弃光问题的一个重要原因；而用户侧的配电系统在升级改造中，也未预先考虑大量分布式发电设备即插即用入网需求，已成为制约我国用电侧可再生能源规模化开发和提高用户供用能品质的重要因素，这些问题亟待解决。

综合能源系统相关技术有利于我国减少能源对外依存，提高能源供应安全；有利于减少我国温室气体及污染物排放，实现节能减排目标；有利于保证我国能源的可持续供应，实现我国社会经济健康、和谐和可持续发展。

（2）综合能源系统有利于提高整个社会供能系统的安全性和自愈能力，有利于增强人类社会抵御自然灾害的能力。

传统的社会供能系统，如供电、供气、供热、供冷等系统，往往单独规划、单独设计、独立运行，彼此缺乏协调，从而造成社会供能系统整体安全性低、自愈能力差。一种被寄予厚望的解决方案，是将终端综合能源单元（或称微网）与传统的社会供能系统协同配合，实现用户分区分片灵活供电和供能。通过合理的规划和设计，在灾难性事件发生并导致电网瓦解时，可利用局部可获得的能源，保证对重要负荷供电以利于大电网快速恢复，同时减少对其他供能环节的影响和有效降低故障损失。此外，终端综合能源单元还可利用天然气、冷能、热能易于在用户侧存储的优点，在日常运行中与电网互为配合，实现电能在用户侧分布式替代存储，从而间接解决电能无法大容量存储这一难题，在提高电网运行安全性和灵活性的同时，有效增强社会供能系统的整体安全性和自愈能力。

（3）综合能源系统有利于提高社会供能系统基础设施利用率，有利于提高社会资金利用率。

社会各供能系统，如供电、供气、供热、供冷等系统的负荷需求均存在明显的峰谷交错现象，但目前各供能系统单独规划、单独设计、单独建设、独立运行，而且各自都只能按各自的高峰负荷来设计，由此导致设备利用率低下。这一问题可以通过各供能系统间的有机协调得以缓解，例如利用供电系统低谷时段过剩电能产生冷/热能并加以存储，而在电力高峰时段使用，通过供电与供冷/热系统的协调配合，同时提高供电与供冷/热系统设备利用率；又如，利用电转气（P2G）技术，将过剩的可再生能源发电转换为氢气或甲烷，直接供混合动力汽车使用或注入燃气系统，既可平抑可再生能源发电的随机波动性，又可提高社会供能系统的灵活性，还可提高相关供能设备的利用效率。而要实现上述目标，需打破原有各供能系统单独规划、单独设计和独立运行的既有模式，通过构建综合能源系统来统筹考虑各供能环节在规划、设计和运行阶段的不同需求。

（4）综合能源系统及相关技术已成为国际上未来能源领域的重要战略方向。欧美国家均认为综合能源系统将成为 30 ~ 50 年后人类社会能源的主要承载形式，直接影响甚至决定着世界未来的能源战略格局，因此纷纷加大了对这一领域的科研投入，以期在未来能源领域抢占技术制高点和国际话语权。

至今，世界上至少有 70 余个国家先后开展了与综合能源系统技术相关的研究，目的是促进各国未来能源的可持续供应。毫无疑问，综合能源系统相关技术将成为国际上能源领域内重要的技术制高点和技术增长点，是 21 世纪能源工业重要的技术发展方向之一。因此，从我国自身实际需求出发，尽早探索和建立适用于我国的综合能源系统理论体系，以保证我国未来的能源安全、抢占能源领域技术制高点和扩大我国在国际能源领域的话语权，都具有重要的战略意义。

（5）智能电网是综合能源系统的基础，综合能源系统将是智能电网的终极形式。综合能源系统的基础是智能电网，主要原因在于：其一，作为清洁、高效和便利的二次能源，电能已深入社会生产、生活的各个环节，其他社会供/用能系统正常运行有赖于电力的供应，且很多其他形式能源需要首先转化成电能方可规模化开发利用，如风能、太阳能、生物质能等；其二，智能电网是人类社会发展的下一代电网，允许各种分布式发电设备即插即用地接入电网，以实现可再生能源的规模化开发利用，它具有足够的灵活性和安全性，可自愈地应对来自电网内外的各类扰动，它协同各种能源利用环节，可实现电气设备利用率和能源综合利用效能的显著提高。智能电网与综合能源系统的实现目标基本一致，不同之处仅在于智能电网仅着眼于电网本身发展，而综合能源系统则着眼于整个社会能源体系的升级改造。由此不难看出，智能电网是综合能源系统的基础，而综合能源系统必将成为智能电网的终极形式。我国将智能电网和综合能源系统协同考虑，一并研究，更有利于两者未来的发展。因此，推进智能电网和综合能源系统协同发展意义重大。

（6）建设综合能源系统和开展相关研究，符合我国重大战略需求。由于综合能源系统的上述优势，它已成为国际能源领域的重要战略发展方向和技术增长点，同时，在我国《国家中长期科学和技术发展规划纲要（2006—2020 年）》中，能源领域被放在特别突出的位置予以重点关注，并明确提出要“提高能源区域优化配置的技术能力”，“形成基于可再生能源和化石能源互补、微小型燃气轮机与燃料电池混合的分布式终端能源供给系统”、并将与综合能源系统密切相关的“能源梯级综合利用技术”“分布式供能技术”列入优先发展的主题。因此，综合能源系统既属于国际能源领域的技术制高点，又属于我国的重大战略需求，具有重要的战略价值。

综合能源系统是多能互济、能源梯级利用等理念实现应用的关键，目前国内对该领域相关研究尚处于初步阶段，需要国家机构、能源供应商以及地方用户的广泛参与。区域综合能源系统是综合能源系统在地理分布上实现功能的具体体现，蕴含能源耦合与集成机理；不同的区域综合能源系统具有不同的能源转换、分配及利用场景。根据地理因素与能源发/输/配/用特性，可将综合能源系统分为跨区级、区域级和用户级。

跨区级综合能源系统以大型输电、气等系统作为骨干网架，主要起能源远距离传输的作用，以柔性直流传输、先进电力电子、信息物理系统等技术为核心，其能源系统之间的互动受制于管理、运行、市场等因素；区域级综合能源系统由智能配电系统、中低压天然气系统、供热/冷/水系统等供能网络耦合互联组成，起到能源传输、分配、转换、平衡的“承上启下”作用，以主动配电网、混合储能、能源转换等技术为核心，能源系统之间存在较强耦合；用户级能源网络之间通过智能用电系统、分布式/集中式供热系统、供水系统等网络耦合而成，以需求响应、负荷预测、电动汽车等技术为核心，因耦合设备的广泛存在以及能源转换、存储等技术的广泛应用而存在深度耦合。

## 2.2 系统结构

本节以综合能源系统的“源-网-荷-储”架构形式来总体说明综合能源系统的组成部分，便于后续章节对“源-网-荷-储”各部分进行展开分析。

### 2.2.1 能源生产与转换（源）

“源”，指综合能源系统的负荷输入设备。下面对太阳能电池、风力发电、水电、生物质发电、地热能干热岩、余热回收锅炉、热电联产机组、燃气轮机等设备的基本图文案例、建模、工程应用以及特点进行分析。

#### 2.2.1.1 光伏发电

早期，太阳能主要用于军事领域、航天领域。目前，太阳能已被用于工业、商业、农业、通信、家用电器以及公用设施等领域。太阳能发电应用分为几个方面：家庭用小型太阳能电站、大型并网电站、建筑一体化光伏玻璃幕墙、太阳能路灯、风光互补路灯、风光互补供电系统等。例如，太阳能发电用户系统特别是村寨供电的独立系统，可以在边远地区、高山、沙漠、海岛和农村使用太阳能庭院灯，以节省造价昂贵的输电线路。另外还可用于光伏水泵（饮水或灌溉）、通信电源、石油输油管道阴极保护、光缆通信站电源、海水淡化系统、城镇中路标、高速公路路标等。

太阳能电池主要是由地壳中第二丰富的元素 Si（第一丰富为氧）制备而成。它没有移动部件，因而无磨损和噪声；其能量输出是最方便的二次能源——电能；其所用的“燃料”——阳光，既丰富清洁，又无安全问题。太阳能电池能重复利用太阳辐射这一地球上最丰富和广泛的可再生能源（太阳辐射到地球上的功率超过目前全世界所使用的化石能和核能的一万倍）。如果不考虑转换效率和成本，太阳能电池无疑是最理想的可再生能源技术。目前常用的晶体硅太阳能电池，转换效率已大于 20%，但成本仍偏高，特别是前期的硅片制备过程耗能和耗材均较高。尽管太阳能电池目前仍存在不足，但它是近年来发展最快、最实用的可再生能源技术。研究人员正在寻找各种更好的方法，进一步提高太阳能电池的转换效率，降低生产成本，使太阳能电池推广到千家万户。

利用光伏效应可以将光能或其他电磁辐射能直接转化为电能输出，而不需任何中间步骤。携带能量的太阳光子入射到半导体表面，并可一直穿透至 PN 结附近，直到被电子吸收。光子具有能量 $E=h\nu$，其中 $h$ 为普朗克常数，$\nu$ 为频率。如果此能量大于使电子脱离原子核的电离能（即能带中的禁带宽度），则电子被光子从原子中打出，变成自由电子，同时产生一个带正电的空穴。由于 PN 结具有由 N 型侧指向 P 型侧的内建电场，它使带一种电荷的粒子加速通过，而将另一种带电粒子反射回去。在此电场作用下，电子将由 P 型半导体侧穿越 PN 结到达 N 型侧，并继续扩散至 N 型外侧的接触电极；类似地，空穴将由 N 型半导体侧穿越 PN 结，到达 P 型外侧的接触电极。于是，N 型半导体外侧将有负电荷积累，P 型半导体外侧将有正电荷积累。当与外负载连接时，电子将从 N 型外侧流出，经过外电路返回到 P 型外侧，与 P 侧的正电荷重新结合，同时对外输出电功。此即太阳能电池的基本原理，如图 2.1 所示。

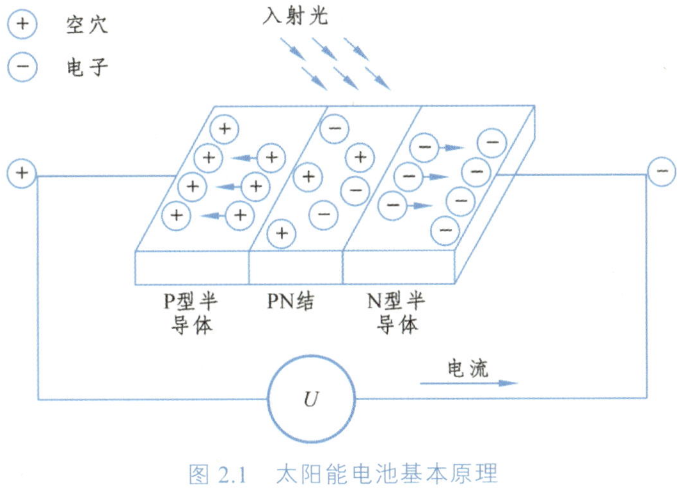


图 2.1　太阳能电池基本原理

其电路原理如图 2.2 所示。

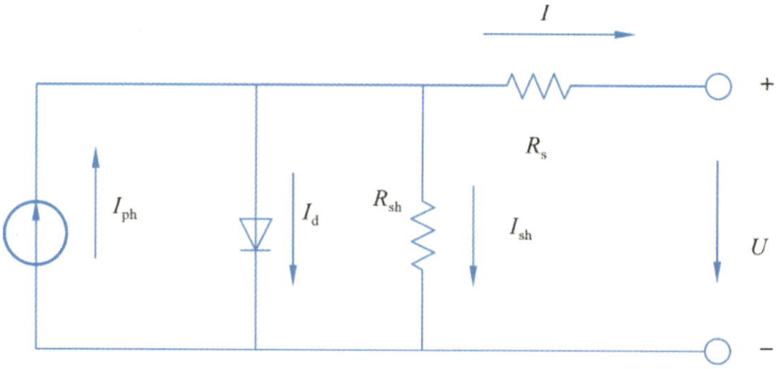


图 2.2　电路原理

由图可知：光伏电池为一个电流为 $I_{ph}$ 恒流源和一个二极管并联，当太阳光照射时，会产生光生电流 $I_{ph}$，根据基尔霍夫电流定律可以得出光生电流与流进等效二极管的电流 $I_d$、并联电阻的电流 $I_{sh}$、负载电流 $I$ 的关系为

$$I_{ph} = I + I_d + I_{sh} \tag{2.1}$$

负载电流为

$$I = I_{ph} - (I_d + I_{sh}) \tag{2.2}$$

因此，太阳能电池的 $I$-$V$ 特性为

$$I = I_{ph} - I_d - I_{sh} = I_{ph} - I_O\left\{\exp\left[\frac{q(u+IR_s)}{AKT} - 1\right]\right\} - \frac{U+IR_s}{R_{sh}} \tag{2.3}$$

其中各物理量的含义如表 2.1 所示。

表 2.1　各物理量含义

| 参数 | 对应物理量 | 参数 | 对应物理量 |
|---|---|---|---|
| $I_{ph}$ | 光生电流（A） | $I_O$ | 二极管反向饱和电流（A） |
| $I$ | 负载电流（A） | $U$ | 负载电压（V） |
| $R_s$ | 等效串联电阻（Ω） | $R_{sh}$ | 并联电阻（Ω） |
| $A$ | 光伏电池内部的 PN 结数 | $T$ | 热力学温度（°C） |
| $K$ | 波尔兹曼常数（$1.38\times10^{-23}$ J/K） | $q$ | 电子电荷量（$1.6\times10^{-19}$ C） |

太阳能电池的优点为：

（1）太阳能是永久性能源，无枯竭危险；

（2）太阳能是清洁能源，绝对干净环保，没有公害，用户感情上容易接受；

（3）太阳能发电运用灵活，不受资源分布和地域的限制，可在用电处就近发电；

（4）太阳能电池寿命长，可以一次投资长期使用，太阳能电池可以大中小并举，大到百万千瓦的中型电站，小到只供一户用的太阳能电池组；

（5）太阳能发电可靠性高，能源质量高；

（6）获取能源花费的时间短。

太阳能电池的缺点为：

（1）照射的能量分布密度小，需要占用巨大面积；

（2）获得的能源受四季、昼夜及阴晴等气象条件的影响。

#### 2.2.1.2 光热发电

光热发电是一种通过加热工质产生高温蒸汽，驱动汽轮发电机组发电，从而将太阳能转化为电能的技术。光热电站（Concentrating Solar Power，CSP）主要组成部分包括集热系统、储热系统、蒸汽发生系统和发电机组。如图 2.3 所示，其基本工作流程为：利用反射镜或聚光镜将低密度太阳辐射能聚焦于集热区，集热转换出的高密度热辐射能用于加热吸热器内的传热流体，从而产生高温高压，最终以蒸汽驱动汽轮发电机组发电。与传统热力发电技术相比，光热发电的热能通常可以储存。通过配置一定容量的熔融盐储热系统，在需要发电的时候释放热能进行发电，光热电站便有可能实现 24 h 发电。

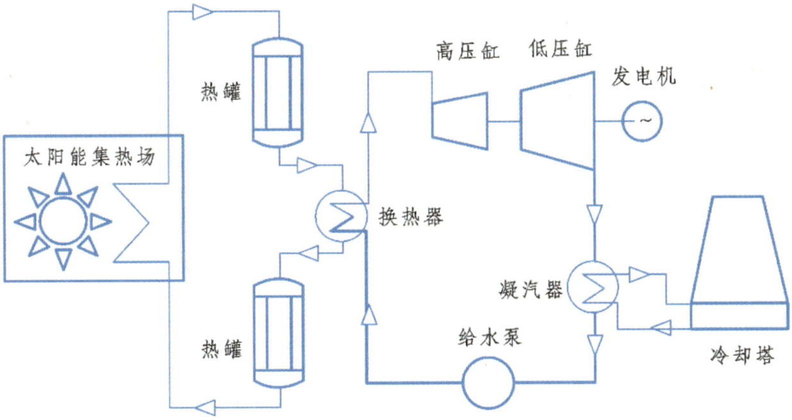


图 2.3 光热发电原理

光热电站的集热系统主要由聚光镜场、吸热器等构成。聚光镜场的投资成本较高，占整个系统投资的 60%以上。聚光镜场吸收的太阳能大小除了受镜场布局、反射率等因素的影响外，还与镜场所处位置的天气状况、太阳辐射度等环境因素有关。

吸热器通常采用传热流体吸收热量。传热流体主要包括：熔盐（如二元硝酸盐、氯化物盐）、导热油（如联苯和联苯醚混合物）、水、颗粒、液态金属等。由于受太阳能热源的间歇性和介质熔盐的腐蚀性等因素影响，吸热器对材料可靠性和工艺要求较高，投资成本也较高。

储热系统是实现光热出力灵活可调、稳定运行的关键；在发电的同时可将多余热能储存，在晚间、阴雨天时释放热能从而实现连续稳定发电。光热电站储热介质一般是熔融盐，利用熔盐在升温和降温过程中产生的温差实现热能存储。熔盐在标准环境温度和大气压下为固态，而在温度升高到一定程度时转化为液态，是一种优良的传热储热介质，具有高沸点、低黏度、低蒸汽压力和高体积热等特点。把太阳光中蕴含的热量用熔盐储存起来，存储的热量根据电网的需求再送至汽轮机组发电，在低碳发电的同时有效避免“弃光”。

光热电站蒸汽发生系统主要包括锅炉、蒸汽涡轮机、发电机和冷却塔等设备：锅炉负责将光热材料产生的热量转化为蒸汽；蒸汽涡轮机则是将蒸汽的能量转化为机械能；发电机将机械能转化为电能；冷却系统则负责将蒸汽和发电机的热量散发到大气中，保持设备的正常运行。

相较于传统的汽轮机，光热电站蒸汽发生系统的蒸汽发热系统具有更快的升温速率。得益于光热电站使用的光热材料，其吸热能力非常强，能在短时间内将太阳光转化为热能，使得锅炉中的水迅速加热成蒸汽。高效的热量转换过程使得光热电站蒸汽发生系统在启动时能够更快地达到运行状态，从而降低了汽轮机的启动成本。

发电机组的性能直接关系到太阳能光热发电经济性，相比于传统机组，光热电站的发电机组需具备具有更好的调节性能，对汽轮机频繁启停、快速启动、低负荷运行等方面要求更高。

表 2.2 为光伏发电与光热发电技术对比。总的来说，光伏发电和光热发电各自拥有独特的优势和应用场景，也各有优缺点，选择哪种方式取决于具体的环境和需求。

表 2.2　光伏发电与光热发电对比

| 特点 | 光伏发电 | 光热发电 |
|---|---|---|
| 发电过程 | 简单，易于实现 | 复杂，需要多步骤能量转换 |
| 设备结构 | 简单，包括太阳能电池板和逆变器 | 复杂，包括反射镜、热媒体、汽轮机等 |
| 维护成本 | 较低 | 较高 |
| 地理位置要求 | 可安装在各种区域 | 需要阳光充足地区 |
| 安装灵活性 | 相对灵活 | 对地理位置要求较高 |
| 环境影响 | 绿色能源，无污染 | 转化过程中可能产生污染 |
| 效率 | 25% | 15% |
| 技术水平 | 相对成熟 | 成熟 |

#### 2.2.1.3　风力发电

风是日常生活中非常熟悉的一种自然现象，给我们生产、生活带来很多方便。风可以鼓起风帆推动帆船前行，可以引动风车发电，还可以帮助花粉传播等；风也有“撒野”的时候，台风、飓风、龙卷风会掀起滔天巨浪推翻行船，会拔起树木，更严重的可以摧毁我们的家园。据气象专家估算，一个来自海洋直径为 800 km 的台风的能量相当于 50 万颗 1945 年在广岛爆炸的原子弹的能量。这说明风拥有巨大的能量，人们称其为“风能”。

风能是指空气相对于地面作水平运动时所产生的动能，风能的大小取决于风速和空气密度。风能也是太阳能的一种转化形式。专家们估计，到达地球表面的太阳能只有约 2%转化为风能，但其总量仍是非常可观的。全球的风能约为 $2.74\times10^{12}$ kW，其中可利用的风能为 $2\times10^{10}$ kW，比地球上可开发利用的水能总量还要大很多倍，全球每年燃烧煤炭获得的能量，还不到每年可利用的风能的 1%。风能是一种可再生、无污染、取之不尽、用之不竭的能源，因此称为绿色能源。

风能的基本特征包括风速、风级、风能密度等。

### 1. 风　速

风的大小常用风的速度来衡量。风速是指单位时间内空气在水平方向上所移动的距离常以 m/s、km/h 等来表示。专门测量风速的仪器，有旋转式风速计、散热式风速计和声学风速计等。因为风是不恒定的，所以风速经常变化，甚至瞬息万变。风速是风速仪在一个极短时间内测到的瞬时风速。若在指定的一段时间内测得多次瞬时风速，将它平均计算起来，就得到平均风速，如日平均风速、月平均风速或年平均风速等。当然，风速仪设置的高度不同，所得风速结果也不同，它是随高度升高而增强的，通常测风高度为 10 m。风速是一个随机性很大的量，必须通过一定长度时间的观测计算出平均风功率密度。对于风能转换装置而言，可利用的风能是在“启动风速”到“停机风速”之间的风速段，这个范围的风能即“有效风能”，该风速范围内的平均风功率密度称为“有效风功率密度”。

### 2. 风　级

风级是根据风对地面或海面物体影响而引起的各种现象，按照风力的强度等级来估计风力的大小。早在 1805 年，英国人蒲福（Beaufort）就拟定了风速的等级，国际上称为“蒲福风级”。自 1946 年以来风力等级又做了一些修订，由 13 个等级改为 18 个等级，实际上应用的还是 0—12 级的风速，表 2.3 为 0—12 级风速及海陆表现。

表 2.3　不同风力等级风的风速及海陆表现

| 级别 | 名称 | 风速/（m/s） | 陆地表现 | 海面表现 | 浪高/m |
|---|---|---|---|---|---|
| 0 | 无风 | 小于 0.3 | 烟直上 | 海面平静 | |
| 1 | 软风 | 0.3～1.6 | 烟能表示出方向，但风向标不动 | 海面出现鱼鳞式微波，但无浪 | 0.1 |
| 2 | 轻风 | 1.6～3.4 | 人的脸部能感到风，风向标开始转动 | 小波浪清晰，出现浪花但不翻滚 | 0.2 |
| 3 | 微风 | 3.4～5.5 | 树叶和小树枝不停地晃动 | 小波浪增大，浪花翻滚 | 0.6 |
| 4 | 和风 | 5.5～8.0 | 沙尘飞扬，纸片飘起，小树枝晃动 | 小波浪增大，白浪增多 | 2 |
| 5 | 轻劲风 | 8.0～10.8 | 有叶的小树枝摇摆，内陆水面出现波纹 | 波浪中等大小，白浪更多，有时出现飞沫 | 2 |
| 6 | 强风 | 10.8～13.9 | 大树枝晃动，电线发出响声，撑伞走路困难 | 大波浪，到处呈现飞沫 | 3 |
| 7 | 疾风 | 13.9～17.2 | 小树的整个树干晃动人迎风行走不便 | 大浪翻滚，白沫像带子一样随风飘动 | 4 |
| 8 | 大风 | 17.2～20.8 | 小的树枝折断，迎风行走困难 | 浪花顶端出现水雾 | 5.5 |

续表

| 级别 | 名称 | 风速/（m/s） | 陆地表现 | 海面表现 | 浪高/m |
|---|---|---|---|---|---|
| 9 | 烈风 | 20.8～24.5 | 烟囱瓦片受到损坏<br>小茅屋遭到破坏 | 浪前倾、翻滚、倒卷，飞沫挡住视线 | 7 |
| 10 | 狂风 | 24.5～28.5 | 陆上少见，可把树木连根拔起，严重破坏建筑物 | 海面呈白色，波浪翻滚 | 9 |
| 11 | 暴风 | 28.5～32.7 | 陆上罕见，引起严重破坏 | 浪大高如山，视线受阻挡 | 11.5 |
| 12 | 飓风 | 32.7 以上 | | 空气里充满水泡飞沫，影响视线 | 14 |

### 3. 风能密度

风能密度是指单位时间内通过单位横截面积的风所含的能量，常以 $W/m^2$ 来表示，风能密度是决定一个地方风能潜力的最方便、最有价值的指标。风能密度与空气密度和风速有直接关系，而空气密度又取决于气压、温度和湿度，所以不同地方、不同条件下的风能密度是不同的。通常海滨地区地势低、气压高，空气密度大，适当的风速下就会产生较高的风能密度；而在海拔较高的高山上，空气稀薄、气压低，只有在风速很高时才会有较高的风能密度。即使在同一地区，风速也是时时刻刻变化着的，用某一时刻的瞬时风速来计算风能密度没有任何实践价值，只有长期观察搜集资料才能总结出某地的风能潜力。

风能密度的计算公式是

$$W=\frac{\rho\sum N_iV_i^3}{2N} \tag{2.4}$$

式中，$W$ 为平均风能密度，单位为 $W/m^2$；$V_i$ 为等级风速，单位为 m/s；$N_i$ 为等级风速 $V_i$ 出现的次数；$N$ 为各等级风速出现的总次数；$\rho$ 为空气密度，单位为 $kg/m^3$。

当流速为 $V$ 的风吹向风轮，使风轮转动，该风轮扫掠的面积为 $A$，空气密度为 $\rho$，经过 1 s，流向风轮空气所具有的动能为

$$N_0=\frac{1}{2}mV^2A=\frac{1}{2}\rho AVV^2=\frac{1}{2}\rho V^3A \tag{2.5}$$

若风轮的直径为 $D$，则

$$N_0=\frac{1}{2}\rho V^3A=\frac{1}{2}\rho\frac{\pi D^2}{4}V^3=\frac{\pi}{8}D^2\rho V^3 \tag{2.6}$$

这些风能不能全部转换为机械能，设由风轮轴输出的功率为 $N$，它与 $N_0$ 之比为风轮功率系数，用 $C_p$ 表示

$$C_p=\frac{N}{N_0}=\frac{N}{\frac{\pi}{8}D^2\rho V^3} \tag{2.7}$$

于是

$$N = \frac{\pi}{8} D^2 \rho V^3 C_P \tag{2.8}$$

$C_P$ 值为 0.2 ~ 0.5，其理论最大值为 0.593。由此可知：① 风轮功率与风轮直径的平方成正比；②风轮功率与风速的立方成正比；③风轮功率与风轮的叶片数目无直接关系；④风轮功率与风轮功率系数成正比。

吹向风轮的风具有的功率为 $N_0$，风轮功率为 $N = C_p N_0$，此功率经传动装置、做功装置（如发电机、水泵等），最终得到的有效功率为 $N_e$。则风力机的系统效率（总体效率）为：

$$C_P = \frac{N_e}{N_0} = \frac{N}{N_0} \eta_1 \eta_2 = C_P \eta_1 \eta_2 \tag{2.9}$$

式中，$\eta_1$ 为传动装置效率，$\eta_2$ 为做功装置效率。

这样，风力机最终发出的有效功率为

$$N_e = \frac{\pi}{64} D^2 V^3 C_P \eta_1 \eta_2 \tag{2.10}$$

一般结构简单的风机，$\eta$ 一般为 0.1 ~ 0.2，设计精细的风机 $\eta$ 值一般为 0.2 ~ 0.35，最佳可达 0.4 ~ 0.45。

风能与其他能源相比有明显的优点，例如，不需要开采、采购、运输，不浪费资源，但也有很多突出的局限性。

风能的优点为：风能的蕴藏量巨大，是取之不尽、用之不竭的可再生资源；风能是太阳能的一种转化形式，只要有太阳存在，就可以不断地、有规律地形成风，周而复始地产生风能；风能在转化成电能的过程中，不产生任何有毒气体和废物，不会造成环境污染；分布广泛，无须运输，可以就地取材，在许多交通不便，缺乏煤炭、石油、天然气的边远地区，资源难以运输，这给当地居民的生活造成很多不便，此时风能便体现出无可比拟的优越性，可以就地取材，开展风力发电。

风能的缺点为：首先在各种能源中，风能的含能量极低，这给风能的利用带来一定程度的不便；其次是不稳定性，由于气流瞬息万变，风随季节变化明显，有很大的波动，影响了风能的利用。

#### 2.2.1.4 水　电

水力发电是一种永不枯竭的能源。地球上江河纵横，海洋辽阔，蕴藏着丰富的水力资源。在太阳照射下，地表上的水蒸发成汽升上天空，在天空中又冷凝成雨雪降至大地，通过江河又流入海洋，如此循环，生生不息。

水电作为一种可再生的清洁能源，早已受到人们的重视。早在 3 000 多年前我国就开始利用水流的动能，或是从堤坝、瀑布落下的水流的势能，通过水车、水磨、水碓等机械来提水、磨面和舂米。从 19 世纪末开始，人类开始在大江大河上建造水坝，利用水位的落差推动水轮机发电。到现在，大中型水电站已经是世界范围内广泛应用、成熟且经济的可再生能源利用的水利建筑设施。

尽管大中型水电站为国民经济提供了巨大的电力来源，减少了温室气体排放，但大中型水电站对环境也有很多负面影响。例如，大坝阻挡天然河道的畅通、阻隔泥沙的下泄、改变陆地和水生生态系统、淹没土地、工程施工造成水土流失、植被破坏等。而小水电同样作为一种经济而可再生的能源，对生态环境的影响则要小得多，因而拥有独特的优势。

我国拥有的水力资源居世界首位，全国水力资源蕴藏量约为 680 GW，总的可开发容量为 378 GW，其中小水电约占 1/4。目前，全国已建成的小水电站（装机容量小于 25 MW）有 5 万多座，总装机容量超过 75 GW。我国目前已开发的水力资源约占可开发资源量的 30%，其中小水电仍有很大发展空间。

广义的水电还包括潮汐能和波浪能。海洋潮汐是由于海水受太阳和月亮的吸引所引发的周期性海面升降现象。潮汐中蕴藏着巨大的能量，利用潮汐发电是海洋能利用的主要形式。波浪是风吹过海面引起的。由于风与海面的相互作用，一部分风的能量传给了海水，变成波浪的动能和势能。波浪能也是一种储量巨大的可再生能源。

### 1. 水力发电原理

水力发电是利用河川、湖泊等位于高处具有位能的水流至低处，利用流水落差来转动水涡轮将其中所含的位能和动能转换成水轮机的机械能，再由水轮机为原动机，带动发电机把机械能转换为电能的发电方式，如图 2.4 所示。

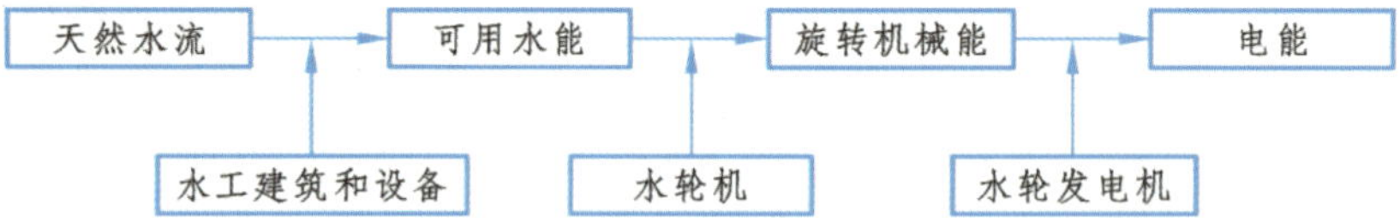


图 2.4 水力发电原理

水力发电站是把水能转化为电能的工厂。为把水能转化为电能，需修建一系列水工建筑物，一般包括由挡水、泄水建筑物形成的水库和水电站引水系统、发电厂房等，并在厂房内安装水轮机、发电机和附属机电设备，待水轮发电机组发出电能后再经升压变压器、开关站和输电线路输入电网。水工建筑物和机电设备的总和，称为水力发电系统，简称水电站。

### 2. 水力发电要素

水力发电有两个要素，即水头和流量。下面介绍水电站的水头、流量和水电站的功率。

#### 1）水　头

水头是指水流集中起来的落差，即水电站上、下游水位之间的高度差，现用 $H_{总}$表示，单位为 m。而作用在水电站水轮机的工作水头（或称静水头）还要从总水头 $H_{总}$中扣除水流进入水闸、拦污栅、管道、弯头和闸阀等所造成的水头损失 $h_1$，以及从水轮机出来，与下游接驳的水位降 $h_2$，即：

$$H = H_{总} - h_1 - h_2 \qquad (2.11)$$

2）流　量

流量是指单位时间通过某断面的水量，单位是 $m^3/s$，常用 $Q$ 表示。一般取枯水季节流量的 1～2 倍作为河道电站的设计流量。

3）水电站的功率

水电站的功率（也称出力）理论值，等于每秒钟通过水轮机水的重量与水轮机的工作水头的乘积，单位是 W，即

$$N' = \gamma QH \qquad (2.12)$$

式中，$\gamma$ 为水的重度，单位为 $N/m^3$，取 9.810 $kN/m^3$；$Q$ 为水轮机的水流，单位为 $m^3/s$；$H$ 为水轮机的工作水头，单位为 m。

于是，水电站的理论功率（kW）为

$$N' = 9.81QH \qquad (2.13)$$

实际上，水流通过水轮机并带动发电机发电的过程中，还要有一系列的能量损失，如水轮机叶轮的转动损失、发电机的转动损失、传动装置的损失等，这些要损失掉水流本身所具有功率的 20%～40%，剩下的能量才用于发电。因此，水电站的实际功率（kW）为

$$N = 9.81\eta QH \qquad (2.14)$$

其中，$N$ 为水电站的实际功率（出力）；$\eta$ 为机组效率，等于水轮机效率 $\eta_L$、发电机效率 $\eta_K$、传动效率 $\eta_i$ 三者乘积。

### 3. 水力发电过程

水力发电的主要生产过程大体可分为四个阶段。

（1）集中能量阶段，建坝集中河流径流和分散的河段落差，形成水电厂集中的水体和发电用的水头。

（2）输入能量阶段，利用渠道或管道把水以尽可能小的损失输送至水电厂。

（3）转换能量阶段，调整水轮发电机组的运行，将水能高效率地转换成电能。

（4）输出能量阶段，将发电机生产的电能经变压、输电、配电环节供给用户。

### 4. 水力发电的优点

水电是清洁能源，在传统能源日益紧张的情况下，世界各国普遍优先开发水电资源。在常规能源中，水力是理想的能源，有以下五大优点：

（1）水力是可以再生的能源，能年复一年地循环使用。

（2）水电发电成本低，积累多，投资回收快，大中型水电站一般 3～5 年就可收回全部投资。

（3）水电没有污染，是一种干净的能源。

（4）水电站一般都有防洪、航运、养殖、美化环境、旅游等综合经济效益。

（5）操作、管理人员少，一般不到火电的三分之一人员就足够了。

5. 水力发电对环境的影响

（1）河道脱水和减水。小水电大多为引水式开发，在规划建设中，若忽略河流生态环境需水下泄生态流量，缺乏相应的调度方案，将导致坝下河槽裸露，河床干涸，使山区水生生态系统受到毁灭性破坏。我国的金沙江流域和岷江流域，在建的几十座梯级水电站，多为涵洞引水式，原来奔腾的河流变成了地下暗流，使得流域的多处河段变得干涸，河谷的自然生态景观发生很大的变化，原来的河谷气候变得干旱，河流生态系统受到严重影响。在西部一些干旱地区和生态脆弱地区，不合理地开发利用水资源，加剧了区域水资源失衡，导致河道断流、河口萎缩、草场退化、沙漠化加剧，引发河道沿岸生活用水和工农业用水矛盾。

（2）植被破坏、水土流失加剧。由于小水电大多建设在边远山区，山坡路陡交通不便，工程施工、道路修建以及工程弃渣等活动，常常造成地表植被的破坏和侵蚀，并引发严重的水土流失问题。

（3）移民安置的环境影响。由于小水电工程占地和水库淹没面积较小，移民人数少，使得移民问题往往得不到重视。

（4）改善流域河道生态系统。一些小水电项目修建永久性拦河大坝阻隔河道，在大坝上下游形成不同的水生生态系统，阻断洄游性水生动物通道，淹没产卵场。但却没有同时修建过鱼设施等补救工程，使水生珍稀濒危物种及土著特有物种快速消亡。

### 2.2.1.5　生物质发电

生物质能是人类赖以生存和发展的重要能源，是仅次于煤炭、石油和天然气而居于世界能源消费总量第四位的能源。目前，生物质能在世界能源消费总量中占 14%，因而在整个能源系统中占有重要地位。由于太阳能、风能、水能等可再生能源自身不能进行物质生产，而生物质既能贡献能量，又能像煤炭和石油那样生产出千百种化工产品，且因其主成分为碳水化合物在生产及使用过程中对环境友好，胜化石能源一筹。生物质能将可能成为未来可持续能源系统的主要组成部分,预计到 21 世纪中叶采用新技术生产的各种生物质将占全球总能耗的 40%以上。

生物质是指通过光合作用而形成的各种有机体，包括所有的动植物和微生物。光合作用利用空气中的 $CO_2$ 和水，将吸收的太阳能转换为碳水化合物和氧气。

地球上生物质种类极其丰富，据科学家估计，全球生物物种有 3 000 万 ~ 5 000 万之多生物质能是太阳能以化学能形式蕴藏在生物质中的一种能量形式，是以生物质为载体的能量。它直接或间接地来源于绿色植物的光合作用，可转化为常规的固态、液态和气态燃料，取之不尽、用之不竭，是一种可再生能源。植物在生长过程中吸收太

阳能及大气中的 $CO_2$，构成了自然界中碳循环。

1. 生物质的分类

依据来源的不同，可将生物质分为林业废弃物、农业废弃物、畜禽粪便、城市固体废物、生活污水和工业有机废水、能源植物。

（1）林业废弃物是指森林生长和林业生产过程提供的生物质能源，主要包括：薪材、在森林抚育和间伐作业中的零散木材、残留的树枝、树叶和木屑等；木材采运和加工过程中的枝丫、锯末、木屑、梢头、板皮和截头等；林业副产品的废弃物，如果壳和果核等。

（2）农业废弃物是农业生产的副产品，也是我国农村的传统燃料，主要包括：农业生产过程中的废弃物，如农作物收获时残留在农田内的农作物秸秆，如玉米秸、高粱秸、麦秸、稻草、豆秸和棉秆等；农产品加工业的废弃物，如农业生产过程中剩余的稻壳等。

（3）畜禽粪便是畜禽排泄物的总称，是其他形态生物质（主要是粮食、农作物秸秆和牧草等）的转化形式，包括畜禽排出的粪便、尿及其与垫草的混合物。畜禽粪便除青藏一带牧民用其直接燃烧（炊事、取暖）外，更多的是将这种生物质资源制作有机肥料，或经厌氧发酵制取沼气后再做有机肥料。

（4）城市固体废物主要是由城镇居民生活垃圾、商业和服务业垃圾、少量建筑垃圾等废弃物所构成的混合物，组成成分比较复杂，受当地居民生活水平、能源结构、城市建设、自然条件、传统习惯以及季节变化等因素影响。

（5）生活污水主要由城镇居民生活、商业和服务业的各种排水组成，如冷却水、洗浴排水、盥洗排水、洗衣排水、厨房排水、粪便污水等。一般城市污水含有 0.02%~0.03%的固体与 99%以上的水分，而下水道污泥有望成为厌氧消化槽的主要原料。工业有机废水主要是酒精、酿酒、制糖、食品、制药、造纸及屠宰等行业生产过程中排出的废水等，其中都富含有机物。

（6）能源植物是指以提供制取燃料原料或提供燃料油为目的的栽培植物的总称，种类较多，可分为四类：一是以制酒精为目的的一年生或多年生作物，如玉米、甘蔗、甜高粱、甘薯、木薯等；二是以生产燃料油（如生物柴油、烃类物质）为目的的植物，如油菜、续随子、绿玉树、三角戟等；三是用于直接燃烧的植物，比如专门提供薪材的薪炭林；四是可供厌氧发酵的藻类或其他植物。

2. 生物质能主要转换途径

生物质种类繁多，性质各异，利用技术也呈现复杂和多样的特点。图 2.5 列举了生物质能主要转换技术及产品。可以看出，生物质能转化利用途径主要包括物理转换、化学转换、生物转换等，可以转化为二次能源，分别为热能或电力、固体燃料（木炭或成形燃料）、液体燃料（生物柴油、生物原油、甲醇、乙醇和植物油等）和气体燃料（氢气、生物质燃气和沼气等）。

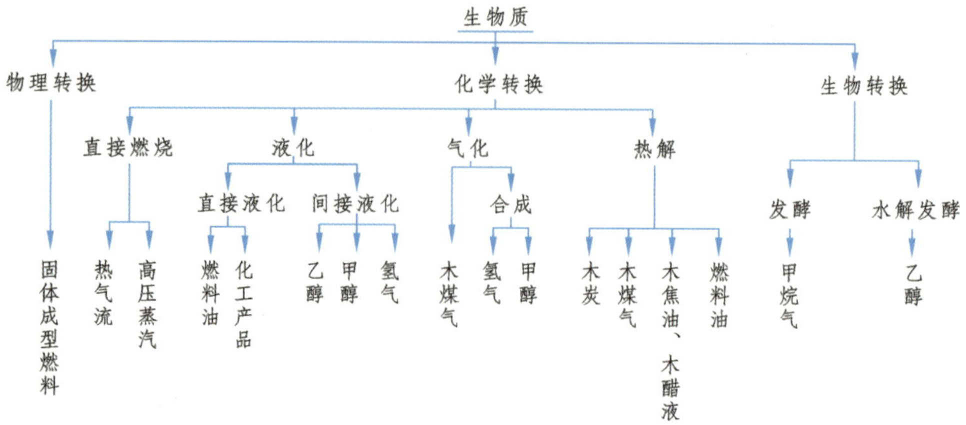


图 2.5　生物质能主要转换技术与产品

1）物理转换

物理转换技术主要指生物质压缩成型技术，是利用木质素充当黏合剂将农业和林业生产的废弃物在高压条件下压缩为棒状、粒状、块状等各种成型燃料，以提高其能量密度（相当于中等烟煤），改善燃烧特性，解决生物质形状各异、堆积密度小且较松散、难运输和难储存、使用不方便等问题，是生物质预处理的一种方式。

2）化学转换

化学转换包括直接燃烧、热解、汽化、液化等方法，其中，最简单的利用方法是直接燃烧。生物质燃烧技术是传统的能源转化形式，是人类对能源的最早利用。生物质通过燃烧这种特殊的化学反应形式，将储存在内部的生物质能转换为热能，被人们广泛应用于炊事、取暖、发电及工业生产等领域。直接燃烧方式可分为炉灶燃烧、锅炉燃烧、垃圾燃烧和固型燃料燃烧四种情况，燃烧过程中产生的能量可被用来生产电能或供热。

（1）热解是指在无氧条件下加热或在缺氧条件下不完全燃烧，利用热能切断生物质大分子中的化学键，使之分解为小分子物质的热化学反应。热解的产物包括醋酸、甲醇、木焦油抗聚剂、木馏油和木炭等产品。生物质热解制取生物油是当前世界上生物质能研究开发的前沿技术。该技术能以连续的工艺和工业化的生产方式将生物质转化为高品位的易储存、易运输、能量密度高且使用方便的液体燃料——生物油，其不仅可以直接用于现有锅炉和燃气透平等设备的燃烧，而且可通过进一步加工改性为柴油或汽油而用作动力燃料，此外还可以从中提取具有商业价值的化工产品。生物油具有的低硫、低灰等特性，使之成为国际上非常受重视的清洁燃料。

（2）气化是在高温下将生物质与含氧气体（如空气、富氧气体或纯氧）、水蒸气或氢气等气化剂作用，使生物质中的可燃部分转化为可燃气（主要为一氧化碳、氢气和甲烷等）的热化学反应。气化可将生物质转换为高品质的气态燃料，直接作为锅炉燃料应用或发电，产生所需的热量或电力，且能量转换效率与固态生物质的直接燃烧相比有较大的提高，或作为合成气进一步参与化学反应得到甲醇、二甲醚等液态燃料或化工产品。

（3）液化是把固体状态的生物质经过一系列化学加工过程，使其转化成液体燃料（主要是指汽油、柴油、液化石油气等液体烃类产品，有时也包括甲醇、乙醇等醇类燃料）的清洁利用技术，根据化学加工过程的不同技术路线，液化可分为直接液化和间接液化。直接液化通常是把固体生物质在高压和一定温度下与氢气发生反应（加氢），直接转化为液体燃料的热化学反应过程。与热解相比，直接液化可以生产出物理稳定性和化学稳定性都更好的液体产品。间接液化是指将由生物质气化得到的合成气，经催化合成为液体燃料（甲醇或二甲醚等）。

（4）酯化是将动植物油脂与甲醇或乙醇等低碳醇在催化剂或者超临界甲醇状态下进行酯交换反应生成脂肪酸甲酯（生物柴油），并获得副产物甘油。生物柴油可以单独使用以替代柴油，又可以按一定的比例（2%～30%）与矿物柴油混合使用，除了为公共交通车、卡车等柴油机燃料车提供替代燃料外，又可为海洋运输业、采矿业、发电厂等有非移动式内燃机的行业提供燃料。

3）生物转换

生物转换是依靠微生物或酶的作用，对生物质能进行生物转化，生产出如乙醇、氢气、甲烷等液体或气体燃料，通常分为发酵生产乙醇工艺和厌氧消化技术。生物转换主要针对农业生产和加工过程产生的生物质，如农作物秸秆、畜禽粪便、生活污水、工业有机废水和其他农业废弃物等。

### 3. 生物质能发电技术

生物质能发电技术是利用生物质及其加工转化成的固体、液体、气体为燃料的热力发电技术，其原动机可以根据燃料的不同、温度的高低、功率的大小分别采用煤气发动机、斯特林发动机、燃气轮机和汽轮机等。下面介绍几种典型的生物质能发电形式。

1）直接燃烧发电技术

生物质直接燃烧发电的原理是由生物质锅炉设备利用生物质直接燃烧后的热能产生蒸汽，再利用蒸汽推动汽轮发电系统进行发电，在原理上与燃煤锅炉火力发电没什么区别。其工艺流程如图 2.6 所示。

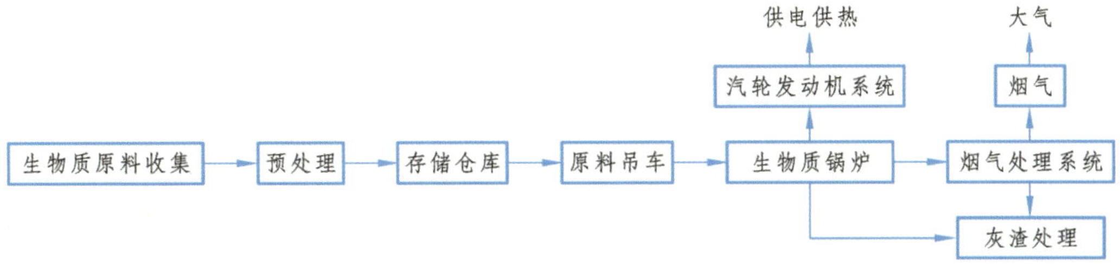


图 2.6　直接燃烧发电技术工艺流程

将生物质原料从附近各个收集点运送至电站，经预处理（破碎、分选）后存放到原料存储仓库；然后由原料输送车将预处理后的生物质送入锅炉燃烧，通过锅炉换热将生物质燃烧后的热能转化为蒸汽，为汽轮发电机组提供汽源进行发电。生物质燃烧后的灰渣落入出灰装置，由输灰机送到灰坑，进行灰渣处置。烟气经过烟气处理系统后由烟囱排放入大气中。

生物质直接燃烧发电是一种最简单也最直接的方法，但是由于生物质燃料密度较低，其燃烧效率和发热量都不如化石燃料，因此通常应用于有大量工、农、林业生物废弃物需要处理的场所，并且大多与化石燃料混合或互补燃烧。显然，为了提高热效率，也可以采取各种回热、再热措施和各种联合循环方式。

2）生物质气化发电技术

生物质气化发电技术的基本原理是把生物质转化为可燃气，再利用可燃气推动燃气发电设备进行发电。它既能解决生物质难以完全燃烧及分布分散的缺点，又可以充分发挥燃气发电技术设备紧凑而污染少的优点，所以是生物质能最有效、最洁净的利用方法之一。

气化发电过程包括三个方面：一是生物质气化，把固体生物质转化为气体燃料；二是气体净化，气化出来的燃气都带有一定的杂质，包括灰分、焦炭和焦油等，需经过净化系统把杂质除去，以保证燃气发电设备的正常运行；三是燃气发电，利用燃气轮机或燃气内燃机进行发电，有的工艺为了提高发电效率，发电过程可以增加余热锅炉和蒸汽轮机。生物质气化发电工艺流程如图 2.7 所示。

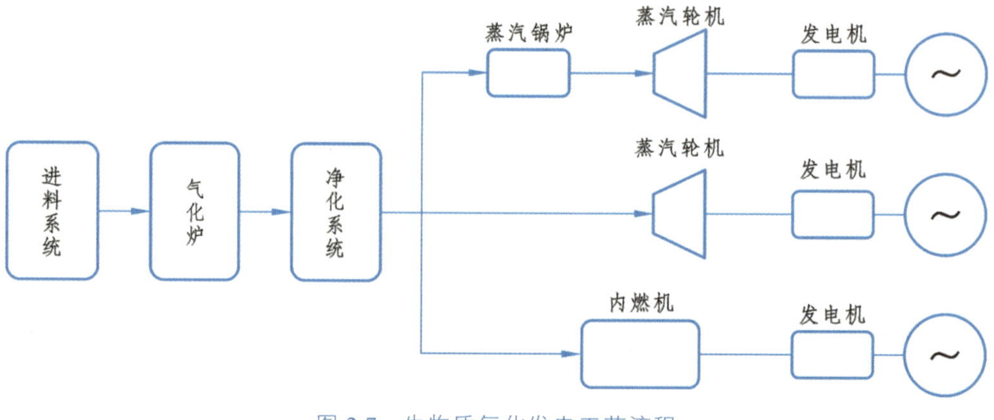

图 2.7　生物质气化发电工艺流程

生物质气化发电技术是生物质能利用中有别于其他可再生能源的独特方式，具有以下三个特点：一是该技术有充分的灵活性，由于生物质气化发电可以采用内燃机，也可以采用燃气轮机，甚至结合余热锅炉和蒸汽发电系统，所以生物质气化发电可以根据规模的大小选用合适的发电设备，保证在任何规模下都有合理的发电效率，这一技术的灵活性能很好地满足生物质分散利用的特点；二是具有较好的洁净性，生物质本身属于可再生能源，可以有效地减少 $CO_2$、$SO_2$ 等有害气体的排放，而气化过程一般温度较低（在 70 ~ 90 °C），$NO_x$ 的生成量很少，所以能有效控制 $NO_x$ 的排放；三是经济性，生物质气化发电技术的灵活性，可以保证该技术在小规模下有较好的经济性，同时燃气发电过程简单，设备紧凑，也使生物质气化发电技术的投资比其他可再生能源发电技术更小，所以总的来说，生物质气化发电技术是可再生能源技术中最经济的发电技术之一，综合发电成本已接近小型常规能源。

3）沼气发电技术

沼气应用尤其是广大农村“因地制宜”的家用沼气发生装置，不仅解决了广大农村长期以来缺乏燃料的困难，还大大改善了农民的居住环境和生活环境。据不完全统计，到 2004 年底我国农村已有家用沼气池 1 500 多万个，年产沼气约 55 亿立方米。

沼气发电技术分为纯沼气电站和沼气-柴油混烧发电站。沼气电站按规模分为 50 kW 以下的小型沼气电站、50 ~ 500 kW 的中型沼气电站和 500 kW 以上的大型沼气电站。沼气发电系统的工艺流程如图 2.8 所示。沼气发电系统主要由消化池、气水分离器、脱硫化氢及二氧化碳塔（脱硫塔）、储气柜、稳压箱、发电机组（即沼气发动机和沼气发电机）、废热回收装置、控制输配电系统等部分构成。

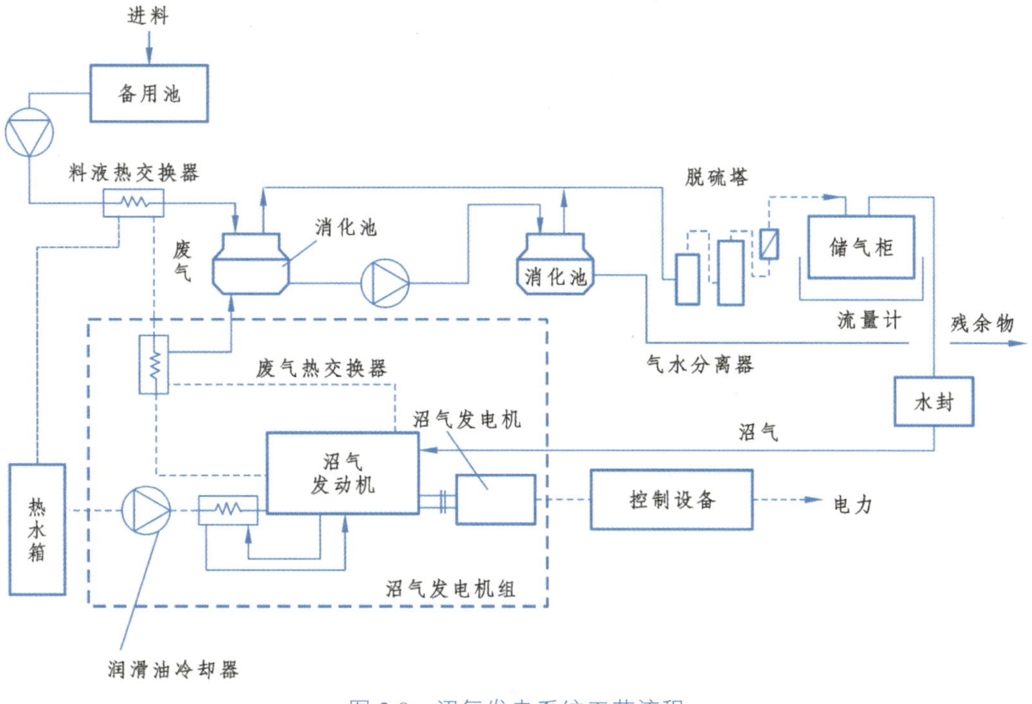


图 2.8　沼气发电系统工艺流程

沼气发电系统的工艺流程为：消化池产生的沼气经气水分离器、脱硫化氢及二氧化碳塔（脱硫塔）净化后，进入储气柜，经稳压箱进入沼气发动机驱动沼气发电机发电。发电机所排出的废水和冷却水所携带的废热经热交换器回收，作为消化池料液加温热源或其他热源再加以利用。发电机所产出电流经控制输配电系统送往用户。

沼气发电也适用于城市环卫部门垃圾发酵及粪便发酵处理。沼气电站适于建设在远离大电网、少煤缺水的农村山区。我国是农业大国，商品能源比较缺乏，一些乡村地区距离电网较远，因此在农村开发利用沼气有着特殊意义。无论从环境保护还是发展农村经济的角度考虑，沼气在促进生物质良性循环、发展经济、建立生态农业、维护生态平衡、建立大农业系统工程中都将发挥重要作用。经过 40 余年的发展，我国的沼气发电已初具规模，已研究制造出 0.5 ~ 250 kW 各种不同容量的沼气发电机组，基本形成系列产品。大型沼气发电机组也可采用燃气轮机作为动力机。

#### 4. 生物质能的特点

生物质由 C、H、O、N、S 等元素组成，是空气中的 $CO_2$、水通过光合作用的产物。其挥发性高，碳活性高，S、N 含量低（S 为 0.1% ~ 1.5%，N 为 0.5% ~ 3.0%），灰分低（0.1% ~ 3.0%）。生物质能既不同于常规的矿物能源，又有别于其他新能源，它兼有两者的特点和优势，是人类最主要的可再生能源之一。其特点如下：

（1）生物质能资源的大量性和普遍性。生物质是一种到处都有的、普遍而廉价的能源，取材容易，生产过程简单，利用形式多样。

（2）生物质能是一种理想的可再生能源，可保证能源的永续利用。生物质能由于通过植物的光合作用可以再生，与风能、太阳能等同属可再生能源，只要太阳辐射能存在，生物质能就永远不会枯竭。

（3）生物质能的清洁性。在科学合理使用的情况下，生物质能不但不会污染环境，而且还有益于改善大气酸雨环境，减少大气中二氧化碳含量，从而减轻温室效应。

### 2.2.1.6 地热能

地热能，是世界上第三大可再生能源，具有储量巨大、分布广泛、来源稳定、绿色环保、可循环利用的特点。地热能是新能源家族中的重要成员之一，地热能的利用不受白昼和季节变化的限制，在许多方面具备与太阳能、风能竞争的优势。

地球是庞大的热库，它既有源源不断产生的热能，也有自身储存丰厚的热能，所以是一种巨大的自然能源。它通过火山爆发、温泉以及岩石的热传导等形式不断地向地表传送和流失。火山喷发时的岩浆、从地下涌流和喷发出的热水和蒸汽以及大面积有地温异常的放热地面等，都是不断将地球内部热能带到地表的载体，出露地表就形成强烈的各种类型的地热显示，未出露的就形成具备动力开发的地热田。我国著名的地质学家李四光教授曾讲到，“地球是一个大热库，地下热能的开发与利用，是件大事，就像人类发现煤炭、石油可以燃烧一样，这是人类历史上开辟的一个新能源，也是地质工作者的一个新领域”。

地球内部由地壳、地幔以及地核三部分构成，如图 2.9 所示。

其中，地壳由土层和坚硬岩石构成，成分为镁铝和硅镁盐；地幔由温度在 1 100 ~ 1 300 °C 温度范围的岩浆构成；地核由铁、镍等金属构成，其温度高达 2 000 ~ 5 000 °C。地球内部富集巨大的热能，温度高达 5 000 °C，而在 120 ~ 160 km 的深度处，温度会降至 650 ~ 1 200 °C，透过地下水的流动和熔岩涌至离地面 1 ~ 5 km 的地壳，热力得以被传送至较接近地面的地方。高温的熔岩将附近的地下水加热，这些加热了的水最终会渗出地面。运用地热能最简单和最合乎成本效益的方法，就是直接取用这些热源。

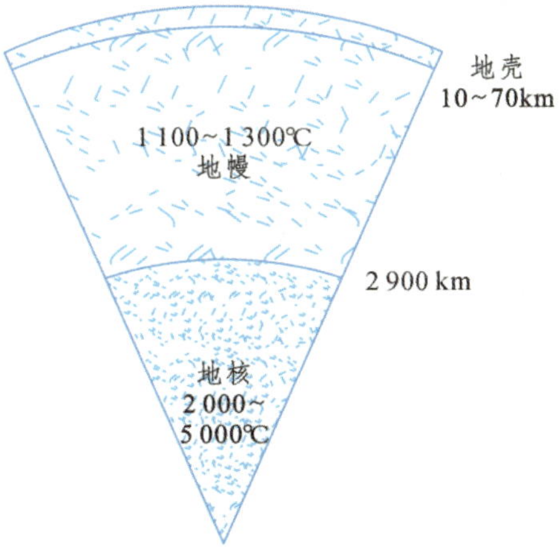


图 2.9　地球内部结构

### 1. 地热资源分类

在地质学上，常将地热资源按其在地下存储的形式分为热水型、蒸汽型、地压型、干热岩型和岩浆型地热资源五类。

#### 1）热水型地热资源

热水型地热资源是以热水的形式存在的地热资源。它主要存在于火山活动地区和沉积盆地。地下水从补给区到排水区形成一个环流系统，多数发育在花岗岩等结晶基岩中。地热水一般有一定的压力，温度在 80 ~ 180 °C 之间。通常把 90 °C 以下的称为低温地热水田，90 ~ 150 °C 的称为中温地热水田，150 °C 以上的称为高温地热水田。热水中常含有 $CO_2$、$H_2S$ 等不凝性气体，大部分为 $CO_2$ 气体。此外，不同地区的地热水中还会有 0.1% ~ 40%不等的盐分，如氯化钠、碳酸钠、硫酸钠、碳酸钙等，这类含盐的地热水具有一定的医疗效果。在利用地热水时，必须要考虑不凝性气体、盐分等对热利用设备的影响。地热水的开采方法主要是钻井，然后通过自流或水泵将地热水抽出加以利用。

#### 2）蒸汽型地热资源

蒸汽型地热资源是指以温度较高的湿蒸汽和过热蒸汽形式存在的地热资源。形成蒸汽型地热田需要一定的地质结构，即蒸汽被不渗透的岩层包围。这类地热田内蒸汽的温度一般在 200 °C 以上。蒸汽型地热资源可钻井开采，并直接利用。但蒸汽型地热资源在世界上储量较小，约占总地热资源的 0.5%，目前仅在少数几个国家有发现。

#### 3）地压型地热资源

地压型地热资源是指埋藏在地下 2 ~ 3 km 深处沉积岩中的有压力的高盐分热水。这些热水存在于可渗透的多孔岩层中，外面被不渗透的岩石包围密封，使它承受很高的压力，一般可达几十兆帕。温度在 150 ~ 260 °C 之间。热水支撑着部分顶板岩石的重量。这种地热资源是在钻探石油时发现的。地压水中常溶解有甲烷等碳氢化合物，每立方米地压水中含气量可达 1.5 ~ 6 $m^3$（标准状态）。所以地压热水资源实际上有三种可以开发利用的能源，即高温热能、压力能和甲烷的化学能。

地压型地热资源往往和油气资源一起开发，但需要评价长期开采后对周围环境和地质条件产生的潜在影响。

4）干热岩型地热资源

在地壳的深处，岩石层具有很高的温度，储存着大量的热能。但因为岩石中不会有传热的流体介质，也不存在能使流体通入热岩层的通道，所以这种地热资源称为干热岩型地热资源，或称为高温岩体地热资源。干热岩的温度在 200 ~ 650 °C 之间，深度为 2 ~ 12 km。干热岩地热资源比上述三类地热资源丰富得多，是未来人们开发地热资源的重点目标。

干热岩型地热资源的开采，在于在岩层中建立合适的渗透通道，使热流体在干热岩中循环，然后通过被加热的流体将地热能带到地面加以利用。从干热岩取热是一种对环境十分安全的办法。它既不会污染地下水或地表水，也不会排出对环境有害的气体和固体尘埃。

实验证明，采用水力压裂干热岩，开挖注射水井和抽水井，使热流体在干热岩裂缝（裂缝开度 1 ~ 5 mm）中和两井之间循环的技术路线是完全可行的。利用干热岩地热资源的主要技术障碍在于要有足够的岩石压力和在岩石中产生低流动阻力的通道，以及承受水量的损耗。同时，对地下深层岩体状况的精确测定也是一个技术难题。

5）岩浆型地热资源

岩浆型地热资源是指蕴藏在地层深处的呈黏弹性状态或完全熔融状态的高温熔岩。火山喷发时常把这种熔岩喷射到地面上。岩浆型地热资源约占总地热资源的 40%，岩浆温度在 1 000 °C 以上。

开发这类地热资源需要在火山区域钻出几千米的深孔，并抽取熔岩。但是由于缺乏耐高温（1 600 °C）、耐高压（400 MPa）、耐强腐蚀性的材料以及人类对高温高压的熔岩的运动规律缺乏了解，目前人类尚无可行的技术对这类岩浆型地热资源进行开发。在岩浆中放入换热器或热电转换设备等来获取热能可能是未来可选用的方法。

### 2. 地热能的应用

1）地热蒸汽发电（见图 2.10）

蒸汽型地热发电是把蒸汽井中的干蒸汽直接引入汽轮发电机组发电，但在引入发电机组前应把蒸汽中所含的岩屑和水滴分离出去。这种发电方式最为简单，但干蒸汽地热资源十分有限，且多存于较深的地层，开采技术难度大，故发展受到限制。

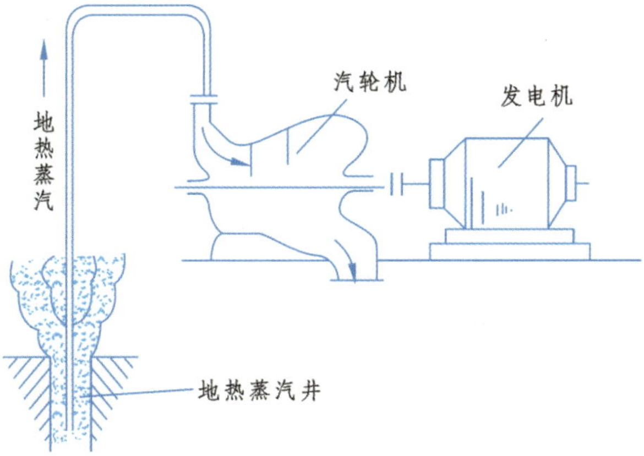


图 2.10　地热蒸汽发电

地热蒸汽发电有一次蒸汽法和二次蒸汽法两种。一次蒸汽法直接利用地下的干饱和（或稍具过热度）蒸汽，或者利用从汽、水混合物中分离出来的蒸汽发电。二次蒸汽法有两种含义：第一种是不直接利用比较脏的天然蒸汽（一次蒸汽），而是让它通过换热器气化洁净水，再利用洁净蒸汽（二次蒸汽）发电；第二种是将从第一次汽水分离出来的高温热水进行减压扩容生产二次蒸汽，压力仍高于当地大气压力，和一次蒸汽分别进入汽轮机发电。

2）地热水发电

地热水中的水，按常规发电方法是不能直接送入汽轮机去做功的，必须以蒸汽状态输入汽轮机做功。目前对温度低于 100 °C 的非饱和态地下热水发电，有两种方法：一种是减压扩容法，利用抽真空装置，使进入扩容器的地下热水减压汽化，产生低于当地大气压力的扩容蒸汽，然后将汽和水分离、排水、输汽充入汽轮机做功，这种系统称为“闪蒸系统”，如图 2.11 所示。低压蒸汽的比容很大，使汽轮机的单机容量受到很大的限制，但运行过程中比较安全。

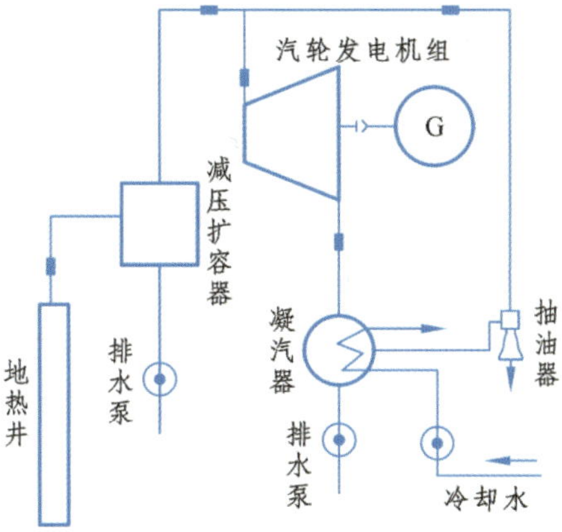


图 2.11　减压扩容法

另一种是利用低沸点物质，如氯乙烷、正丁烷、异丁烷和氟利昂等作为发电的中间工质，地下热水通过换热器加热，使低沸点物质迅速汽化，利用所产生气体进入发电机做功，做功后的工质从汽轮机排入凝汽器，并在其中经冷却系统降温，又重新凝结成液态工质后再循环使用。这种方法称为“中间工质法”，如图 2.12 所示，这种系统称为“双流系统”或“双工质发电系统”。这种发电方式安全性较差，如果发电系统的密封件有损坏，工质逸出后很容易发生事故。

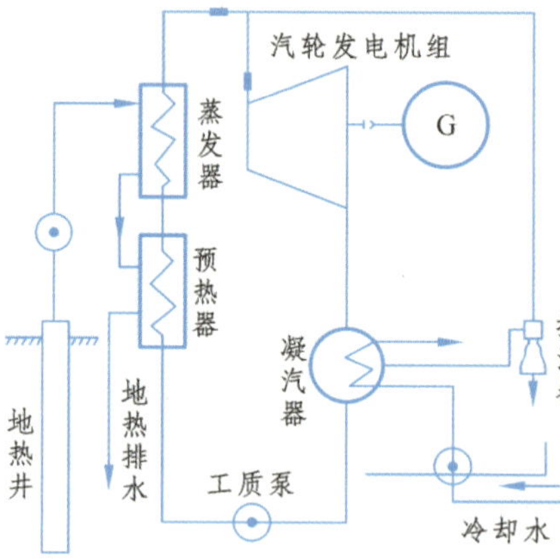


图 2.12　中间工质法

3）地热直接利用

地热能直接利用的热源大部分都在 40 °C 以上，如果利用热泵技术，20 °C 或低于 20 °C 的热液源也可以被当成一种热源来使用。地热热泵将可以提供比自身消耗的能量高 3 ~ 4 倍的能量，并在很宽的温度范围内使用。

（1）地热供暖，即将地热能直接用于采暖、供热和供热水，是仅次于地热发电的地热利用方式。这种利用方式简单、经济性好，备受各国重视，特别是位于高寒地区的西方国家，其中冰岛开发利用得最好。使用地热采暖系统可直接传递热量，不会造成污染。尤其是在改造传统设备的基础上，通过热交换器，地热水无须直接进入供暖管道，只留干净的水在管道中循环，基本解决了腐蚀、结垢的问题。采用地热供暖的费用是采用燃油气锅炉的 10%，燃煤锅炉的 20%。

（2）在农业方面的应用。地热在农业中的应用范围十分广阔，例如：利用温度适宜的地热水灌溉农田，可使农作物早熟增产；利用地热水养鱼，在 28 °C 水温下可加速鱼的育肥，提高鱼的出产率；利用地热建造温室，育秧、种菜和养花；利用地热给沼气池加温，提高沼气的产量等。将地热能直接用于农业在我国日益广泛，北京、天津、西藏和云南等地都建有面积大小不等的地热温室；各地还利用地热大力发展养殖业，如培养菌种，养殖非洲鲫鱼、鳗鱼、罗非鱼、罗氏沼虾等。

（3）在医疗保健旅游方面的应用。目前热矿水被视为一种宝贵的资源，世界各国都很珍惜。由于地热水从很深的地下提取到地面，除温度较高外，常含有一些特殊的化学元素，从而使它具有一定的医疗效果。如含碳酸的矿泉水供人饮用，可调节胃酸、平衡人体酸碱度；含铁矿泉水饮用后，可治疗缺铁贫血症；氢泉洗浴可治疗神经衰弱和关节炎、皮肤病等。由于温泉的医疗作用及伴随温泉出现的特殊的地质、地貌条件，使温泉常常成为旅游胜地，吸引大批疗养者和旅游者。

3. 地热能开发的主要问题

我国地热能开发仍处于初级阶段，目前主要存在以下问题：

（1）地热能开发的成本和技术要求较高，且收益周期较长，需要较为雄厚的资金和运营经验。目前投资建设地热能项目的企业还是以国有集团为主，需要政策引导和培育，逐步向市场化迈进。

（2）地热资源属于矿产资源，而地下水资源又受水务相关制度约束，为地热开发带来不确定性。

（3）我国地热资源的勘查和开发仍存在一些技术瓶颈，一些核心技术如地质勘探设备、高温地热钻井、地热发电等与国外存在较大差距，技术水平的落后也在一定程度上造成了开发成本的增加。地热能如果开发不当，也会对环境造成不利影响。直接的影响包括：开采时的噪声污染，钻探出的固体、液体和气体的处置，特别是从地下释放出的硫化氢等气体污染。长远的影响包括地表塌陷、诱发地震等。有些学者提出，与太阳能、风能等可再生能源相比，地热能更像地球内部较为封闭状态下的自循环系统，深部的地热能资源一旦进入地球表层消耗掉，地球外部的能量是无法进入到地球内部进行补充的，它与开放型可再生能源系统明显不同。因此在不破坏地球自然状态的情况下，提倡因地制宜利用地热资源。比如在火山区，有效利用自然溢出地表的地热资源，减少对地球结构的破坏；而对于不具备上述条件、需要深钻深挖才能获取地热能的地区，则不提倡利用地热能。

### 2.2.1.7　冷热电联供

冷热电三联供系统由动力系统、供热系统、制冷系统组成。各个系统的具体组成如图 2.13 所示。

1. 动力系统

动力系统是冷热电三联供系统的关键部分，通常根据它来决定联供系统所采用的关键技术，常见的动力系统装置有：汽轮机、内燃机、燃气轮机、微型燃气轮机和燃料电池。汽轮机是使用最多也是最久的动力装置，作为一种成熟的技术，在合理的操作和维护下，寿命比较长；而内燃机的发电效率较高，部分负荷性能较好，初投资费用较低，但是内燃机的排气温度和缸套水温度都较低，因此，内燃机适用于较小容量并且用户对热量品质要求不高的系统。燃气轮机比汽轮机安装简单，初投资费用低，维护费用和发电效率比内燃机小，它的排气温度较高，流量较大，缺点是所使用的燃料费用高，适用于较大容量，用户对热量要求较高的系统中。微型燃气轮机运动部件较少，质量轻，噪声小，对环境友好，主要缺点是发电效率低，初投资费用高。燃料电池由于技术和经济原因，在热电冷三联供系统中尚处于起步阶段，但是随着技术的不断成熟和发展，在未来的三联供系统中有着非常广阔的前景。

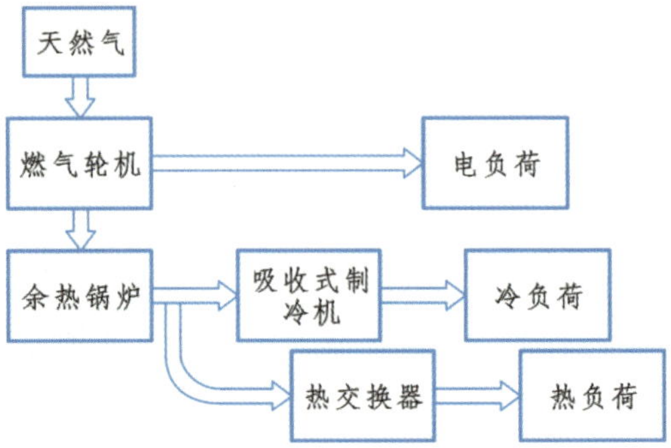


图 2.13　给热电三联供系统

### 2. 供热系统

供热系统的热量主要来自动力系统所排出的高温废气，一般利用热交换器或者余热锅炉回收动力系统排气热量，还可利用吸收式机组吸收排气热量。一般的热电冷三联供系统将回收的余热直接供给用户，这种方式较简单，设备投资较小。若系统周围有恰当的冷源，比如说中水、湖泊和河流等，可以考虑让动力系统高温排气或者来自余热锅炉的蒸汽充当高温热源驱动吸收式热泵，得到更高品位的能量供给用户使用。热泵方式可以提高能源利用率，但对冷源的要求较高，同时系统也相当复杂。

### 3. 制冷系统

冷热电三联供系统的制冷方式可以分为压缩式制冷和吸收式制冷，其中压缩式制冷又分为蒸汽压缩式制冷和电动压缩式制冷。蒸汽压缩式制冷方式必须消耗品位高的能量，电动压缩式制冷要消耗电能。吸收式制冷包括溴化锂-水吸收式制冷和氨-水吸收式制冷，利用的是低品位的能源，比如蒸汽轮机的抽汽、排汽，或者其他工业过程的余热，采用吸收式制冷实现了能量的梯级利用。

## 2.2.2　能源传输管网（网）

在网络架构上，综合能源系统由电力网络、燃气网络和热力网络构成，各网络通过能量耦合设备连接，形成能源耦合的多能互补系统，如图 2.14 所示。

电网通过电力线路将电能从电源输送至负荷端，并连接分布式光伏、热电联产等多种类型的分布式能源，形成双向潮流的电力网络；燃气网络将燃气从气源输送到用户，满足用户的燃气需求，并为热电联产供能，生产电能和热能；热力网络由热源、热力管网、热负荷构成，通过热力管网输送热量至用户端。在能源传输、分配和消费过程中，电、冷/热、气能源通过热电联产、电锅炉、热泵、吸收式制冷等能量转换设备相互转换，连接电力、燃气和热力网络形成一个整体。此外，为提高经济性和运行灵活性，储热/冷和储电等储能设备也成为多能互补能源系统的重要组成部分。

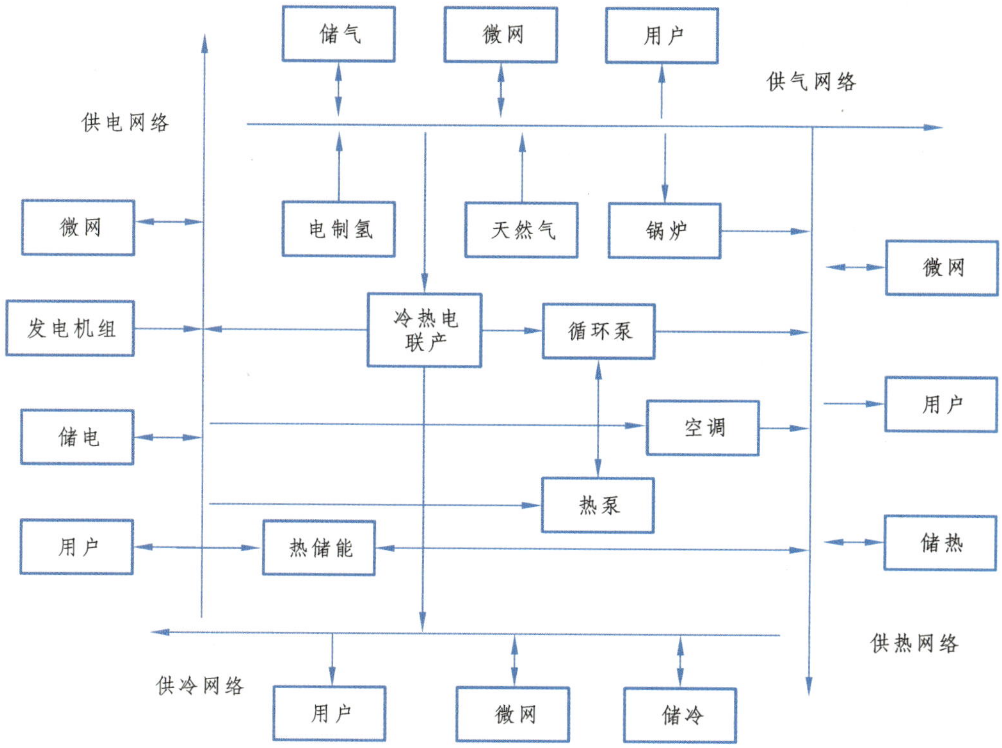


图 2.14　综合能源系统

### 2.2.2.1　电力网络

电网络中，计算电力网络的能量流动即是对其进行潮流计算，通俗地说是计算电力网络中沿着网络传递的电功率。

在交流电力的电力流传输上，电力网络的电力流方程满足

$$\frac{\partial U}{\partial x}=-RI-L\frac{\partial I}{\partial t},\quad \frac{\partial I}{\partial x}=-GU-C\frac{\partial U}{\partial t} \tag{2.15}$$

式中，$U$ 和 $I$ 分别为电力流在 $t$ 时刻管道位置 $x$ 的电压和电流；$R$ 和 $L$ 分别为电力网络支路中单位长度的等效电阻和电抗；$G$ 和 $C$ 分别为电力网络支路中单位长度的等效导纳和电容。

电流在电路中的传输模型如图 2.15 所示。

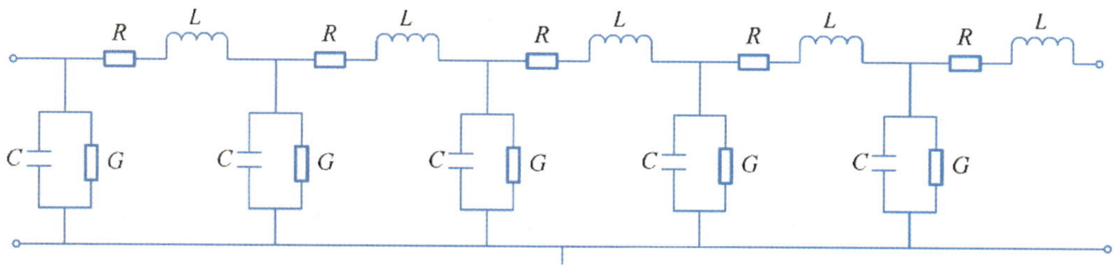


图 2.15　电流在电路中的传输模型

#### 2.2.2.2 燃气网络

燃气网络中，燃气流由气源传入网络，然后通过网络管道传输到燃气设备或作为输出能源提供给用户。燃气在网络进行传输的过程中，由于存在燃气管道的约束，因此燃气网络的能量流动是一个一维、线性的流动，类比于电力网络。燃气网络中同样可以抽象出“气阻”“气容”等部件对其运动进行描述。

燃气网络的流动方程是指沿管道传输的燃气气流。其在管道中的流动过程可以视为一维的线性运动，其过程满足质量守恒方程与动量守恒方程，数学描述为

$$\frac{\partial \rho_g v}{\partial x} = -\frac{\partial \rho_g}{\partial t}, \quad \frac{\partial P^2}{\partial x} = \frac{-\mu R_g T}{D}(\rho_g v)^2 - \pi \frac{\partial \rho_g v}{\partial t} \tag{2.16}$$

式中，$\rho_g$，$v$，$p$ 为天然气在 $t$ 时刻位于管道 $x$ 位置的密度、流速和压力；$\mu$ 为管道的摩擦系数，也是造成天然气压力损失的主要因素；$D$ 为管道的内径；$T$ 为环境温度；$R_g$ 为管道中的气体常数。

因此，对于时间空间较为微小的“微元”管道，燃气网络的气路模型可以使用电力系统中的相应“阻”“容”等元件进行描述，两个网络可以呈现出对应的关系，具体对应关系描述如表 2.4 所示。

表 2.4 电路与气路对应关系

| 电路 | 气路 | 电路 | 气路 |
|---|---|---|---|
| 电压 $U$ | 压力 $P_g$ | 电感 $L$ | 气感 $L_g$ |
| 电流 $I$ | 质量流量 $G_g$ | 电容 $C$ | 气容 $C_g$ |
| 电阻 $R$ | 气阻 $R_g$ | 电导 $G$ | 无 |

在燃气网络上截取一小段微元管道，长度为 d$x$，天然气在一维管道中的传输模型如图 2.16 所示。

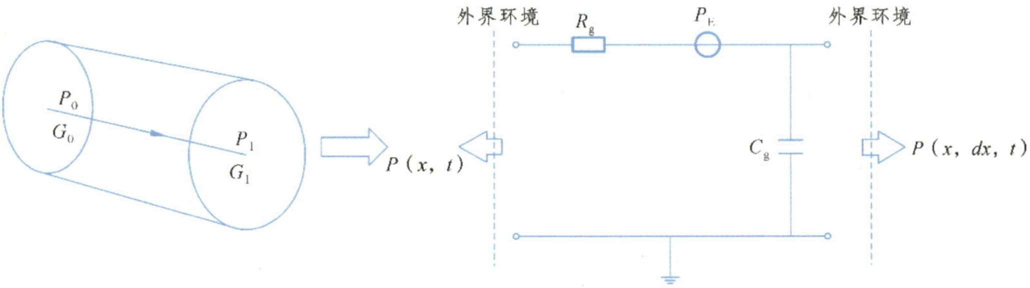


图 2.16 天然气传输模型

图中各元件的参数分别为

$$R_g = \frac{\mu R_g T}{P_0 S^2 D} \tag{2.17}$$

$$C_g = \frac{S}{R_g T} \tag{2.18}$$

$$E_g = \frac{\mu R_g T}{2P_0 S^2 D} G_0^2 \tag{2.19}$$

#### 2.2.2.3 热力网络

热力网络中，热流由热源传入网络，并依靠热网中流动的水流作为载体，在网络中的各个节点间进行流动。在热流传输的过程中，由于存在管道的天然约束，因此热力网络的能量流动是一个一维、线性的流动。类比于电力网络，热力网络中同样可以抽象出“热阻”“热容”等部件进行描述。在热力网络中，热流沿着水流进行传递，这说明在热力网中，热路与水路是一个单向的耦合关系，热流的传递依赖水流，反之热流对水流没有影响。

供热网络的简化过程可以类比于电力网络，热力网络的推导过程如下：①以管道中水流流动的方向作为水流方向，由于管道的约束，水流天然进行一维流动，生成以时间空间为基础的偏微分方程；②通过对水路流动时质量与动量守恒方程进行公式推导，定义水阻、水感和水容；③运用以上模型来描述水流在管道内的一维传递过程，进而建立基于水阻、水感描述的水力网络模型。

数学描述为

$$\frac{\partial \rho_\omega}{\partial t} + \frac{\partial \rho_\omega v}{\partial x} = 0 \tag{2.20}$$

$$\frac{\partial \rho_w v}{\partial t} + \frac{\partial \rho_w v^2}{\partial x} + \frac{\partial P}{\partial x} + \frac{\lambda \rho_w v^2}{2D} + \rho_w g \sin\theta = 0 \tag{2.21}$$

式中，$\rho_w$，$v$，$p$ 分别为水流在 $t$ 时刻位于管道中 $x$ 位置的密度、流速和压力，在水力计算中，密度$\rho_w$ 视为常数，$A$ 为管道的摩擦系数，是造成水流压力损失的主要因素，$g$ 为对应地点的重力加速度，$\theta$ 为管道倾角，$D$ 为管道的内径。

水力计算的质量流量记为

$$G = \rho_w v S \tag{2.22}$$

根据微元法的原理，以质量流量 $G$、压力 $P$ 为基础变量，二者关系可以描述为一维传导的水力方程，即

$$\frac{\partial P}{\partial x} = -\frac{8\pi\mu}{\rho S^2} G - \frac{1}{S}\frac{\partial G}{\partial t} \tag{2.23}$$

$$\frac{\partial G}{\partial x} = 0 \tag{2.24}$$

因此，对于时间空间较为微小的“微元”管道，热力网络的水路模型可以使用电

力系统中的相应“阻”“感”等元件进行描述，两个网络可以呈现出对应的关系，具体对应关系描述为如表 2.5 所示。

表 2.5　电路与水路对应关系

| 电路 | 水路 | 电路 | 水路 |
|---|---|---|---|
| 电压 $U$ | 压力 $P_w$ | 电感 $L$ | 水感 $L_w$ |
| 电流 $I$ | 质量流量 $G_w$ | 电容 $C$ | 0 |
| 电阻 $R$ | 水阻 $R_w$ | 电导 $G$ | 0 |

各元件的参数为

$$R = \frac{8\pi\mu}{\rho S^2} \tag{2.25}$$

$$L_w = \frac{1}{S} \tag{2.26}$$

因此，对于一段微元管道的水路计算模型，可以用“水阻”“水感”进行描述，如图 2.17 所示。

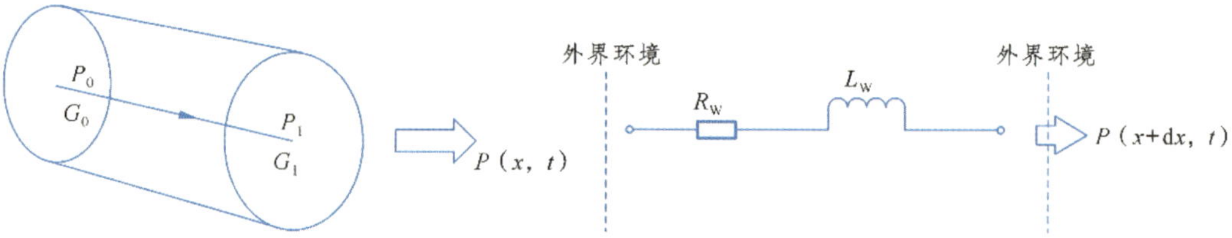


图 2.17　水路传输模型

## 2.2.3　多类用能需求（荷）

综合考虑用户侧用能需求的差异性以及地区资源禀赋的多样性，得到用户侧综合能源系统的典型结构形态如图 2.18 所示。用户侧综合能源系统包含能量的生产、转换、存储、传输、利用五类能量单元，通过能源站分为若干个子供能区域。

能源站由输入侧、输出侧以及中间能量生产、转换与存储环节三部分组成。

在输入侧，能源站因地制宜地充分利用当地的风能、太阳能、生物质能和地热能等分布式可再生资源，另一方面，其还可与公用电网、市政热网以及天然气网连接，外部电网作为用户侧综合能源系统系统的后备电源，除此之外，输入侧还包括从其他能源站传输来的电能与热能；在输出侧，能源站除了供给周边用户冷、热和电需求，多余的电力还可以上网或者传输给其他能源站，多余的热能也可以供给周边能源站。

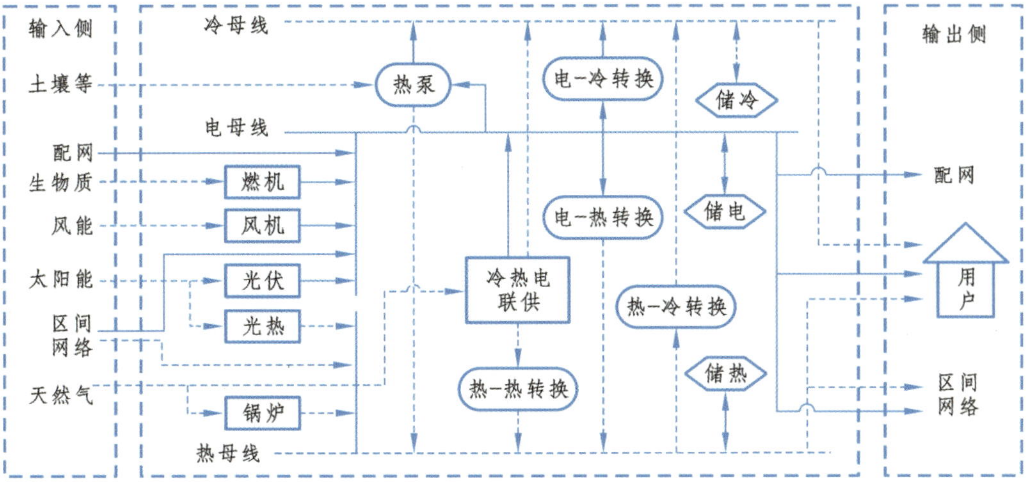


图 2.18　用户侧综合能源系统典型结构

在中间的环节，冷、热、电三根母线分别汇集相应的能流，并且可以通过相应的能量转换设备实现三种能流之间的相互转换，同时各母线还分别配备了相应的储能单元。风力与生物质分别经过风机和燃机转化成电能接入电母线；热泵机组消耗电能，利用土壤、空气、水源等热源实现冬天供热夏天制冷；输入的太阳能既可通过太阳能集热器转化成热量又可通过光伏转化成电能；输入的天然气既可通过锅炉转换成热量，又可作为耦合单元冷热电联产系统（CCHP）的燃料，生产冷能、电能和热能。

### 2.2.3.1　居民社区典型模式

居民区楼群较密集，有大量的屋顶面积，适合安装光伏发电系统和太阳能集热器，但是风力资源相对匮乏，同时风机的占地面积较大，所以居民区不适合安装利用风力发电。热泵具有高效节能、运行费用低、节水省电等特点，非常适合应用于居民区，另一方面，该装置的运行没有任何污染，可以建造在居民区内，满足小区对环境美观的要求。

燃气轮机实际上就是以一种具有连续流动特征的气体来作为工质，最终将系统当中的热能转换成机械功，其主要的余热形式是 450 ~ 600 °C 的高温烟气。在燃气冷热电分布式能源系统当中，通常使用的就是一些小型的燃气轮机，一般都是 500 ~ 10 000 kW 的机组。对于用能的情况来说，居民社区存在用电、生活热水、冬季供暖以及夏季制冷等多类负荷，对冷热电的需求比较均衡，但采暖对热水的温度有较高要求，所以该供能模式采用以燃气轮机为核心装置，对排烟余热的处理方式是采取烟气型吸收式冷温水机系统。

结合以上特点，典型居民社区的供能单元包含：电网供电、燃气轮机冷热电联产、热泵、太阳能集热器、光伏发电、风力发电等，系统结构如图 2.19 所示。

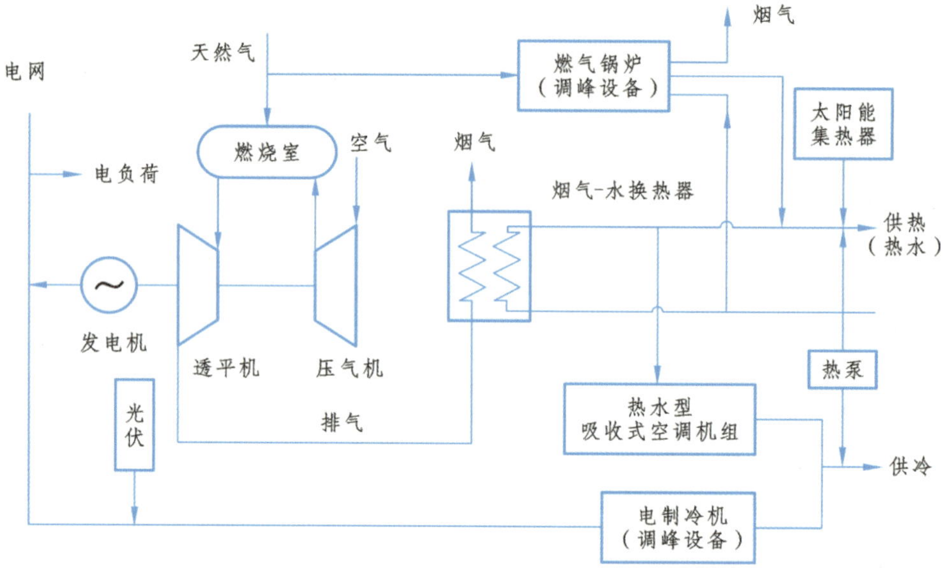


图 2.19　典型居民区供能系统

夏季工况时，燃气轮机发电后产生的高温烟气，进入烟气-水热交换器，制备出高温热水直接进入热水型吸收式空调机组，然后通过吸收式制冷对其提供冷冻水；不足的冷量则由电制冷机补充。热泵机组将空调系统中制冷剂吸收的热量转移给地埋管侧的循环水路，达到制冷目的；如果有生活热水需求，也可分出一条支路，作为生活热水热源。

因此，居民社区供冷模式运行特性如图 2.20 所示，总能效为 182.5%。

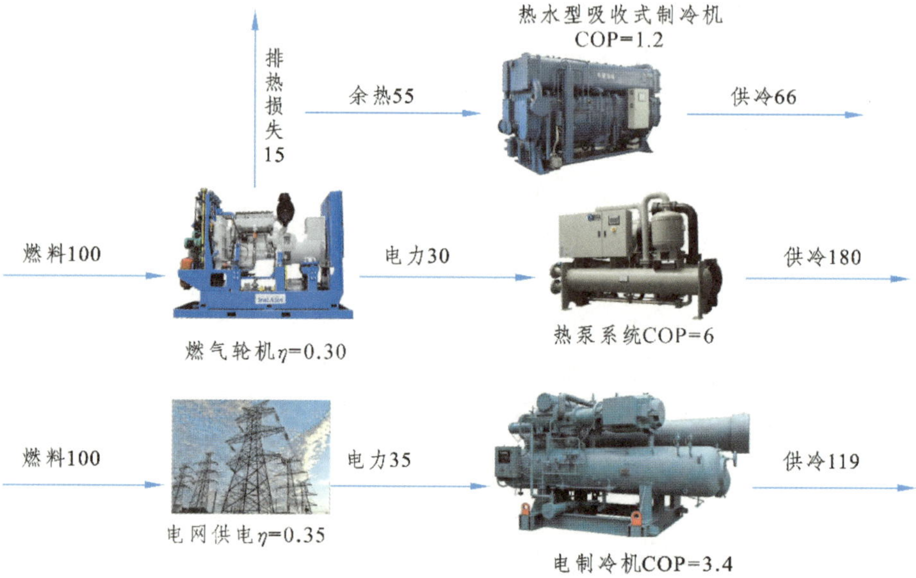


图 2.20　居民区供冷模式运行特性（单位：J）

冬季工况时，高温烟气则直接通过烟气-水热交换器，制备出高温热水，提供采暖热源；热泵机组地埋管侧的循环水路将土壤中存储的热量转移给制冷剂，然后通过制冷剂循环将热量转移给空调侧的循环水路，向室内散热；不足的热量则由燃气锅炉补充。

因此，居民社区供热模式运行特性如图 2.21 所示，总能效为 144.5%。

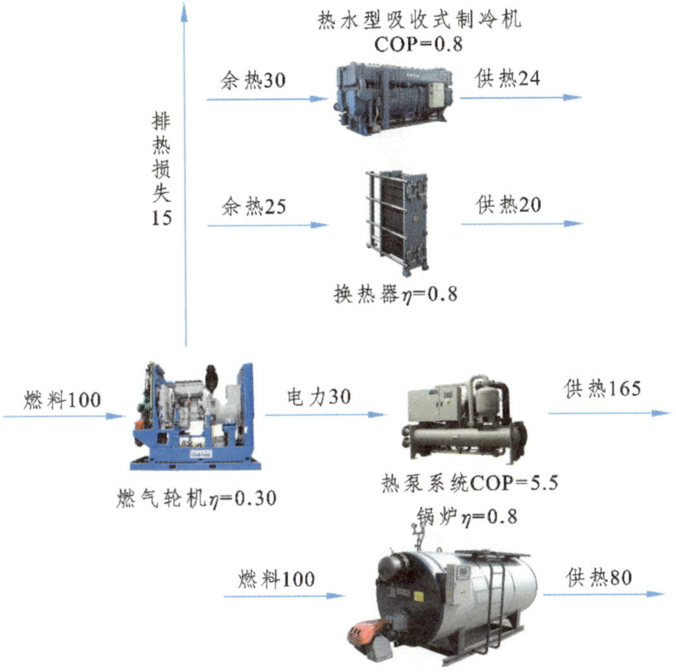


图 2.21　供热模式运行特性（单位：J）

### 2.2.3.2　商业园区典型模式

城市商业活动必须要有足够的可靠性，且具有比较大的商业负荷。用户侧必须很好地考虑每一个方面的利益，如果该系统的所有权不属于当地电网，就必须对其在整个城市配电网当中所具有的位置进行协调和确定。

在建立商业负荷用户侧所具有的这样一种综合能源系统的过程中，必须针对每一个体对其经济性因素进行考虑，同时也要在系统中接入更加可靠的接线方式，才能够使得整个系统具有合适的容量配置。对于光伏、风机以及燃气轮机这样的分布式电源，如果其可以运行在一个相对合适的情况之下，那么所产生的能耗成本也是较低的。尤其对于一个大型的商场，可以直接考虑对其配置小型风机；对于以商业大楼为主体的商业区域，存在大量屋顶面积，更多考虑光伏系统供电；另一方面，商业区多处于繁华地段，建筑物密集且地价较高，还适合采用清洁高效、可安装在室内的热泵机组。

燃气内燃机实际上已经成为一种相对传统的能源设备，在使用的过程中可以配合各种不同型号的单机容量。这种系统的最大特点是单位造价较低，操作简单，具有很高的发电效率。内燃机的功率范围一般在 20 ~ 10 000 kW。内燃机的余热有 400 ~ 550 °C，热回收可视需求分别从不同系统获得。内燃机规模较小时，发电效率明显比燃气轮机高，一般在 30%以上，电热比相对较高，部分负荷性能好，并且最初的投资也较低。正因如此，在很多小型的燃气冷热分布式能源系统当中也开始更多地使用这种形式的组合。但是内燃机所具有的余热回收系统在运行时，尤其是在面对中冷器以及润滑油冷却水的时候，如果控制不当，容易引起安全问题。

在用能方面，商业园区对热和冷负荷的需求一般，对电力需求较高，通常电价也较高，非常符合内燃机系统的特性。结合以上特点，典型商业区供能单元包含：电网供电、内燃机冷热电联产、热泵、光伏发电，其系统工艺图如图 2.22 所示。

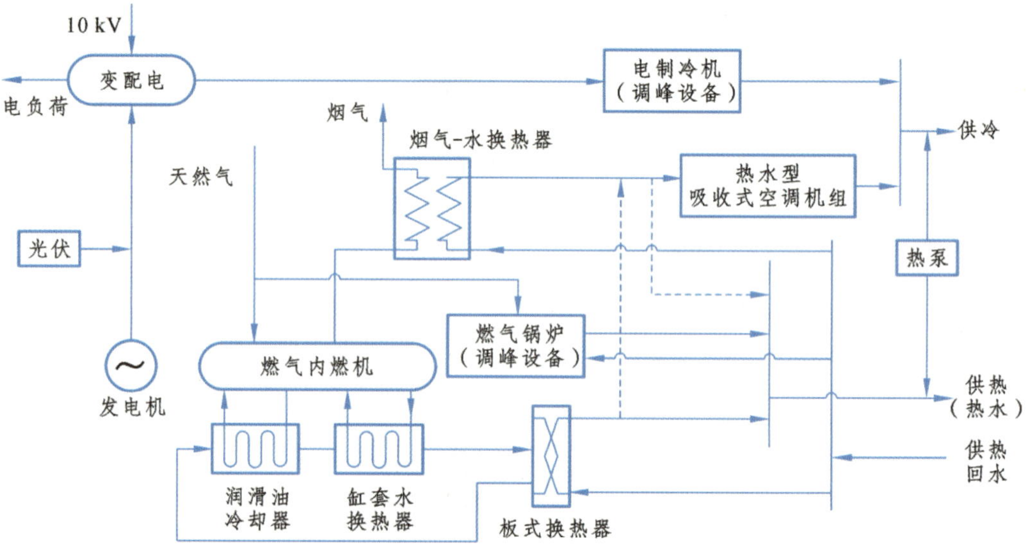


图 2.22　典型商业区供能系统

冬季工况时，燃气内燃发电机发电的同时，产生的高温烟气通过烟气-水热交换器，交换出高温热水，与高温缸套水和润滑油冷却水通过板式热交换器制备的热水一起供给热用户；热泵机组地埋管侧的循环水路将土壤中存储的热量转移给制冷剂，然后通过制冷剂循环将热量转移给空调侧的循环水路，向室内散热；不足的热量通过燃气锅炉补充。

因此，商业园区供热模式运行特性由图 2.23 所示，总能效为 156.5%。

夏季工况时，燃气内燃发电机发电产生的烟气余热通过烟气进入水热交换器交换出高温热水，与高温缸套水制备出的热水一起进入热水型吸收式空调机组，通过吸收制冷，向用户提供冷冻水；热泵机组将空调系统中制冷剂吸收的热量转移给地埋管侧的循环水路，达到制冷目的；不足的冷量由电制冷机补充。由于热水型吸收式空调机组循环性能系数（COP）较低，一般为 0.8 左右，相对而言，余热制备出的热水如果能直接供给用户，则最好减少通过热水进行吸收式制冷的比例。

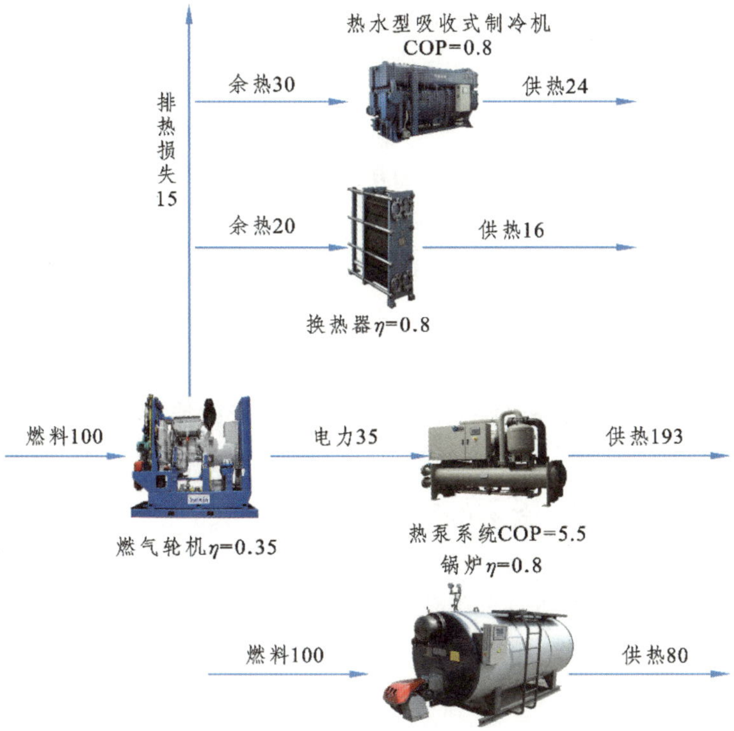


图 2.23 商业区供热模式运行特性（单位：J）

因此，商业园区供冷模式运行特性由图 2.24 所示。

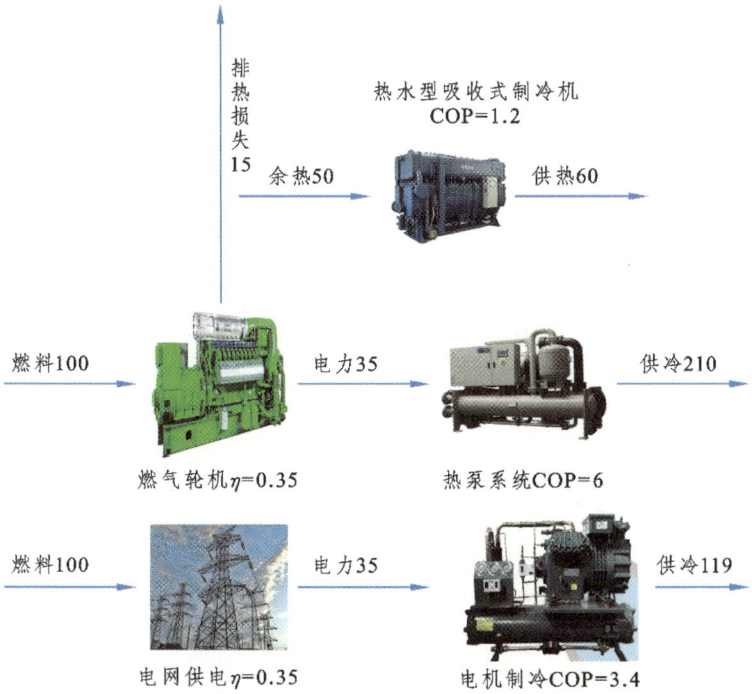


图 2.24 商业区供冷模式运行特性

#### 2.2.3.3 工业园区典型模式

对于一个区域当中的工业负荷，主要分为重工业以及轻工业两种类型，而在一个城市当中，大多数的工业企业处于城乡接合地区，很多城市是在重工业的基础上开展的城市建设，从而形成能源城市，如钢铁、石油和煤炭城市等。这些能源城市当中，重工业都是用电大户，如果在某个时间段内出现了短时停电，往往会对这些企业造成非常大的经济损失，但是对于关键负荷来说，大多情况下是难以承受这种瞬间断电的。因此很多大型的企业基本上都会有比较富余的热能，还有一些企业可能通过蒸汽的方式来发电。

一个城市当中的工业电负荷往往比较大，再加上企业本身的技术条件及场地因素等，可以被选作备用电源的形式还是比较有限。大部分企业建立自备电厂。同时要考虑大型工业企业职工多的特点，要对附近的商业区以及住宅区同时进行供电，还需要满足通风热负荷、生活热水、供暖和夏季供冷等热/冷多种负荷需求。

目前，在整个市场当中，内燃机具有明显的优势，但主要是在较小容量上；燃气轮机的优势则主要是在规模较大的系统当中，燃气轮机的功率范围一般在 1 000 ~ 50 000 kW，广泛应用于电力工业、船舶、机车、车辆等领域。燃气轮机和蒸汽轮机联合循环发电，大大提高了系统发电效率，非常适合对用电、蒸汽需求较高的工业园区。除此之外，可以通过汽-水换热器和蒸汽型吸收式制冷机满足园区内的生活热水负荷和用冷需求。

结合以上特点，典型工业区供能单元包含：电网供电、市政供热、燃气轮机冷热电联产、光伏发电、风力发电、热泵等。系统工艺如图 2.25 所示。

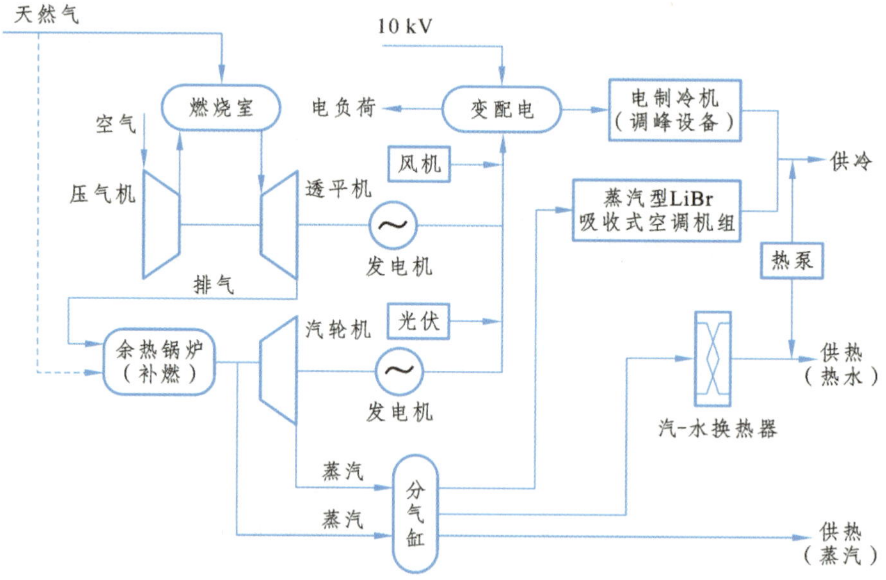


图 2.25 典型工业园区供能系统

工业园区典型模式系统中，余热利用设备为余热锅炉，可根据具体项目决定是否设置补燃。热泵机组地埋管侧的循环水路将土壤中存储的热量转移给制冷剂，然后通过制冷剂循环将热量转移给空调侧的循环水路，向室内散热；热泵机组将空调系统中制冷剂吸收的热量转移给地埋管侧的循环水路，达到制冷目的。供冷调峰设备可以选用电制冷机，供热调峰设备可以选用燃气锅炉等。

燃气轮机在工作的过程中会产生大量高温烟气，这些烟气首先会通过余热锅炉对蒸汽进行制取，获得的蒸汽则可以直接推动汽轮机发电后排出，经分气缸汇集后，分别送往吸收式空调机组进行制冷和汽水换热装置提供热水，或直接送往用汽点供给工业热负荷。

工业园区供冷模式运行特性如图 2.26 所示，总能效为 222.5%。

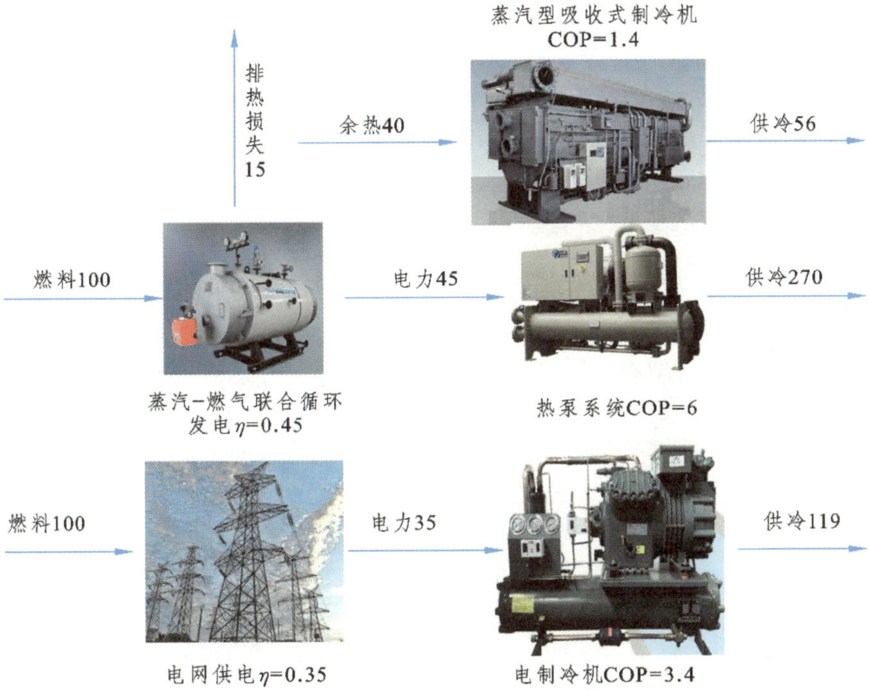


图 2.26 工业园区供能冷模式运行特性

工业园区供热模式运行特性如图 2.27 所示，总能效为 181%。

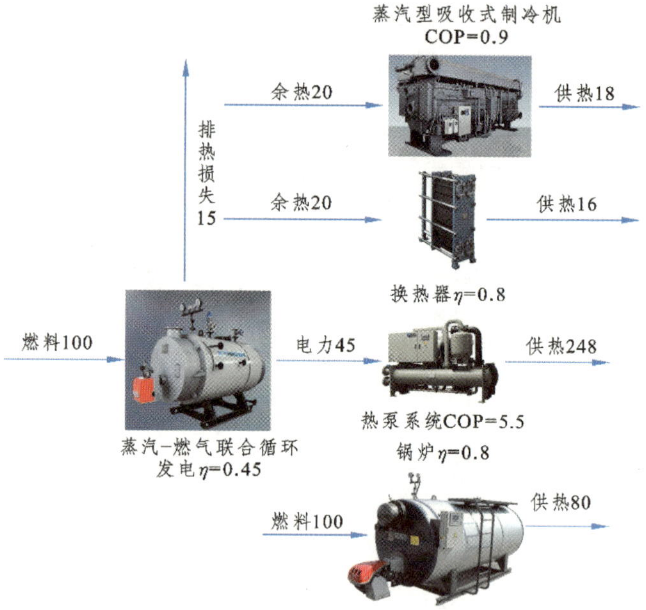


图 2.27　工业园区供热模式运行特性

#### 2.2.3.4　农业园区典型模式

农业园区内的自然电源较其他园区更为丰富，占地面积较大，周围比较空旷并且地价较低。其采取分布式资源进行供能也更具可行性，可以利用的可再生资源包括光伏、风力、水力、生物质能（沼气、木柴）等。

农业园区一般可分为种植农业和养殖农业两大类。除了电负荷，大棚等种植农业以及禽类的室内养殖通常需要保持温度在一定的范围内，存在热能需求。

结合以上特点，典型农业区供能单元包含：电网供电、燃气轮机冷热电联产、光伏发电、风力发电、生物质发电等。系统工艺图如图 2.28 所示。

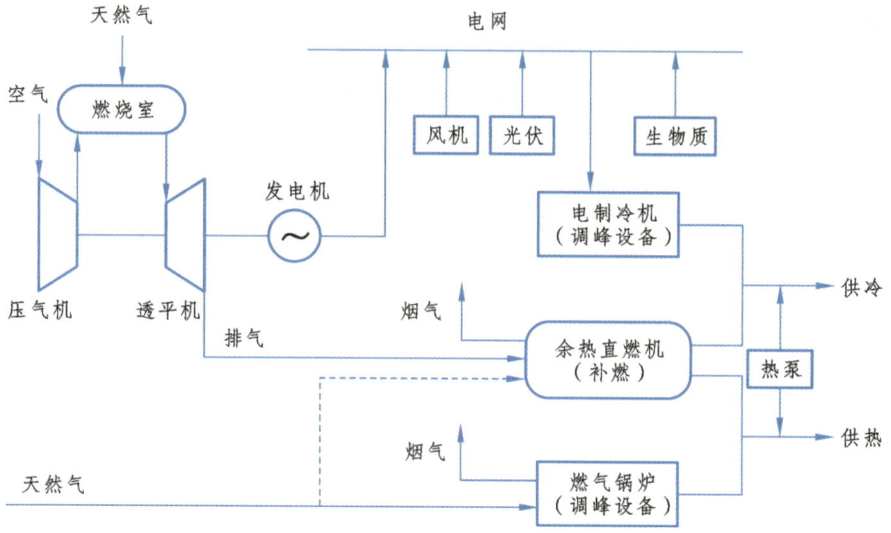


图 2.28　典型农业园区供能系统

农业园区典型模式系统中余热溴化锂吸收式空调机组即余热直燃机，可根据项目情况选用带补燃和纯余热利用两种类型的机组。调峰设备可根据项目实际需要选择电制冷机以及燃气锅炉。

余热直燃机夏季利用高温烟气的余热进行吸收式制冷，冬季时制热；热泵机组夏季将室内热量转移至土壤中，冬季将土壤中的热量转移到室内，达到供暖与制冷的目的；当热泵机组和余热直燃机不能满足大量的用户对冷热能的需求，那么这个时候还可以采用燃气锅炉或者是电制冷机的方式对其进行弥补。

该系统采用余热吸收式空调机组，在供热工况时，其效率与燃气锅炉或汽水换热器基本相当或略低，基本在 90%左右，在供冷工况时，COP 可达 1.3 以上。燃气轮机的发电效率低于燃气内燃机，但余热品质较高（只有高温烟气一种形式），热电比较大。采用单循环发电、余热进行吸收式制冷供热，主要适用于冷热负荷较为稳定的场所，如农业园区中种植蔬菜的大棚以及牲畜圈，既保证机组的满负荷运行时间，又能将余热充分利用。

农业园区供冷模式运行特性如图 2.29 所示，总能效为 197%。

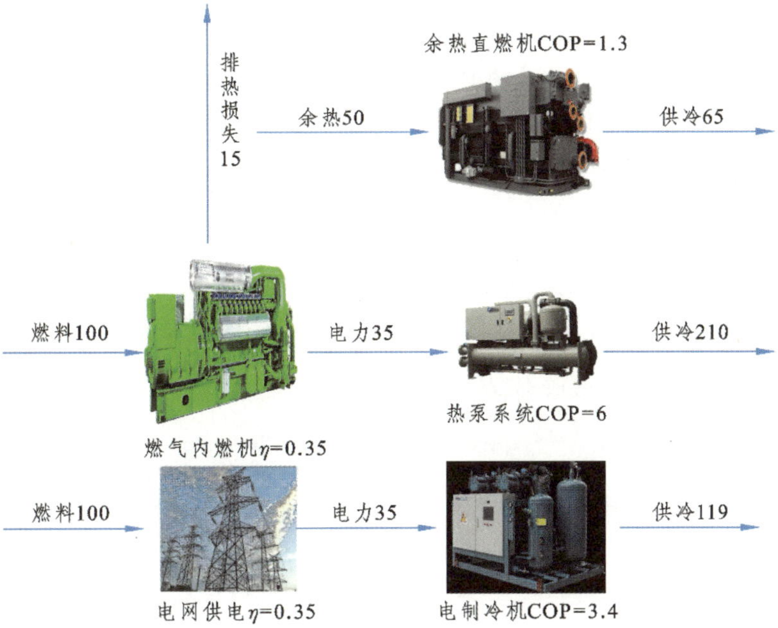


图 2.29　农业园区冷模式运行特性

农业园区供热模式运行特性如图 2.30 所示，总能效为 159%。

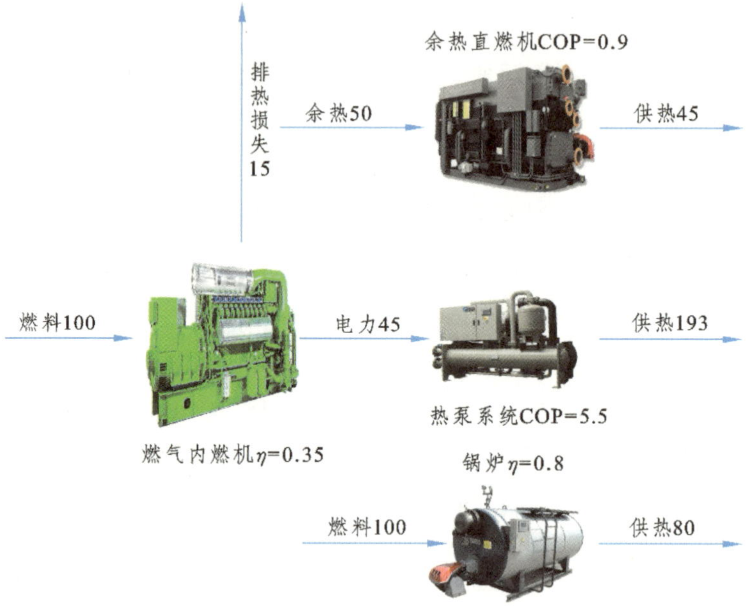


图 2.30　农业园区供热模式运行特性

### 2.2.4　储能设备（储）

综合能源系统涉及多种能源的制、储、运等环节，各环节都能从整体上对多种能源进行统一的协调、优化与调度。然而，随着可再生能源的高比例接入，其不确定性给综合能源的系统稳定性提出严峻的挑战。储能是综合能源系统的核心环节，在缓解系统波动，提高系统稳定性等问题上起到关键作用。合理利用储能可以提升清洁能源利用水平；利用储能的时空存储特性可以为系统带来额外的经济收益。随着多能耦合研究技术不断发展、多能源交互日益密切，多能存储综合能源系统逐渐成为能源结构的主流，是实现当今能源需求的重要模式。

储能系统具有以下几方面的特性：①储能可以平滑功率波动，消纳剩余不稳定能源，改善系统能量结构；②储能能够提升综合能源系统的可靠稳定性；③通过合理地配置和调度储能，可以降低成本，提高系统的经济性。

#### 2.2.4.1　储　电

电能存储具有多种方式，可以分为：物理储能、电化学储能以及电磁储能。其中物理储能包含抽水蓄能、压缩空气和飞轮储能等技术；电化学储能包含液流电池、锂电池等形式；电磁储能则主要包括超导电磁、超级电容等。

抽水蓄能是应用范围最广的物理储能技术。其工作原理主要是将过剩的或者低成本的电能通过抽水装置将低地势水库的水抽到高地势水库中转换成势能的形式进行存储。当有供电需求时，上游水库的水驱动水轮机进行发电，重新产生电能供给负荷。抽水蓄能技术具备黑启动、调频、填谷以及调峰等功能，获得广泛应用。但是该项技术深受地理水文等环境条件的限制，应用条件较为严苛。

压缩空气储能技术同样深受地理及环境因素的制约。该技术通常利用过剩的或者低成本的电能对空气进行压缩存储。在有供能需求时，利用压缩空气做功重新产生电能供给负荷。通常选择将压缩之后的空气存储于山洞、矿井或者油气井中。正因如此，压缩空气储能的应用较多受到存储选址的限制。但是该技术具有安全性较好、寿命长、成本较低等优点。

飞轮储能是一种以动能形式存储能量的机电储能设备。飞轮储能有一个旋转圆筒，与一台电机相连，在充电或放电过程中，电机充当电动机或发电机。飞轮储能的总能量与旋转圆柱体的速度和质量有关。在充电循环中，电机起到电动机的作用，加速旋转气缸并增加储能。电机作为发电装置在放能循环中工作。飞轮储能具有低能量密度、响应迅速、高功率密度以及高循环寿命等特性。

电化学储能在源侧储能方向上得到广泛的普及。已经有大量的电化学储能商业化产品，被广泛应用于各行业中。其中，锂电池和铅酸电池是主要的商业化规模应用的产品。在电力系统大规模的可再生能源并网以及火电调频的需求背景下，电化学储能技术迭代迅速。

超导电磁储能是以磁场形式存储能量的电磁存储系统，由三个主要部件组成：制冷系统、超导线圈和功率调节系统。在充电循环中，电流流过超导线圈，能量存储在其上形成的磁场中。在工作过程中制冷系统对超导线圈制冷，保障其温度不超过临界温度。流经线圈的电流以及自感是影响超导储能的关键因素。在有放电需求时，通过功率调节装置将此处中的能量重新转化成电能，用以供能。超导电磁储能具有快速响应、高功率密度、高循环寿命和低能量密度的特点。

超级电容是不同于传统电池储能与电容器的新兴储能技术。其通过电解质将电极隔开，形成夹层界面来达到存储电能的目的。常见的超级电容器将电能直接存储在电极之间的静电场中，而不是将其转换为另一种形式的能量。该技术的优点在于：长循环寿命、免维修、绿色环保以及功率密度高等。各类储电技术特点如表 2.6 所示：

表 2.6　各类储电技术特点

| 储能方式 | 储能类型 | 响应时间 | 效率 | 技术优点 | 技术缺点 |
|---|---|---|---|---|---|
| 物理储能 | 抽水蓄能 | 分钟 | 70%～78% | 技术成熟 | 地理水文条件限制物理 |
| | 压缩空气储能 | 分钟 | 55%～65% | 长寿命、稳定 | 建设要求高、成本高 |
| | 飞轮储能 | 毫秒 | 87%～93% | 能量密度大、高效率 | 高成本、限制大 |
| 电化学储能 | 锂电池 | 百毫秒 | 85%～98% | 能量密度大、寿命长 | 安全性差 |
| | 全钒液流电池 | 百毫秒 | 76%～86% | 安全性好 | 高价格 |
| | 铅酸电池 | 百毫秒 | 72%～92% | 高性价比 | 低能量密度 |
| 电磁储能 | 超级电容 | 毫秒 | 72%～92% | 效率高 | 安全性差 |
| | 超导磁储能 | 毫秒 | 92%以上 | 效率高 | 高成本 |

### 2.2.4.2 储热

热储能技术主要分为显热储热、潜热储热、化学反应储热。储热介质以及储热原理的不同，使得三种热储能技术在储能技术特性上存在差异。

现阶段，显热储能是最简单常用的储热技术。显热是由储热材料进行热量交换，不改变材料的相位，但改变了存储介质的温度。储热设备储存的热量与温度线性相关。这种储热方法的缺点是能量密度低，在任何温度下都会产生热能损失。显热储能最常用的存储材料是陶瓷、水和油，可以应用于工业和住宅解决方案中，如区域供暖网络上的热水储存或建筑材料，由于其热容量高，可以储存数月的能量。

潜热储热是在特定的温度区间下，相关材料产生相变最终导致热量转移的过程。最常用储热材料是熔盐、石蜡和水/冰。潜热储热的热传递方式分为直接传热和间接传热。当传热流体和储热材料之间直接接触时，为直接传热；当传热流体和储热材料之间有固体传热边界时，为间接传热。相变包括蒸发和冷凝、结晶和熔化，导致聚集状态改变。在此过程中，可以根据所选材料的特性存储大量热量或冷量。

热化学储能的特点是能量密度、效率和工作温度都处于较高的状态。热化学储能通过可逆化学反应实现，在参与充电/放电循环的分子的化学键中，保留了化学势能。在所有热储能技术中，热化学储能技术的能量密度最高，但其反应效率随时间降低。热化学储能材料的优势在于：反应焓高、反应动力学快、导热系数高、循环稳定性好。

储热技术的特点如表 2.7 所示。

表 2.7 各储热技术的特点

| 储热技术 | 储热时间 | 体积蓄热密度 | 技术优点 | 技术缺点 | 发展程度 |
|---|---|---|---|---|---|
| 显热储热 | 受限制，小时～天 | 0～50 kW · h/m³ | 成本低，集成简单 | 蓄热材料密度低，体积大 | 技术成熟，大规模应用 |
| 潜热储热 | 受限制，小时～周 | 0～100 kW · h/m³ | 蓄热密度较大，热控较简单 | 成本高，热稳定性差 | 处于过渡时期 |
| 化学储热 | 长期，天～月 | 0～500 kW · h/m³ | 蓄热密度大 | 不易控制，安全性差 | 处于实验室研究阶段 |

显热储热技术是当下所有三种热储能技术中最简单、成熟的。由于显热储热的储热介质是水，成本很低、来源方便，因此显热储热的技术方式的实际应用最广；除此之外，由于水的稳定性好、比热高，存储容器的结构设计也最为简单。

### 2.2.4.3 储冷

储冷技术的关键是利用物质的显/潜热特质，将低于环境温度的热量储存起来，必要时将储冷量释放供终端使用。储冷的方法有：气体水合物蓄冷、水蓄冷、冰蓄冷、共晶盐蓄冷等。

水蓄冷技术多用于空调系统，原理是利用电网的峰谷电价，使机组在夜间电价谷值时进行蓄冷，在峰值时将所蓄冷量释放。水蓄冷技术的优势主要在于能够使用原有的储水设备，成本低，在蓄冷同时可以储热。

冰蓄冷技术的主要原理是相变潜热，在夜间电价谷值时使压缩式制冷剂制冰，并存储在储冰设备，电价峰值时融化冰，伴随冷量放出，减少系统装机容量和电网高峰时用电负荷。

共晶盐蓄冷技术的主要原理是固—液相变特性。此种蓄冷技术一般在 0 °C 以上进行，主要用于传统空调中；与冰蓄冷系统相比，效率高、蓄冷体积大，但是密度小、初成本高且热交换性能差，目前在工业领域应用较少。

气体水合物蓄冷技术是在低温高压下由气体小分子和水分子形成的笼状晶体化合物。利用了该物质在水的冰点以上会发生结晶固化的特性。具有密度大、效率高的优点。

储冷技术的对比分析如表 2.8 所示。

表 2.8　各储冷技术优缺点

| 储冷技术 | 工作原理 | 技术优点 | 技术缺点 |
|---|---|---|---|
| 水蓄冷 | 水池蓄冷 | 效率高、初投资低、技术要求低 | 密度低、不易于闭式水系统、输水能耗大于冰蓄冷 |
| 冰蓄冷 | 压缩式制冷装置制冰蓄冷 | 体积小、冷损耗小，可采用低温送风、节约水管，系统可封闭、水泵耗能小 | 制冷机效率降低，运行控制要求高、投资较大 |
| 共晶盐蓄冷 | 固液相变特性蓄冷 | 效率高，运行和储冷可同时进行，管线无冻结问题 | 成本高、系统复杂、控制要求高 |
| 气体水合物蓄冷 | 气体水合物在冰点以上结晶固化 | 密度高，运行时能保持正常空调工况，实现直接接触的储/释冷的换热过程 | 能耗较高，投资较大 |

#### 2.2.4.4　氢储能

储氢方法是氢储能中的核心技术环节，一般分为固体氧化物储氢、液态储氢和气态储氢。

气态储氢的材料采用不锈钢材料与铝合金构成，固有寿命长的优势，但储氢效率低。液态储氢技术由于内部的氢为液态氢，要求容器的绝热能力强，所以不太常用于多能源系统中，较多使用在火箭领域。常见储氢技术特点的对比如表 2.9 所示。

表 2.9　常规储氢技术对比

| 储氢技术 | 技术优点 | 技术缺点 | 发展程度 |
|---|---|---|---|
| 高压储氢 | 成本低 | 低密度、低重量、安全性差 | 已获得广泛应用 |
| 有机液态储氢 | 高密度、较高安全性 | 工艺技术条件严苛、需配套设施辅助 | 规模应用困难 |
| 低温液态储氢 | 纯度高、高密度 | 高能耗、高成本、高存储条件 | 应用规模较小 |
| 固态储氢 | 密度大、成本低、安全 | 重量百分比较低 | 发展前景好 |

## 2.3　综合能源系统优势特性

特高压输电、智能电网、“互联网+”等先进技术和理念为能源互联网的建设提供了技术保障。在源端，特高压交直流输电技术实现了大电网的广泛互联和清洁能源的跨区输送；在终端，主动配电网、多能源集成互补等技术的发展也为终端能源的智能化调度和综合利用奠定了基础。与此同时，分布式清洁能源发电技术、储能技术以及以物联网、大数据和云计算为代表的信息技术的发展，也支撑着各种能源形式的普遍互联和方便舒适的用能体验。能源互联网分为三个层次：全球能源互联网、城市能源互联网和园区级能源微电网。全球能源互联网是能源互联网的宏观形态，是以特高压为骨干网架、全球互联的智能电网，是清洁能源在全球范围内大规模开发、配置、利用的平台；城市能源互联网是能源互联网的微观形态，整合电力系统、燃气系统、热力系统、信息系统等各方数据，是以电为中心的城市各类能源互联互通、综合利用、优化共享的平台；园区级能源微电网是能源互联网的终端形态，以分布式清洁能源发电、地源（水源）热泵、大规模蓄热（冷）等技术为核心，是冷、热、电、气等能源形式综合利用的平台。能源互联网的展望可以从全球能源互联网、城市能源互联网和园区级能源微电网三个层次上分别进行考虑。

### 2.3.1　全球能源互联网

#### 1. 特高压交直流输电网架日趋完善

特高压交直流输变电技术、特高压海底电缆技术以及特高压灵活输电技术为电网跨洲互联提供了技术支撑。根据规划，第一步，各洲将完成洲内重点跨国输电通道的建设，提升各国资源配置能力和智能化水平；第二步，各洲将实现洲内跨国电网互联，使清洁能源在洲内大规模、大范围、高效率优化配置；第三步，建设跨洲特高压骨干网架，实现各洲、各国电网互联互通，基本建成全球能源互联网。

#### 2. 实现高比例可再生能源接入

我国即将步入可再生能源大规模集群并网、高渗透率分散接入并重的发展阶段，电力系统形态将发生巨大变化。根据预测，到 2050 年，我国将实现风电装机 24 亿千瓦、实现太阳能发电装机 27 亿千瓦，风力发电和太阳能发电合计为 9.66 万亿千瓦时，占全部发电量的 64%，风力发电、太阳能发电成为未来绿色电力系统的主要电力供应来源。在此情景下，我国经济发展方式、电源结构优化、节能减排技术乃至生活方式引导方面均有重大改观，经济社会发展与能源、环境之间达到较和谐的发展水平。

#### 3. 特大型电网安全稳定运行

随着大规模风能、太阳能等清洁能源比例的增加，这部分可再生能源电站出力的不可控性、波动性和随机性必将给电网调度带来不少压力。电网稳定特性变得更加复杂，可再生能源大规模接入远距离传输对于电网调度提出了新的挑战。需要进一步研究特大型交直流混合电网安全稳定运行技术和电网故障诊断、恢复及自动重构技术，全面提升大电网对连锁故障、极端灾害天气或外力破坏的防御能力。

### 2.3.2 城市能源互联网

#### 1. 多能协同与多网融合规划建设

城市能源互联网要实现能源系统与信息网络的深度融合，建设以智能电网为基础，与热力管网、天然气管网、交通网络等多种类型网络互联互通，多种能源形态协同转化、集中式与分布式能源协调运行的综合能源网络，构建开放的共享体系，建立面向多种应用和服务场景下能源系统互联互通的开放接口、网络协议和应用支撑平台，支持海量和多种形式的供能与用能设备的快速、便捷接入。

#### 2. 实现多能源联合协调与区域协调优化

通过需求侧响应与柔性负荷控制以及能源梯级调用的源、网、荷协同优化策略，城市能源互联网将达到能源配电网、分布式能源微电网和终端能源用户的协同优化调度，实现冷、热、电、气等多种能源形式在城市层级上的统一调配。

#### 3. 海量数据挖掘与用户行为分析

城市能源互联网基于智能终端的海量用户信息，采用大数据的分析技术，对用户用能行为监测数据进行分析，以户为单位，深入挖掘用户用电量与煤、气、油等其他能源间的耦合信息，建立用户用能行为分析模型，制定更加有效的营销策略和调控方案。

#### 4. 培育合理的绿色能源交易机制

城市能源互联网将培育绿色能源灵活交易市场模式，完善基于互联网的智慧用能交易平台建设，主要包括：建设基于互联网的绿色能源灵活交易平台，支持绿色低碳能源与电力用户之间实现直接交易；构建可再生能源实时补贴机制，实现补贴的计量、认证和结算与可再生能源生产交易实时挂钩。

### 2.3.3 园区级能源微网

#### 1. 分布式能源系统优化运行

分布式能源系统的协调控制及其优化调度是能源互联网中的多种能源形式和复杂的网络关系的核心问题。分布式能源系统以系统综合能源利用率最大化为目标，利用分布式计算框架构建能源点、负荷点、能量中心和控制中心等各个不同类型和层级的自治控制对象，根据实际能源网络拓扑结构实现分层的协同控制模型；通过量化指标体系和安全运行约束制定全局优化策略，各区域响应上级策略的同时进行内部自治控制，实现动态调整调控。

#### 2. 完善综合能源服务商业模式

综合能源服务的发展有两个方向：一是由传统能源供应商向综合能源服务商转变，依托传统能源供应商基础设施优势，向冷、热、电、气多联供方向发展；二是由能源设备供应商向综合能源服务商转变，依托自身技术优势和售配电改革政策，为用户提供施工、建设、运维服务。能源互联网遵循的是开放、互动和互利互惠的原则，能源供给者、运营商、代理商和用户的利益必将剧烈磨合与碰撞，需要进一步完善综合能源服务商业模式，以适应市场化需求。

## 课后习题

1. 什么是综合能源系统？
2. 什么是风能？风能取决于什么因素？
3. 水力发电的优点有哪些？
4. 储能方式有哪些？

# 第 3 章 综合能源系统关键技术

综合能源系统的建设对于实现我国能源转型具有重要意义，是我国进行能源革命、应对全球气候变化的重要举措，其关键技术主要有多负荷预测技术、出力预测技术、储能技术、数据分析与处理技术、调度与控制技术等。与传统能源系统相比，综合能源系统的主要特点是电力网络在空间上的扩大，将不同区域电网互联，实现不同区域、不同类型新能源的跨区消纳。综合能源系统中的能源来自各种一次能源，包括化石能源、风能、太阳能等。为了实现能量的捕获和转换，需要研究风机、光伏、光热、冷热电联供、热泵、吸收式制冷、电解制氢、电动汽车等技术，同时，仍有大量新技术需不断完善，如低风速风机、新材料光伏、含热储的光热电站、微型燃料电池、电解制氢、电动汽车等。

综合能源系统以电力为中心，以电网为主干和平台，以实现能量的自由传输，其中，设备级的前沿技术包括能源路由器、能量集线器、多端直流、大容量低成本高效率储能、超导、无线能量传输等。2015 年，由我国发起的 ISO/EC/IEEE 18880—2015 标准泛在绿色社区控制网络协议为能源互联网提供了一个标准协议，但仍然需要制定更多的协议。能源路由器是综合能源系统中连接不同电压、频率网络的关键设备，满足不同电压、功率、电能质量的需求，并且可以隔离故障、支持即插即用等。为了支撑高比例分布式可再生能源的对等接入和能量的开放互联与共享，实现设备即插即用，首先要能自动保障能源网络的安全稳定，此外还需要研究以下内容：①能量和信息即插即用的标准接口与协议；②分布式设备的自组织管理，包括设备的自动感知和识别、设备模型的生成和拼接、自动通信、系统级的协同管理等；③设备自身实现自主控制，减少对系统的不利影响。能源路由器、能量集线器、微网、代理、集群、虚拟电厂等技术的发展为设备的即插即用提供了有效手段；分层控制、分布式控制、对等控制等控制技术的发展也将支撑开放对等接入。

综合能源系统是一个典型的信息能源融合的开放系统，其关键技术包括信息物理系统建模与仿真、信息物理融合规划、信息安全等。对于能源互联网这样的复杂系统，建模的难点在于如何表征信息流与能量流之间的耦合关系，揭示能量流与信息流的相互作用机理，并在此基础上实现信息-物理相互影响的定量分析与评估。在规划层面，物理和信息的规划需要协同。在互联网环境下，信息安全问题更加突出，信息的传输与存储安全、用户隐私以及人为恶意攻击等都可能影响整个系统的安全可靠性。因此，需要通过信息能量耦合的统一建模，提出信息流与能量流混成计算和量化分析技术、联合安全评估技术等，构建信息-能量耦合系统的动力学模型与稳定性理论，提升综合能源系统的信息安全性。综合能源系统是一个多系统相互耦合的开放系统，包含多个领域的设备元件，具有异质性、随机性、多目标和多尺度等特点，系统特性复杂，需要开展相应研究，包括综合能源系统建模和仿真、多能流耦合的在线分析与运行控制等理论和技术，需要发展出多能流耦合的分布式能量管理系统，将现有的集中式能量调度与管理体系变革为集中协同分布自治的新模式，通过开放与对等的多能流能量管理技术实现多种能源形式的互联与共享，提高分布式可再生能源利用率与系统整体能效。

为了实现对用户的透明，大数据、云计算将是其技术支撑，用于新能源出力和负荷的预测、用户行为分析和建模、能耗分析等，为用户提供个性化的解决方案。在综合能源系统中，能源的生产者、服务者和消费者之间的界限将会消失，设备、能量和服务都可以进行自由交易，市场在能源生产和消费过程中的配置作用将更加凸显，存在以下潜在研究热点：能源互联网市场机制、市场行为、市场化环境下的安全可靠运行等。此外，与传统纵向一体的能源网运行不同，能源互联网呈现出自由多边的海量用户平等参与、消费者即生产者的新架构，其运行的复杂性呈数量级增长。大数据和云计算等数据技术的引入，为以用户为中心构建能源互联网管理和商业模式提供了可能。

## 3.1　负荷预测技术

### 3.1.1　电力负荷预测概念及方法

#### 3.1.1.1　电力负荷预测概念

所谓预测，就是指通过对事物进行分析及研究，并运用合理的方法探索事物的发展变化规律，对其未来发展做出预先估计和判断。电力系统负荷预测是指在充分考虑一些重要的系统运行特性、增容决策、自然条件与社会影响的条件下，研究或利用一套系统地处理过去与未来负荷的数学方法，在满足一定精度要求的条件下，确定未来特定时刻的负荷数值。提高负荷预测技术水平，有利于计划用电管理，有利于合理安排电网运行方式和机组检修计划，有利于节煤、节油和降低发电成本，有利于制订合理的电源建设规划，有利于提高电力系统的经济效益和社会效益。对于售电公司来说，有利于售电公司决定自己的中长期合约签约策略、现货市场报价与交易策略、单个用户的经济测算等行为。因此，负荷预测已成为实现电力系统管理现代化、售电公司向现货市场转型的重要内容之一。

短期（两周以内）负荷预测在整个电力调度及售电公司参与现货市场的工作中起关键作用。它为基本发电计划、计算机在线电网控制、系统安全分析、日前市场报价、日内（实时）市场交易等提供基础数据，从而使电力调度工作更贴合实际，发电效率更高，使得售电公司减小自己上报电量与真实用电量的偏差。在规模上，负荷预测可以分为电网层级的负荷预测和用户层级的负荷预测。电网公司主要采用的是电网层级的负荷预测，这对整个电力系统的稳定、安全运行，改善系统运行经济性有着决定性的意义。对于售电公司，用户层级的负荷预测是更实用的。售电公司需要对自己的用户组合和单一用户做电力负荷预测，基于这个预测的结果再开展其他的行动。

#### 3.1.1.2 电力负荷预测方法

##### 1. 单耗法

单耗法指按照国家安排的产品产量、产值计划和用电单耗确定需电量。单耗法分产品单耗法和产值单耗法两种。采用单耗法预测负荷的关键是确定适当的产品单耗或产值单耗。从我国的实际情况来看，一般规律是产品单耗逐年上升，产值单耗逐年下降。单耗法的优点是：方法简单，对短期负荷预测效果较好。缺点是：需做大量细致的调研工作，比较笼统，很难反映现代经济、政治、气候等条件的影响。

##### 2. 趋势外推法

当电力负荷依时间变化呈现某种上升或下降的趋势，并且无明显的季节波动，又能找到一条合适的函数曲线反映这种变化趋势时，就可以用时间 $t$ 为自变量，时序数值 $y$ 为因变量，建立趋势模型 $y=f(t)$。当有理由相信这种趋势能够延伸到未来时，赋予变量 t 所需要的值，可以得到相应时刻的时间序列未来值。这就是趋势外推法。

应用趋势外推法有两个假设条件：①假设负荷没有跳跃式变化；②假设负荷的发展因素也决定负荷未来的发展，其条件是不变或变化不大。选择合适的趋势模型是应用趋势外推法的重要环节，包括图形识别法和差分法两种基本方法。

外推法有线性趋势预测法、对数趋势预测法、二次曲线趋势预测法、指数曲线趋势预测法、生长曲线趋势预测法。趋势外推法的优点是：只需要历史数据，所需的数据量较少。缺点是：如果负荷出现变动，会引起较大的误差。

##### 3. 弹性系数法

弹性系数是电量平均增长率与国内生产总值之间的比值。根据国内生产总值的增长速度结合弹性系数可以得到规划期末的总用电量。弹性系数法是从宏观上确定电力发展同国民经济发展的相对速度，弹性系数是衡量国民经济发展和用电需求的重要参数。该方法的优点是：方法简单，易于计算。缺点是：需做大量细致的调研工作。

##### 4. 回归分析法

回归预测是根据负荷过去的历史资料，建立可以进行数学分析的数学模型，用数理统计中的回归分析方法对变量的观测数据统计分析，从而实现对未来的负荷进行预测。回归模型有一元线性回归、多元线性回归、非线性回归等回归预测模型。其中，线性回归用于中期负荷预测。其优点是：预测精度较高，适用于在中、短期预测使用。其缺点是：①规划水平年的工农业总产值很难详细统计；②用回归分析法只能测算出综合用电负荷的发展水平，无法测算出各供电区的负荷发展水平，也就无法进行具体的电网建设规划。

### 5. 时间序列法

时间序列法就是根据负荷的历史资料，设法建立一个数学模型，用这个数学模型一方面来描述电力负荷这个随机变量变化过程的统计规律性，另一方面在该数学模型的基础上再确立负荷预测的数学表达式，对未来的负荷进行预测。时间序列法主要有自回归 AR(p)、滑动平均 MA(q)和自回归与滑动平均 ARMA(p,q)等。这些方法的优点是：所需历史数据少、工作量少。缺点是：没有考虑负荷变化的因素，只致力于数据的拟合，对规律性的处理不足，只适用于负荷变化比较均匀的短期预测的情况。

### 6. 灰色模型法

灰色预测是一种对含有不确定因素的系统进行预测的方法。以灰色系统理论为基础的灰色预测技术，可在数据不多的情况下找出某个时期内起作用的规律，建立负荷预测的模型。分为普通灰色系统模型和最优化灰色模型两种。

普通灰色预测模型是一种指数增长模型，当电力负荷严格按指数规律持续增长时，此法有预测精度高、所需样本数据少、计算简便、可检验等优点；缺点是对于具有波动性变化的电力负荷，其预测误差较大，不符合实际需要。而最优化灰色模型可以把有起伏的原始数据序列变换成规律性增强的成指数递增变化的序列，大大提高预测精度和灰色模型法的适用范围。灰色模型法适用于短期负荷预测。灰色预测的优点：要求负荷数据少、不考虑分布规律、不考虑变化趋势、运算方便、短期预测精度高、易于检验。其缺点：①当数据离散程度越大，即数据灰度越大，预测精度越差；②不太适合于电力系统的长期后推若干年的预测。

### 7. 德尔菲法

德尔菲法是根据有专门知识的人的直接经验，对研究的问题进行判断、预测的一种方法，也称专家调查法。德尔菲法具有反馈性、匿名性和统计性的特点。德尔菲法的优点是：①可以加快预测速度和节约预测费用；②可以获得各种不同但有价值的观点和意见；③适用于长期预测，在历史资料不足或不可预测因素较多尤为适用。缺点是：①对于分地区的负荷预测则可能不可靠；②专家的意见有时可能不完整或不切实际。

### 8. 专家系统法

专家系统预测法是对数据库里存放的过去几年甚至几十年的每小时的负荷和天气数据进行分析，从而汇集有经验的负荷预测人员的知识，提取有关信息，按照一定的规则进行负荷预测。实践证明，精确的负荷预测不仅需要高新技术的支撑，同时也需要融合人类自身的经验和智慧，因此，就会需要专家系统这样的技术。专家系统法，是对人类的不可量化的经验进行转化的一种较好的方法。但专家系统分析本身就是一个耗时的过程，并且某些复杂的因素（如天气因素），即使知道其对负荷的影响，但要准确定量地确定他们对负荷地区的影响也是很难的。专家系统预测法适用于中、长期负荷预测。此法的优点是：①能汇集多个专家的知识和经验，最大限度地利用专家的能力；②占有的资料、信息多，考虑的因素也比较全面，有利于得出较为正确的结论。缺点是：①不具有自学习能力，受数据库里存放的知识总量的限制；②对突发性事件和不断变化的条件适应性差。

#### 9. 神经网络法

神经网络（ANN， Artificial Neural Network）预测技术，可以模仿人脑做智能化处理，对大量非结构性、非确定性规律具有自适应功能。ANN 预测技术应用于短期负荷预测比应用于中长期负荷预测更为适宜。因为，短期负荷变化可以认为是一个平稳随机过程；而长期负荷预测可能会因政治、经济等大的转折导致其模型的数学基础的破坏。优点是：①可以模仿人脑的智能化处理；②对大量非结构性、非精确性规律具有自适应功能；③具有信息记忆、自主学习、知识推理和优化计算的特点。缺点是：①初始值的确定无法利用已有的系统信息，易陷于局部极小的状态；②神经网络的学习过程通常较慢，对突发事件的适应性差。

#### 10. 优选组合预测法

优选组合有两层含义：一是从几种预测方法得到的结果中选取适当的权重加权平均；二是指在几种预测方法中进行比较，选择拟和度最佳或标准偏差最小的预测模型进行预测。组合预测是在单个预测模型不能完全正确地描述预测量的变化规律时发挥作用。用一个能够完全反映实际发展规律的模型进行预测完全可能比用组合预测方法效果好。该方法的优点是：优选组合了多种单一预测模型的信息，考虑的影响信息也比较全面，因而能够有效地改善预测效果。缺点是：①权重的确定比较困难；②不可能将所有在未来起作用的因素全包含在模型中，在一定程度上限制了预测精度的提高。

#### 11. 小波分析预测技术

小波分析是一种时域-频域分析法，它在时域和频域上同时具有良好的局部化性质，并且能根据信号频率高低自动调节采样的疏密，它容易捕捉和分析微弱信号以及信号、图像的任意细小部分。其优点是：能对不同的频率成分采用逐渐精细的采样步长，从而可以聚集到信号的任意细节，尤其是对奇异信号很敏感，能很好地处理微弱或突变的信号，其目标是将一个信号的信息转化成小波系数，从而能够方便地加以处理、储存、传递、分析或被用于重建原始信号。这些优点决定了小波分析可以有效地应用于负荷预测问题的研究。

## 3.1.2 热负荷预测概念及方法

### 3.1.2.1 热负荷预测的概念

热负荷是指为了保持建筑物高于周围环境的温度，满足生产过程加热、烘干、蒸煮等或生活热水需求等热湿参数，在单位时间内所需加入的热量。它包括显热量和潜热量两部分。潜热量又可以表示为单位时间内排出的水分，又称为湿负荷。湿负荷是指为了维持某空间的相对湿度，在单位时间内所需去除的湿量。

供热负荷预测是一个收集供热负荷过去的信息，运用定性和定量的分析方法，揭示出其中的客观规律，构建模型对未来发展的趋势做出预测的过程。供热负荷预测按照预测期限长短，可分为短期、中期和长期。短期负荷预测是预测未来 0 ~ 24 h 之内供热系统负荷的变化情况，主要用于热源的供热量与热用户需热量相匹配；中期负荷预测的周期为 3 ~ 7 天，目的是为供热系统制定生产、维修、运输及人员财务计划提供依据；长期负荷预测一般指年度负荷预测，主要为供热系统的优化及供热规划提供依据。

#### 3.1.2.2 热负荷预测的方法

热负荷预测方法主要包括两种：手工计算法和计算机模拟法。手工计算法是指通过手工计算建筑物的热损失和热收益，得出建筑物的热负荷。这种方法需要考虑建筑物的结构、朝向、材料、设备等因素，需要较高的技术水平和经验。计算机模拟法是指通过计算机模拟建筑物的热传递过程，得出建筑物的热负荷。这种方法可以快速、准确地得出建筑物的热负荷，但需要较高的计算机技术和软件支持。

热负荷预测方法的应用可以帮助建筑师和工程师在设计建筑物时选择合适的供暖或制冷设备，从而达到节能减排的目的。同时，热负荷预测方法也可以运用于建筑物的节能改造和能源管理，通过对建筑的热负荷进行预测和分析，可以找出建筑物的能源消耗瓶颈，提出相应的节能措施，从而降低建筑物的能源消耗和运行成本。

热负荷预测方法是建筑节能的重要手段之一，也是综合能源系统的重要组成部分之一，可以帮助我们更加科学地设计和管理建筑物的能源消耗。

### 3.1.3 冷负荷预测概念及方法

#### 3.1.3.1 冷负荷预测的概念

冷负荷是指为了保持建筑物或者物体低于周围环境温度，在单位时间内所需要排出的热量，包括显热量和潜热量两部分。因此冷负荷包括显热负荷和湿负荷两部分。

冷负荷预测是一个对供冷负荷过去的信息收集，运用定性和定量的分析方法，揭示出其中的客观规律，构建模型对未来发展的趋势做出预测的过程。供冷负荷预测按照预测期限长短，可分为短期、中期和长期。短期负荷预测是预测未来 0 ~ 24 h 之内供冷系统负荷的变化情况，主要用于系统的供冷量与用户需冷量相匹配；中期负荷预测的周期为 3 ~ 7 天，目的为供冷系统制定生产、维修、运输及人员财务计划提供依据；长期负荷预测一般指年度负荷预测，主要为供冷系统的优化及供冷规划提供依据。

#### 3.1.3.2 冷负荷预测的方法

目前，建筑物逐时冷热负荷的模拟计算，已发展得较为成熟。现在，研究人员提出的各种研究方法或研发的各种模拟计算软件很多已经投入使用。

建筑冷负荷的经典计算方法有冷负荷系数法、谐波反应法等，热负荷的经典计算方法为传热系数法。在冷热电联供系统中除了经典计算方法外，应用比较成熟的有逐时负荷因子法、逐时能源负荷分摊比例法。

国外有很多成熟的专业模拟计算软件，如美国的 DOE-2、BLAST、EnergyPlus，英国的 ESP-r，日本的 HASP 等。我国对于冷热电三联供系统的研究直到步入 21 世纪才得到重视。清华大学李辉等提出的基于负荷因子的算法已相当成熟，开发的 DeST 专门模拟计算软件得到应用。这些模拟计算软件大多基于大量的典型建筑物和设备模型，应用难度较大。

冷负荷量的大小与除热量和除热方式有关。如果热源只有对流散热，各围护结构内表面和室内各设备表面的温差很小，则冷负荷基本等于得热量。如果有显著的辐射得热存在，由于各围护结构内表面和建筑内物体的蓄热作用，冷负荷与得热量之间就存在着一定的延迟，幅度也有衰减。因此冷负荷与得热量之间的关系取决于建筑物的构造、围护结构的热工特性和热源特性。

计算冷负荷时只考虑室内外瞬时温差与围护结构的传热系数、传热面积的积来求取冷负荷的值，不考虑建筑物以前时刻传热过程的影响，此种方法称为稳态计算方法，$CL = KA\Delta t$。

若在设计时要综合考虑建筑结构和室内外各种因素的影响，则此时建筑冷负荷由室外因素引起的负荷、室内因素引起的负荷和室内空气湿含量的散湿形成的湿负荷组成。此时需要考虑太阳辐射、外界环境、通风、室内人员、室内照明设备散热、室内电器设备散热及室内湿负荷等多种因素所带来的显热负荷和潜热负荷，此时冷负荷为各项影响因素带来的负荷之和。

## 3.2 出力预测技术

在传统能源系统中，供电、供热、供冷、供气、供油等不同能源行业相对封闭，互联程度有限，不同系统孤立地规划和运行，不利于能效提高和可再生能源消纳。综合能源系统需要打破这个壁垒，实现电、热、冷、气、交通等多能源综合利用，并接入风能、太阳能、潮汐能、地热能、生物质能等多种可再生能源，形成开放互联的综合能源系统，涵盖源侧综合能源系统、用户侧综合能源系统和能源传输网络。在源侧，通过构建综合能源系统，利用多种能量形式之间的转化以及大规模输电、储能等技术，建立源端多能源互补网络和就地消纳等方式，可显著提高可再生能源消纳水平，并平抑其波动，使可再生能源得到充分利用；在用户侧，通过构建综合能源系统，可针对性地满足用户多品位的能量需求，在以用户为中心的前提下有效提高能源综合利用率，如园区能源微网、区域综合能源网等；在传输网络，多能源开放互联网可以减少能源输配电网络建设，提高系统安全可靠水平。在我国，目前新能源运用最广泛的是风能发电和光伏发电，因此接下来也将主要讨论风能发电和光伏发电。

### 3.2.1 风能发电出力预测与方法

#### 3.2.1.1 风能发电技术概述

未来我国能源的发展重点需要从化石能源转向风能等非化石能源。大规模开发利用风能等可再生能源，对优化我国能源结构、应对气候变化、保护生态环境、促进经济社会可持续发展具有重要意义。我国风能技术发展的总体目标是实现风电规模化健康发展，不断提高风能开发利用效率和消纳水平，持续增加风电在电力结构中的比重，使风电成为对调整能源结构、应对气候变化有重要贡献的可再生能源。风电作为一种典型的清洁能源，其在电网中的渗透率逐步提升，对电网运行方式的影响也逐渐增大。风力发电的原动力来自风能，因此其本质上具有功率输出的随机性和波动性，这两种特性给电网的调度和经济运行带来一定挑战，也给传统运行方式下的电力系统功率稳定、频率稳定、电压稳定带来一定程度的负面效应。

总体来看，我国在风能开发利用、装备研制、技术水平、消纳利用等方面取得了一系列显著成绩，产业和利用规模位居世界第一位，风能产业已经成为我国未来经济增长的重要动力之一，也是我国在未来占领国际战略制高点的优势产业之一。

（1）风能资源评估与功率预测方面，缺乏对我国复杂风资源特性的研究。资源监测以测风塔监测为主，未形成资源监测网，雷达和卫星等测风技术尚未规模化展开，无法有效开展特殊环境下的风能资源监测，影响风能资源监测的准确性和连续性；同时缺乏适合我国地形气候的本土数值模式及评估软件，难以对不同尺度的风能资源进行较为准确的评估，风电预测预报体系在满足电网调度运行精细化管理方面仍有一定差距；缺乏区域风能资源开发对气候变化、大气环流，以及区域环境承载能力等方面的综合性评估体系，缺乏准确量化的评价方法和评价标准。

（2）风能应用装备方面，MW 级以上风电机组核心部件，如主轴承、主控系统的 PLC 仍依赖进口；缺少自主知识产权的风电机组设计和载荷评估软件，海上风电机组控制技术仍不成熟；装备制造过程中的智能化加工和质量控制技术相对落后；风电设备质量参差不齐，可靠性较低；以物联网、云计算、大数据等为基础的信息化和互联网技术在风能产业升级方面的技术研发刚起步，风电智能化运维水平在精细化与信息化方面有待提高；5 MW 及以上叶片、变流器和整机控制系统研制仍处于自主设计初级阶段；缺少海上风电场示范经验，风电机组设计开发与整个海上风电工程无法协调衔接，导致占海上风电投资成本较大比例的基础设计成本难以降低，海上风电的度电成本需要优化提高；风电场监控系统存在协议不开放、信息描述不统一、无法实现互联互通和扩展等问题。

（3）风能清洁高效利用方面，我国风能利用形式单一，主要用来发电，对风电供热、制氢、海水淡化等其他利用形式不够重视。风电调度运行技术未考虑电力体制和市场化程度的影响，未建立风电调度运行通过市场机制和竞争方式参与电力系统优化运行的机制，风电集群控制系统还停留在概念设计阶段；且受系统调峰能力、跨区输送能力、消纳机制等因素影响，“三北”（即我国的东北、华北北部和西北地区）地区弃风限电问题严重，消纳矛盾凸显。未来，随着我国更大规模风电开发利用，弃风限电问题将由区域性、季节性和时段性转变为多地区、常态化现象。而且，我国风能行业发展也面临着日益严峻的国际竞争压力，在环境和能源的双重压力下，发达国家为占据全球竞争的领导地位，大幅度增加科技投入，并针对我国发起一系列技术贸易壁垒，压迫我国风能产业空间，给我国风能产业的可持续发展带来了挑战。

#### 3.2.1.2 风电出力预测方法

在风电出力预测方面，需要建立合理和优化的数据共享机制，对气象站、风电场等各类气象数据进行共享，提高数值模拟边界条件的精度，研发我国本土化的数值天气模式和风能资源评估工具。风能资源的评估向精细化发展，主要对于宏观规划后的风电场进行微观设计。目前这类工作主要依托于国外进口软件如 WAsP、WindSim 等，这类软件主要针对欧洲等平坦地区研发，对风速的变化多用一些固化的参数表示，而我国气候多变、地形地貌复杂，因此风速在水平和垂直方向都复杂多变，基于国外分析软件的不足日趋显现，因此开发适用于我国气候地理特点又简便易操作的风能资源评估软件是目前技术发展的迫切需求。风能资源监测作为风电开发的基础数据，还需进行以下研究：①特殊环境的风能监测技术。随着我国风电向高海拔、高寒地区和海上风电方向发展，这些地区气候复杂，雷电、风暴、台风和冰冻等破坏性天气多发，给风能监测的准确性、连续性和可用性带来很大影响，研究特殊环境下的测风技术是进行该地区风能资源监测的必要条件。②雷达、卫星等遥感测风技术和订正技术。随着低风速、分散式风电的发展，测风塔等传统手段对于风能资源的监测不能满足要求。雷达和卫星等遥感技术由于可以测到大范围连续的风能资源数据，将广泛投入使用，遥感方法对于风速监测的准确性格外重视，对相应的数据订正技术提出了需求。

在风电功率预测方面，主要涵盖风能资源数值模拟与气象预报技术、风电功率多时空尺度预测技术、风电功率概率预测与事件预测技术 3 个主要技术发展方向。①对于风能资源数值模拟与气象预报技术，掌握边界层内资源波动机理是提高数值天气预报精度进而改善新能源功率预测精度的基础，基于现场观测数据的集合，即四维同化技术是提高数值天气预报精度的有效手段，结合卫星遥测资料、气象观测资料等，研发多源异构气象数据集成平台。此外，网格分辨率是影响数值天气预报精度的关键因素，基于“超级云计算”的数值天气预报动力降尺度技术是未来的重要发展方向。②对于多时空尺度、多预测对象的新一代功率预测方法体系，在不同时间尺度上消纳风电必须以不同时间尺度上的风电功率/电量预测为基础，构建多时间尺度风电功率预测方法体系，以满足不同时间尺度风电优化调度的应用需求。传统以风电场为预测对象的预测方法无法快速满足全面覆盖大型风电基地的建模需求，需开展面向风电集群的功率预测技术；针对传统静态模型无法及时响应电站运行状态的改变，需要开展更智能的动优化预测技术。③对于风电功率概率预测与事件预测技术，目前传统的确定性调度方法在经济调度与运行风险评估方面存在不足，可用于调度决策评估的概率测技术将成为确定性预测的重要补充；大型新能源基地输出功率的快速、大范围波动将对电网运行带来极大风险，亟须针对这类高风险事件的准确预测开展技术研究。

在风电对环境与生态影响评价技术方面，需要进一步基于统计分析、观测、数值模式和调研等方法开展不同时间和空间尺度的气候、环境、生态和人文等方面的研究，加强风电资源环境评价关键技术研究及应用示范，掌握我国风能资源特征及分布、风电场建设对不同尺度气候和环境及生态的影响、建立风电开发对环境影响的评估标准、评估方法和技术评价体系，指导我国风电的开发布局和项目审批。

### 3.2.2 光伏发电出力预测与方法

#### 3.2.2.1 光伏发电技术概述

随着世界经济的不断发展，煤、石油、天然气等不可再生能源的加速消耗，温室气体的过量排放给全球气候和生态环境带来极大破坏，清洁利用可再生能源正成为世界各国政府、产业界与大众的共识。在众多的可再生能源中，太阳能在地表的辐射能量分布广泛，利用过程清洁，具有最大的开发潜力。按照目前太阳的质量消耗速率，太阳能可维持六十多亿年，且获取方便，是一种清洁安全的可再生能源，也是未来的发展方向。我国幅员辽阔，太阳能资源十分丰富，适宜太阳能发电的国土面积和建筑物受光面积很大。大力发展太阳能利用技术，对于推动我国经济及社会的可持续发展具有重大和深远的战略意义。

目前太阳能的利用主要涉及三个方面的技术领域：光热转换、光电转换和光化学能转换。其中光热转换最为常见，其成本低廉但是转换效率低。光电转换过程是利用光伏电池技术将太阳能转换为电能，转换效率在15%以上。目前，获取和转换太阳能最普遍的装置为光伏太阳电池。但是，光伏太阳电池发电后，电能必须立即被利用，或存储在二次储能装置中，需要配备高效的储能系统。更有效、实用和有发展前景的方式是将太阳能直接转换为化学能，人工的光合成路线（包括光电化学和光化学过程）在学术界引起广泛关注。光解水是人工光合过程中颇具吸引力的路径。此外，利用光催化合成燃料也是近期学术界关注的新方向。通过人工光合作用将太阳能转换、储存为稳定的化学能，不仅可以解决能源问题，而且可制备大宗化学品，这是现有光伏、光热技术所无法比拟的。

在当今社会，太阳光能转换技术已经从实验室研究走向大规模应用。目前已实现规模化的技术主要在太阳能光电转换（光伏）与光热转换两大领域。太阳能光电转换的产业包括多晶硅、硅片、太阳电池、太阳光伏组件与光伏电站。太阳电池分为晶硅太阳电池、薄膜太阳电池和新型太阳电池。晶硅太阳电池最早实现了商业化，目前最高效率达到20%。薄膜太阳电池根据所使用半导体材料的不同，可分为硅基薄膜太阳电池、化合物薄膜太阳电池（如碲化镉、铜铟镓硒）、染料敏化太阳电池（Dye-Sensitized Solar Cell，DSSC）和有机聚合物电池。太阳能光热利用通常与熔盐储能技术相结合，使用代表国家为西班牙、美国。

#### 3.2.2.2 光伏发电出力预测方法

目前国内外光伏出力预测方法较为丰富，理论体系较为完备，按照预测时间尺度、预测模式、预测空间尺度、预测过程和预测原理可将其划分为：超短期预测、短期预测和中长期预测；单值预测、区间预测和概率预测；单场预测和集群预测；直接法和间接法；单一模型预测和组合模型预测。

（1）超短期预测、短期预测和中长期预测。超短期预测：在未来 0～4 h 的时间范围内预测光伏出力的可能值，提供出力变化的瞬时信息；短期预测：对将来的 6～24 h 的光伏出力进行预测，为管理人员制定调度计划、实现负荷跟踪等提供便捷；中长期预测：对未来 1 月～1 年的出力进行预测，能够为电网检修计划、安全稳定运行提供参考数据，也可以规划新建光伏电站。

（2）单值预测、区间预测和概率预测。单值预测，即得到未来某一时刻的单一光伏出力数值；区间预测，即得到未来某一时刻不同置信区间下光伏出力的区间边界值，可用于调度人员制定调度计划、辅助生成调度决策等方面；概率预测，即采用待预测时刻前的相关数据信息，获得某一时刻下光伏出力单值和概率分布信息，可用于电能质量分析、供电可靠性分析以及电力系统风险评估等方面。

（3）单场预测和集群预测。在不同空间尺度下，单场预测指的是对具体某一座光伏电站的出力趋势进行预测，可以为提高电站收益等提供参考；集群预测指的是为省级调度部门提供出力变化曲线，协调调度多种能源发电，降低因光伏电站发电不稳定导致电力系统发生大幅度波动的影响。

（4）直接法和间接法。直接法是依据光伏电站实时出力数据进行统计外推，一般用于超短期预测；间接法是对辐照度、大气温度、背板温度等气象因素进行预测，结合相关系数筛选气象因素，进一步建立神经网络等预测模型，间接预测光伏出力。

（5）单一模型预测和组合模型预测。单一模型预测是指在建立预测模型时，仅采用一种模型来构建光伏出力与气象因素之间的关系；组合模型预测是指同时权衡考虑不同预测模型的优缺点，实现优势互补，以达到提高光伏出力预测精度的目的，这也是目前光伏出力预测的热门方向。

## 3.3 储能技术

储能可以分为物理储能、化学储能及热储能三种。物理储能通常包括机械储能（抽水蓄能、压缩空气储能、飞轮储能）与电磁储能（如超级电容器、超导储能等）；化学储能主要指基于电化学原理的储能技术，如铅酸蓄电池、锂离子电池、钠硫电池、液流电池及氢储能等；热储能指将热能（如太阳热）储存在隔热容器的媒介中，实现热能的直接利用或热发电，又分为显热储能和潜热储能。

### 3.3.1 物理储能

抽水蓄能是比较成熟的大规模储能技术，它通过电能与势能相互转换实现能量的储放。其储能时利用电驱动水轮机把水从低处抽到高处，当释放能量时，再利用水的势能驱动水轮机转换为电能，其能量转换效率一般为 70% ~ 75%。抽水蓄能适用于大规模储能，建设需要有合适的地理环境，这一定程度上限制了其推广应用。

压缩空气储能是把能量以压缩空气方式储存起来，需要时再用高压空气推动汽轮机发电。高压空气通常可储存在报废矿井、油气井、山洞或建造的储气井中，地上一般采用高压的储气罐模式。压缩空气储能是仅次于抽水蓄能的大规模储能技术，与抽水蓄能相比具有能量密度高、储能效率高、不受地理条件限制、适用范围广的优势。压缩空气发电系统具有储能容量大、环境友好、综合效率高等特点，在电网调峰、消纳新能源等方面具有广阔的应用前景，有望成为未来大规模储能技术的理想解决方案之一。

飞轮储能利用互逆式双向电动/发电机，实现电能与机械能相互转换，即在充电时，它作为电动机给飞轮加速；当放电时，它又通过飞轮带动发电机给外设供电。飞轮储能具有高功率密度、无环境污染、使用寿命长、运行温度范围广、充放电次数无限制等优点，已经在电能质量控制和不间断电源、电力系统调频、航天卫星中的姿态控制和储能、轨道交通中的制动能量回收等领域获得广泛的应用。

### 3.3.2 电储能技术

电化学储能是目前最常用的储能技术，相对于其他储能技术而言，电化学储能具有能量密度高、灵活、可规模化等优势而成为储能领域强有力的竞争者。根据不同电化学电池的工作原理，其储能覆盖的规模也有所区别，大到百 MW 级，小到 kW 级。随着新技术的发展，传统的铅酸电池及镍氢、镍镉电池正逐渐被锂离子电池、铅碳电池替代，新的液流电池、钠硫电池、锂硫电池等技术正在兴起。

#### 3.3.2.1 锂离子电池

锂离子电池是以可嵌入锂的材料作负极，含锂的化合物作正极，聚丙烯/聚乙烯多孔膜作隔离层，锂盐溶于有机溶剂作电解液的二次电池，其关键材料包括正极材料、负极材料、隔膜和电解液等。

锂离子电池正负极材料体系非常丰富，一般能在高电位可逆释放锂离子的含锂化合物和能在低电位可逆储存锂离子的材料均可构成其正极和负极材料。随着掺杂和表面改进技术的发展以及电解液技术的进步，锂离子正极材料有了较大的进展。钴酸锂/石墨体系的充电电压可提升至 4.40 V，材料比容量可提升至 200 ~ 210 mA · h/g，加之其材料真密度和极片压实密度均是现有正极材料中最高的，可满足智能手机和平板计算机对高体积能量密度软包电池的需求。尖晶石结构的锰酸锂（$LiMn_2O_4$）具有三维锂离子扩散通道，原料成本比较低，生产工艺简单，热稳定性高、耐过充性好、放电电压平台高，安全性高。可在其表面包覆 $Al_2O_3$ 形成 $LiMn_{(2-x)}A1_xO_4$ 的固溶体来改善 $LiMn_2O_4$ 的高温循环性能和储存性能，适合于作为轻型电动车辆的低成本电池。国内锰酸锂材料因行业竞争价格下降明显，主要满足移动电源、电动工具和电动自行车市场的需求，高温循环性能进一步提升后，可满足功率型储能应用要求，特别是与钛酸锂负极配对时。NCM 三元层状正极材料主要应用于动力型电池，除镍、钴、锰各占 1/3 的 $LiNi_{1/3}Co_{1/3}Mn_{1/3}O_2$ 在动力蓄电池中的应用较为成熟外，较高容量的 $LiNi_{0.5}Co_{0.2}Mn_{0.3}O_2$ 也已经进入批量应用。NCM 三元材料一般与锰酸锂混合应用于电动车辆电池，以 NCM 为主要正极活性材料的单体电池的比能量可提升至 180～200 W·h/kg。更高容量的富镍三元材料也在开发中，与锂镍钴氧（NCA）相比是否具有优势尚不得而知。铝掺杂的锂镍钴氧最早由法国 Saft 公司开发应用于卫星电池，松下公司将其应用于笔记本计算机电池，其能量密度可接近高电压钴酸锂电池。近几年电动汽车厂商特斯拉将这种计算机电池用于驱动电动汽车，该材料也可以与锰酸锂混合用于制造车用动力蓄电池。国内，NCA 前驱体已形成稳定产能，少数企业已完成 NCA 开发，处于产品推广过程中。磷酸铁锂电池安全性高、寿命长，我国是当前全球主要的磷酸铁锂材料和电池生产地。目前纳米化的功率型材料和高密度的磷酸锰铁锂能量型材料的稳定性均得到较快的发展，逐步满足了国内市场需求和现阶段我国新能源汽车推广的需要，特别是客车和专用车辆应用方面的需要，同时也广泛应用于电力储能和通信后备电源领域；高能量型和高功率型材料的性能趋于稳定，成本进一步降低，而高电压尖晶石镍锰酸锂和高电压高比容量富锂锰基正极材料仍在研发之中。

锂离子电池的负极材料有石墨、硬/软碳、钛酸锂以及合金负极材料。石墨材料是目前应用广泛的锂离子电池负极材料，可逆容量达到 360 mA·h/g；中间相碳微球充电倍率性能优于天然石墨，但成本偏高；无定形硬碳或软碳可满足电池在较高倍率和较低温度应用的需求。钛酸锂负极材料具有最优的倍率性能和循环性能，特别适合大电流充电应用。近年来通过表面改性和电解液匹配技术已基本解决电池胀气问题，可以应用于需要快速充电的电池，也是高功率储能电池的备选。纳米硅在 20 世纪 90 年代即被提出可用于高容量负极，通过掺少量纳米硅材料提升碳负极材料容量至今仍是研发热点；可逆容量达到 450 mA·h/g 的添加少量纳米硅或硅氧化物的负极材料已开始进入小批量应用阶段；解决因锂嵌入硅后体积膨胀导致其在电池中实际使用时循环寿命衰减的问题，可进一步提升负极材料的比容量。

我国的锂离子电池研究项目经过 30 多年的持续支持，大部分材料实现了国产化，由追赶期开始向同步发展期过渡，本土总产能居世界第一，不仅移动电子设备用锂离子电池已形成国际市场竞争力，而且动力蓄电池支撑了新能源汽车的示范推广，储能电池已批量应用于示范项目。国内比亚迪股份有限公司、宁德时代新能源科技股份有限公司、中航锂电科技有限公司、万向集团公司及天津力有神电池股份有限公司等单位开发了多个系列的大容量磷酸铁锂离子电池产品，在电动汽车和储能等领域获得应用。比亚迪股份有限公司于 2009 年 7 月率先建成了我国第 1 座 MW 级磷酸铁锂电池储能电站；国家电网有限公司在张北国家风电研究检测中心电池储能实验室开展了 1 MW 锂离子电池系统与风电机组的联合运行实验；中国南方电网有限责任公司正在建设 5 MW/20 MW·h 锂离子电池储能示范电站。锂离子电池在我国储能领域获得了广泛的应用，具有影响力和示范意义的张北国家风光储输示范工程（一期）14 MW 磷酸铁锂电池储能系统已全部投产。

电动汽车方面，基于电动汽车蓄电池的分布式储能也正在发展。电动车因可以缓解石油供给紧张、减少碳排放、改善城市环境而受到推崇，而间歇性可再生能源电源并网又使人们对其作为移动储能装置充满期待。电动车车载电池可以作为分布式电源或可调度负荷，通过调度，合理有序充放电，参与系统调峰等辅助服务。

目前，锂离子电池行业已经发生或正在发生结构上的重大调整。伴随着材料、工艺和装备向重大技术革新的方向发展，用于小型电池的电极制备工艺需要逐渐地被高效、低能耗和污染小的新工艺新技术所取代。大容量电池的散热和高功率输入输出要求电芯设计发生改变，这就要求相应的材料制备技术、电池制造技术、工艺和装备不断地创新和深入发展。大规模的产业发展对资源和环境也造成了挑战，需要发展电池回收处理技术，实现材料的循环使用。锂离子电池制造技术发展的总体趋势主要有以下几个方面：一是电池产品的标准化及制造过程的标准化；二是遵循高质量、大规模、降成本的规模制造产业发展思路；三是制造过程的需要达到高品质、高效、高稳定性、信息化、无人化和可视化等要求；四是绿色制造。

同时，为了使动力与储能电池技术的发展满足新能源汽车、新能源和智能电网的应用和市场需求，需要解决安全性、寿命和低成本这三个方面的问题，它们在很大程度上取决于其电极材料体系的选择和匹配。因此如何选择长寿命、高安全和低成本的材料体系是当前锂离子储能电池的重要技术。需重点研究开发关键电池材料，包括正负极材料、电解液材料等，同时结合核心部件及电池系统的设计、优化和集成，坚持自主创新，突破关键技术，促进我国下一代动力与储能电池的开发和应用推广。

#### 3.3.2.2 钠硫电池

钠硫电池以钠单离子导电的β″-氧化铝陶瓷兼作电解质和隔膜，分别以金属钠和单质硫为阳极和阴极活性物质。钠硫电池的工作温度为 300 ~ 350 °C。钠硫电池的特性概括如下：①比能量高，钠硫电池理论比能量为 760 W · h/kg，实际比能量达到 150 ~ 200 W · h/kg。②容量大，用于储能的钠硫单体电池的容量可达 600 A · h 以上，相应的能量达到 1200 W · h 以上，单模块的功率可达到数十千瓦，可直接用于储能。③功率密度高，放电的电流密度可达到 200 ~ 300 mA/cm$^2$。充电电流密度通常减半执行；④库仑效率高，为 100%，电池几乎没有自放电现象，充放电效率几乎为 100%；⑤电池采用全密封结构，运行中无振动无噪声，没有气体放出，无污染；⑥电池结构简单，维护方便，原料成本低廉。

但钠硫电池也存在一些劣势，首先，钠硫电池在 300 ~ 350 °C 温度区间运行，为储能系统的维护增加了难度。其次，液态的钠与硫在直接接触时会发生剧烈的放热反应，给储能系统带来了很大的安全隐患，钠硫电池中使用陶瓷电解质隔膜，本身具有一定的脆性，运输和工作过程中可能发生对陶瓷的损伤或破坏。一旦陶瓷破裂，将发生钠与硫的直接反应，大量放热，短时间内电池可以达到 2 000 °C 以上的高温，造成安全问题。此外，钠硫电池在组装过程中，需要操作熔融的金属钠，且需要有非常严格的安全措施。

但总体来说，目前的钠硫电池采用全密封的结构，尽管采用了一系列安全措施，仍不能从根本上消除钠硫电池的隐患,或在电池失效发生燃烧时很难杜绝火灾的蔓延。为此，应优化电池结构，从结构设计上进行创新，才能有望大幅度提升钠硫电池储能技术的安全性。采用液流型电极设计的钠硫电池有望从根本上解决其在电池短路情况下发生的燃爆隐患，从而有效地提高电池的安全可靠性。根据钠硫电池所含活性物质以及电池反应的特点，要充分发挥液流型钠硫电池的性能，还需要在技术上开展一系列研究，主要包括以下内容：①大功率钠硫反应区的结构设计及材料研制；②高强度电解质陶瓷膜的设计与制造工艺；③电池结构设计与封接技术研究；④高导电性电极体系研制；⑤活性物质钠与硫的储存、泵送技术研制；⑥液流型钠硫电池的安全性考核；⑦储能系统的设计与服役性能研究。

#### 3.3.2.3 锂硫电池

锂硫电池一般是由包含活性物质硫的正极、金属锂负极组成的高能量密度二次电池体系，放电过程中金属锂负极发生氧化失去电子生成锂离子，同时正极硫发生还原反应得到电子并与锂离子结合生成放电产物硫化锂。

目前，锂硫电池的技术难点包括以下几个方面：

（1）锂电池放电和充电的反应物及产物均为绝缘性材料，同时材料的离子电导率非常低，导致在活性物质的颗粒尺寸较大时，明显降低活性物质的利用率。并且，低的电导率也会导致电池内阻增加，进而导致电池的倍率特性较差。同时，充、放电过程中绝缘性固态产物的不均匀沉积降低了电池的循环性能。

（2）锂硫电池反应过程中存在价态复杂的多硫化物中间产物。多硫化物在酸类电解液中具有一定的溶解性，一方面可以促进充放、电反应的进行，但另一方面造成了电池的容量损失。并且，在充电过程中高价态的多硫化物会向负极侧迁移，并在金属锂表面发生还原反应，其中一部分转变成低价态的多硫化物并重新迁移回到正极，引起穿梭效应，造成电池充放电效率降低；同时还有部分高价态多硫化物与金属锂反应生成绝缘性的硫化锂覆盖在电极表面，不但会造成金属锂腐蚀，同时也增加了电池的极化，降低了锂硫电池的充放电性能。

（3）锂硫电池以金属锂为负极，存在金属锂枝晶的生长导致的安全性问题和死锂不断产生所导致的容量损失。金属锂的反应活性极高，可与大多数锂电池电解液和锂盐发生反应。这种被称为电池副反应的过程不断消耗金属锂负极和电解液，进而影响电池反应中间产物的存在形式和电池的内部特性，其直接结果是电池极化不断增大和电池循环性能快速衰减。

（4）锂硫电池的电池反应机理与锂离子电池存在较大差别，涉及“固-固-液”三相界反应、“沉积-溶解”反应等复杂过程。因此，除了需要开发新型的电池关键材料外，科学合理地设计电极及电池的结构也显得尤为重要。

### 3.3.2.4 电储能技术的问题

电池是电储能系统中最关键的部分，电池一般由电池模组、电池管理系统（BMS）、热管理系统、电气系统、结构系统等构成。电池模组又由电芯材料、模组材料及 PACK（组装）材料等构成，其中电芯材料主要包含正极、负极、隔膜、电解液等。总体上，电池制造工艺复杂，技术门槛较高。电池包主要构成以及成本费用如图 3.1 所示。

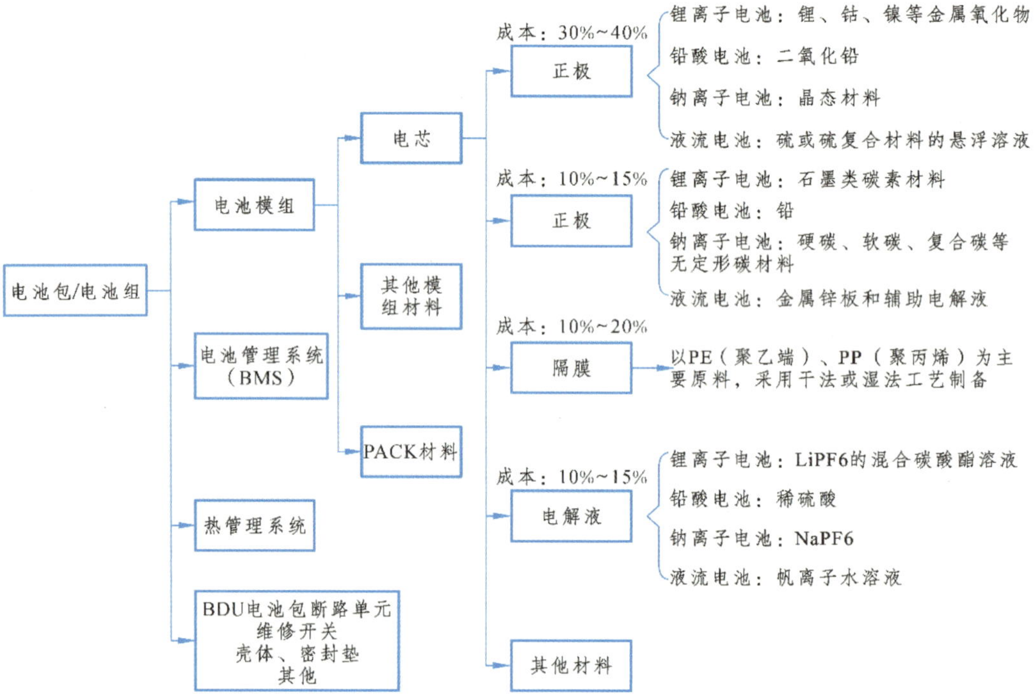


图 3.1　电池包主要构成以及成本费用

电芯加工是电池技术的核心，涉及数十道工序及设备，技术壁垒高。电芯制造工艺复杂，且涉及专用设备类型多、技术复杂。电化学储能系统的核心在于电池包，而电池包的核心在于电芯，由于电芯制造工艺复杂、环节较多，因此电芯工艺是目前电池制造业的关键技术壁垒。

隔膜技术是电芯中的高壁垒环节，生产设备依赖进口。隔膜是电池电芯的关键内层组件之一，成本可占电芯成本 10%～20%，因其生产工艺难度大，隔膜毛利率保持在 50%～60%，远高于正极、负极、电解液等环节。隔膜位于电池正负极之间，其性能决定了电芯的界面结构、内阻等，直接影响电池容量、循环及安全性能等特性。

正极材料方面，高端材料合成工艺难度较大，极大地影响材料性能。正极材料在电芯成本中占比最高，为 30%～40%。目前较为成熟的锂电正极材料主要是磷酸铁锂和三元材料，此外还有钴酸锂和锰酸锂等，不同正极材料的克容量对于动力电池的能量密度以及性能影响较大。技术壁垒方面，磷酸铁锂主要采用固相法和液相法两种制备工艺，前者工艺相对简单，但存在原料固相不均匀等难点；后者工艺复杂，适用于制造高端产品，存在一定技术壁垒。三元材料方面，主要采取高温固相烧结法，稳定性、安全性差，储存加工条件苛刻，同时要考虑与其他材料的合理搭配、制造工艺和包覆工艺升级、电池安全性和一致性等问题，因此也存在一定技术壁垒，对企业技术创新和生产线改造能力要求较高。

负极及电解液方面，其技术壁垒不高，但部分原材料资源受制约。负极材料主要利用石墨等碳基材料；电解液主要利用六氟磷酸锂、碳酸乙烯酯、五氟化磷等有机溶剂。从技术壁垒看，负极材料和电解液的工艺难度相对较低：负极材料是将负极活性物质、黏合剂、添加剂等混合材料涂抹在铜箔两侧，并经过干燥、滚压等工序；电解液是将高纯度有机溶剂、电解质锂盐、添加剂等原料，在一定条件下按一定比例配制而成。相对而言该领域技术壁垒不高、扩产较快、技术及投资要求较低。

绝缘栅双极型晶体管（IGBT）模块及 IGBT 芯片是 PCS（储能变流器）中技术壁垒最高的环节，国产替代空间大。IGBT 主要起功率变换作用，技术难点在于模块设计及制造。IGBT 模块的技术壁垒在于 IGBT 芯片的设计和制造。IGBT 芯片设计难点在于多方面，例如不同参数之间均衡取舍、系统优化能力的实现、芯片减薄工艺、背面工艺等，同时芯片封装技术难度大，生产流程长且生产设备多。IGBT 模块中的 FWD（续流二极管）芯片也存在较高技术壁垒，在市场需求带动下技术门槛不断提升。随着下游市场对 FWD 芯片的性能、能耗、可靠性等要求不断提高，要求 FWD 具备“快恢复”的能力，能应对高频高压、快速软恢复、大功率工作环境等要求。

BMS 方面，电池越多、系统越复杂，对应开发定制化产品的技术壁垒越高。BMS 安装于储能电池组内，用于优化电池的充放电管理控制，该环节应具备多重信息采集、实时状态监测、电池组保护、热管理、故障分析诊断等功能。电池越多、系统越复杂对 BMS 的要求越高，需要其与 PCS 子模块控制器、电池等系统建立软硬件连接交互。因此要实现 BMS 产品的复杂化、精准化，主动式发展存在一定技术壁垒。

### 3.3.3 热储能技术

电能虽然是最便于传输的二次能源，但在人类的活动中，绝大多数能量需要以热能的形式和环节被转化与利用。在热力系统中，储热主要的作用有：①调节热能供给与负荷之间存在的不平衡；②接入间歇性能源；③平衡太阳能热发电系统中的辐射波动。储热主要包括显热储热、潜热储热和化学储热三类。

#### 3.3.3.1 显热储热

显热储热主要是利用材料的体积比热，通过升高或降低材料的温度实现热量的储存或释放。显热储热原理简单，技术成熟，是目前使用最广泛且成本最低的储能技术。显热储热又分为固体显热储热和液体显热储热。固体显热储热系统主要由储热材料、高温传热流体和嵌入固体材料的换热管组成。在储热阶段，热流体沿换热管流动把高温热能传递到储热材料中，而在放热阶段，冷流体沿着相反方向流动把储热材料中的热能返还到流体中；而液体显热储热按照储热机理不同可分为单一流体储热、直接接触储热和间接接触储热三类。

双罐储热是常见的单一流体储热形式。工作流体既能在集热器中充当换热流体吸收热量，又能在储热罐中充当储热介质。储热时，冷罐中的低温流体被抽出进入集热器加热至高温，然后被送入热罐中储存。放热时，热罐中的高温流体被抽出经过换热器放出热量，维持用热设备的正常运行，而温度降低的换热流体被送入冷罐储存，热量富余时由泵送回集热场中加热。

直接接触储热是另一种形式的显热储热。其原理是以单罐替代双罐，直接以高温换热流体从罐体顶部冲入储热罐，在罐体内部形成一个温度跃升的薄层。薄层上部为高温区域，下部为低温区域，中间区域维持稳定的温度梯度，该薄层称为斜温层。为降低成本并有效减少储热罐的体积，通常在罐中填充碎岩石、砂砾等多孔介质材料。

无论单一流体储热还是直接接触储热，换热流体与储热材料之间均存在接触，可能会发生化学反应导致换热流体被污染或分解。为了避免这一现象的发生，可以采用换热器将两者完全分隔开，从而形成间接接触储热。间接接触储热可以考虑模块化生产储热单元，以方便组装成大规模储热系统。常见的有管式、柱式和板式三种形式：管式储热单元的换热流体在管内，储热材料在管外；柱式储热单元与管式储热单元正好相反，换热流体在管外，储热材料在管内；而板式储热单元则是换热流体和储热材料交替分布。

#### 3.3.3.2 潜热储热

和显热储热不同，潜热储热主要是通过储热材料发生相变时吸收或放出热量实现能量的存储与释放，相变过程中温度保持不变或变化很小，易于控制和管理。目前应用较多的是以固-液相变为主的高温相变储热。相变储热装置利用材料相变特性，储热时相变材料（Phase Change Materials，PCM）由固态变为液态，热能被转化为潜热储存起来；放热时，低温流体通过相变储热装置中的换热盘管，由储热材料通过导热翅片及换热盘管对流体加热，达到热负荷需求。当储热材料放出部分热量后，换热盘管壁面的液体凝固，随着放热增加，相变材料由液态渐变为固态。

#### 3.3.3.3 化学储热

化学储热利用可逆化学反应通过热能和化学能的转换实现热量的存储与释放，具有储热密度高、能量可长期储存等特点，但是由于技术复杂，一次性投资较大，且整体效率偏低，目前仍处于实验室研究阶段。

目前，热储能的主要问题在于前期初始投资高（基建费用占总成本比例高），这个问题导致热储能的成本居高不下，难以大规模发展。其次，热储能对材料的要求较高，合适的材料也是限制热储能发展的困难之一。

### 3.3.4 综合能源系统的数据分析与处理

由于综合能源系统的负荷预测与调控运行都需要获取大量的数据，需要对各类数据进行整合和清洗，才能提供有效的信息，从而为系统的调控技术进行支持。对于部分不可再生能源如煤、石油、天然气等化石燃料，为了在开发利用过程中尽量提高其利用效率需要对多种能源进行综合利用和开发，从而提高整体利用效率、节约成本，并且提高能源系统的安全可靠性。另外综合能源系统的数据采集和分析是构建综合能源系统的基础和前提。如今能源系统数据采集多是对单一能源采集，通过多表集抄实现不同数据共享，通信通道并没有实现数据融合，所以在不同数据采集与监管中也只能单一采集与处理。现有的能源采集与监管系统过程如图 3.2 所示，主要包括对能源消耗数据进行采集存储、监视跟踪、数据发布、分析统计。数据采集主要是采用分布式采集方式，并采用集中监视和需求侧响应监控中心与能源控制中心的统计分析。

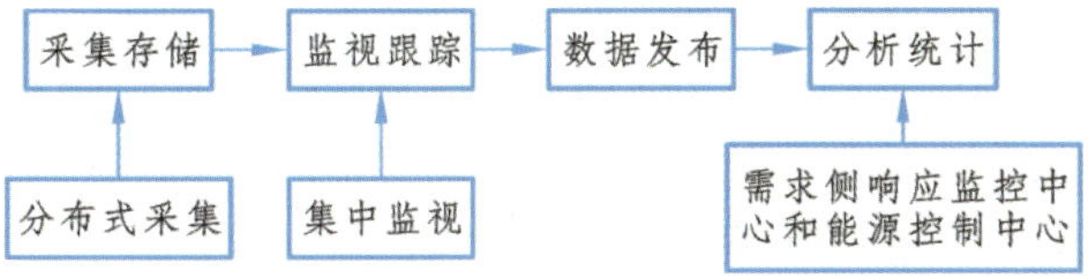


图 3.2　能源采集与监管系统结构图

对于综合数据的具体分析过程，大约可以分为三个部分，分别是数据采集、数据中继和数据分析；如图 3.3 所示。数据中继包括数据选择和数据融合。也就是说采集到的综合能源数据，一部分进行需求侧响应，要求实时性很高，所以通过快速的通信通道直接传递给需求侧响应监控中心；还有一部分最终是传递给综合能源数据分析中心，对实时性要求不是特别高，特点是数据量大、需要对不同类型的能源数据进行综合分析。由于数据量大在数据传输过程中难免存在数据传输压力大，为此采用数据压缩感知理念中压缩采集，即对数据进行采集压缩处理。利用压缩感知，能够有效减少处理的数据量，对采集到的海量数据来说，也减轻了通信传输的压力。数据的压缩采集重构理论是近几年运用广泛的压缩感知理论，先是对数据压缩采样，然后通过压缩感知重构理论对压缩后的数据进行数据重构，恢复原始数据特性。

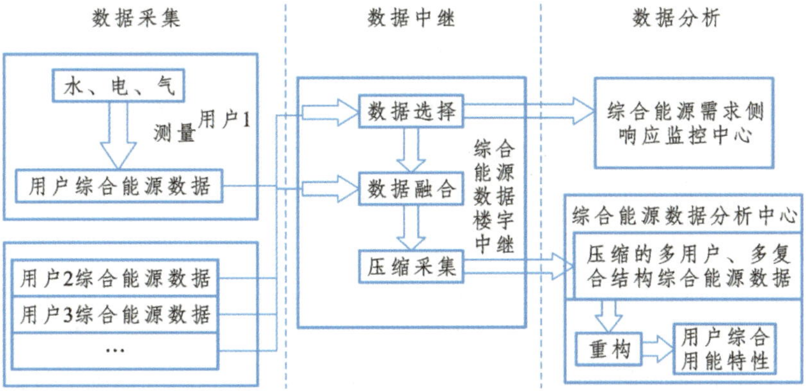


图 3.3　综合能源采集系统

经过分析综合能源数据采集系统，了解到在区域综合能源系统中水、电、气等不同种类的能源其信息采集的时间颗粒度存在较大的差异，而且不同能源信息的数据元素也不尽相同。具体来说，电能数据的采集时间颗粒度较小，而且存在诸多指标对电能质量进行描述和表征，因此为了提供高质量的供电服务，需要采集较多的用户数据；相比而言，水、电、气等其他资源/能源的供应采集则相对简单，供水和天然气公司一般只统计用户每个月的资源/能源使用量，很少关注用户每日的具体使用情况。

在综合能源系统建设和能源大数据的背景下，强调各供用能系统间的有机协调与配合，需要加强对供气、供水等数据的采集，但对所有能源数据都采用和电能相同的数据采集频率显然没有必要。电能数据每 1 h 采集一次，而水、气分别为每 2 h 和 4 h 采集一次，一天的用户数据构成了一个数据节点。

根据上述综合能源数据分析可知，处理的数据多是不同类型的能源数据，因此存储综合能源数据使用的将是一个由多时间尺度、不同数据元素构成的复合数据结构。针对综合能源的复合数据采集与分析，基于压缩感知的综合能源数据采集与分析做深入的研究，一方面需要对数据压缩传输减少传输的数据量，另一方面需要在数据重建过程中，分析用能特性为综合利用数据分析提供支持。

## 3.4 调度与控制技术

传统的电网运行调度和控制主要采用集中式构架，但是这种调控体系无法完全适应未来综合能源系统的发展。其主要面临以下技术挑战：①控制对象复杂，特性各异，难以实现友好并网；②问题规模庞大，集中优化的方式将遭遇“维数灾”问题，通信负担重；③多种能源耦合，难以实现互补优势和协同效益；④调控要求高，分布式资源单体接入导致的波动性强、可控性差问题，难以实现敏捷控制；⑤信息隐私问题，分布式资源从属于不同的利益主体，集中式调控模式难以为继。因此，需要发展分布式自律调控系统构架和技术，实现能源互联网的可靠运行、分布式资源的灵活并网以及即插即用，并在保护各利益主体信息隐私的前提下实现全局运行的安全性和经济性。

综合能源系统是多能源网络与信息互联网高度融合的产物。如何充分利用综合能源系统的共享信息，对综合能源系统中多种能源进行协调优化调控，以实现分布式可再生能源的高效利用，是综合能源系统优化运行中的核心问题之一。目前，对于分布式资源的调控方式和策略的研究主要从主动配电网或微电网的角度着手，重点研究含分布式电源的主动配电网或微电网的频率、电压和功率控制问题，以实现系统内功率的平衡。综合能源系统中可再生能源分布式发电的渗透率比主动配电网和微电网进一步提高，因此需要协调调控的分布式资源的数量也大幅增加。此外，为缓解大规模可再生能源利用引发的供能随机性和间歇性问题，综合能源系统中接入了分布式储能设备。而更多的柔性负荷也伴随着综合能源系统开放互联、平等接入的思想开始参与系统运行调控，它们与可再生能源分布式发电一起，既为综合能源系统运行调控提供了丰富的手段与途径，也对综合能源系统的安全稳定运行提出了巨大的技术挑战。

总之，综合能源系统的运行调控与传统智能电网相比具有显著的区别和特点，其主要面临着以下几方面的技术挑战。

（1）控制对象复杂：综合能源系统整合各类大规模、高渗透率的分布式发电、储能、负荷等，控制的对象种类繁多、特性各异，且具有很强的不确定性；传统的能源生产者和消费者的界限被逐渐打破，各类分布式资源的运行方式变化和投用退出十分频繁，对综合能源系统调控的模型维护提出了巨大挑战。

（2）问题规模庞大：接入综合能源系统的分布式资源数量庞大，传统集中建模、集中优化的方式将遭遇“维数灾”问题，很难满足大规模分布式资源的实时控制需求，此外，实际通信系统中的时延问题也将使得大规模优化调控问题更加复杂。

（3）潮流方向灵活：综合能源系统更广泛地采用分布式发电技术，传统的能源消费者通过信息共享和平等互联更深入地参与能源互联网的能量和信息互动，区域内部分布式可再生能源发电的渗透率甚至可能达到 100%，进一步改变了电力系统的单一潮流流向，使得潮流方向更加灵活复杂。

（4）多种能源耦合：通过电、热、气等单一能源系统的耦合，综合能源系统充分利用各种能源系统的互补优势和协同效益，实现更大范围内的资源优化配置与运行，提高耦合系统的运行效率，因此综合能源系统运行调控需要充分考虑多能耦合约束，建立多种特性各异的系统的多时间尺度优化调控模型。

（5）调控要求高：综合能源系统运行调控需要解决分布式资源单体接入导致的波动性强、可控性差的问题，全面提升用户的供能质量，并对外部网络呈现友好的并网特性和调控特性，保障全局安全经济地运行，因此对调控效果提出了较高的要求。

（6）信息隐私问题：分布式资源从属于不同的利益主体，由于商业利益或其他原因，集中式调控中心可能无法获得从属于不同利益主体的分布式资源详细模型，使集中式调控模式难以为继。

由上述的技术挑战不难发现，高渗透率分布式发电、储能与柔性负荷接入后的综合能源系统优化调控应具备灵活可靠、本地平衡的特点。因此，面对繁多的设备类型、复杂的能源形式、多样的运行模式，综合能源系统需要具有自律调控的能力。从大系统的角度看，综合能源系统的自律调控使其可以被当作大系统内的一个受控实体，作为单一的智能集群运行，并遵守大系统的规则和标准，不影响大系统的可靠性和安全性。而从用户的角度看，综合能源系统的自律调控有利于就地满足其对电、热、气等多种能源形式的供应需求，提高供能可靠性，降低能量传输损耗，提高用户侧的供能质量。从环境的角度看，综合能源系统的自律调控通过利用可再生能源发电和低碳技术，减少了发电过程中的污染气体排放，提高了能量利用效率，对减少环境污染和减缓全球气候变暖有着重要意义。综上所述，综合能源系统的自律调控需解决以下几个核心问题。

（1）可靠性：要求综合能源系统的自律调控能够保证长时间稳定且电能质量良好地供电。提高综合能源系统运行的稳定性，平抑系统内的频率和电压波动，对突发的变化和故障有一定的应对能力，保障系统运行的安全性和可靠性。

（2）灵活性：要求综合能源系统的自律调控能够实现多种运行模式的平滑切换，针对频繁的分布式发电和负荷波动具有快速的响应机制，能够及时做出有效的反应，同时要求调控策略能够满足数量庞大的分布式资源优化计算，并充分考虑通信时延等工程中的实际问题。

（3）可扩展性：要求综合能源系统的自律调控能够实现分布式资源的即插即用，即在分布式电源、储能和负荷随时接入与退出运行的情况下保证综合能源系统的正常运行，并要求该控制方法可以应用于不同规模和组成的综合能源系统。

（4）经济性：要求综合能源系统的自律调控能够实现供能系统运行成本的最小化，降低系统供能损耗和一次能源的消耗，同时要求最小化因负荷工作状态异常引起的社会效益损失，保障综合能源系统的供能可靠性。

（5）环境友好性：要求综合能源系统的自律调控能够最大化利用可再生能源，实现多能流协调运行，减少化石能源发电占比，降低碳排放和减少环境污染，实现综合能源系统最大限度地利用分布式可再生能源的核心内涵。

## 课后习题

1. 以下哪些是多负荷用电技术预测的方法？（　）

A. 单耗法

B. 趋势外推法

C. 弹性系数法

D. 回归分析法

2. 趋势外推法的优点是什么？（　）

A. 只需要历史数据，所需的数据量较少

B. 方法简单，易于计算

C. 方法简单，对短期负荷预测效果较好

D. 预测精度较高，适用于在中、短期预测使用

3. 以下哪些是热负荷预测的方法？（　）

A. 手工计算法

B. 趋势外推法

C. 优选组合预测法

D. 计算机模拟法

4. 以下哪些是属于物理储能技术？（　）

A. 锂离子电池储能

B. 直接接触储能

C. 压缩空气储能

D. 飞轮储能

5. 请简述小波分析预测技术的优点。

6. 短期负荷预测是预测未来_____ h 之内供冷系统负荷的变化情况，主要用于

______________________________；中期负荷预测的周期为_____天，目的是：______________________________________________。

7. 光伏发电超短期预测：在未来_______的时间范围内预测光伏出力的可能值，提供____________。

8. 光伏发电中长期预测：对未来______________的出力进行预测，能够为______________________提供参考数据，也可以规划新建光伏电站。

9. 综合能源系统的储能技术分为：_________、___________、___________。

10. 在热力系统中，储热主要的作用有：______________、________________、______________________。

11. 综合能源系统中，储热主要包括：______________、________________、______________________。

12. 对于综合数据的具体分析过程，大约可以分为三个部分，分别是：______________、________________、______________________。

# 第 4 章 综合能源系统信息采集及管理系统

随着社会的发展和能源需求的不断增加，综合能源系统逐渐成为能源供应的重要模式。在这种系统中，多种能源资源（如电力、燃气、热能等）被集成管理，通过信息采集与管理系统，实现对能源的智能监测、控制和优化。本章将深入探讨综合能源系统信息采集与管理的关键技术、应用及案例分析。

## 4.1 信息采集技术

综合能源系统的有效管理离不开对能源数据的实时监测和采集。传感器技术、监测设备以及数据采集与通信技术在此起着关键作用，为能源管理者提供了全面的数据支持，从而实现能源消耗的优化和管理。

### 4.1.1 传感器技术

传感器作为综合能源系统信息采集的基础，不仅在数量和种类上具有多样性，还具有广泛的应用领域。传感器的选择和使用对能源数据的采集精度和可靠性至关重要。

#### 1. 传感器种类

（1）温度传感器：通过测量设备的温度变化，帮助能源管理者监测能源设备的工作状态。例如，在工业生产中，温度传感器可以实时监测机器的运行温度，预防因设备过热导致损坏。

（2）压力传感器：用于测量液体或气体的压力变化，广泛应用于管道、容器等能源系统。在燃气输送管道中，压力传感器可以监测气体压力，及时发现泄漏情况。

（3）流量传感器：用于测量液体或气体的流动速率。例如，水流量传感器可用于监测水的消耗量，有助于识别用水异常或漏水现象。

（4）光照传感器：用于监测光照强度，广泛应用于室内外照明系统。在室内照明中，光照传感器可以根据自然光的变化调整灯光亮度，节约能源开支。

（5）电力传感器：用于监测电能的消耗和分布情况。例如，智能电表可实时记录用电量，帮助用户了解能源使用情况。

#### 2. 温度传感器在冷链物流中的应用案例

（1）场景描述：一家冷链物流公司负责运输易腐烂食品，需要确保货物的运输温度始终在安全范围内。

（2）解决方案：在货物运输车辆内部安装温度传感器，实时监测货物的温度变化。如果温度超出设定的安全范围，系统将自动发出警报，运输司机和管理人员会立即收到通知。

（3）效果与启示：温度传感器的应用使得冷链物流公司能够实时监测货物的温度，减少了食品腐烂的风险，保障了货物的质量和安全。

### 4.1.2 监测设备

监测设备包括智能水表、智能燃气表和智能电表。在选择这些监测仪表时，需要考虑其精度、响应时间、可靠性等因素。

#### 4.1.2.1 智能水表

智能水表是一种能够实时监测和记录用水量的设备，采用了数字化技术和通信技术，为用户提供了更多关于用水情况的信息，有助于实现用水的智能管理和优化。

##### 1. 原理与工作方式

智能水表通过装置在水管道中的传感器，实时监测水流量的变化。传感器可以采用不同的原理，如超声波测量、电磁流量计等，来测量流速和容量。这些传感器将测得的数据转化为数字信号，然后通过内置的通信模块传输到中央控制系统。

##### 2. 功能与特点

（1）实时监测：智能水表能够实时监测水流量和用水情况，使用户可以随时查看当前的用水量。

（2）数据记录：智能水表会记录每次用水的时间、用水量和流速等信息，使用户可以通过查看历史数据来了解用水模式和习惯。

（3）异常检测：智能水表可以检测异常的用水情况，如漏水、水压过高等，及时发出警报，帮助用户采取措施。

（4）用水预算：一些智能水表具有用水预算功能，使用户可以设定每月用水的预算限额，系统会提醒用户用水是否超出预算。

##### 3. 智能水表在工业用水中的应用案例

（1）场景描述：一家制造企业需要大量用水进行生产，但想要优化用水成本和减少浪费。

（2）解决方案：在工厂内安装智能水表，实时监测生产线和设备的用水情况；通过监测数据，企业可以识别哪些环节存在用水浪费，采取措施进行优化，从而降低用水成本。

（3）效果与启示：智能水表的应用使得企业能够更好地掌握用水情况，减少浪费，提高用水效率，降低了生产成本。

#### 4.1.2.2 智能燃气表

智能燃气表是一种用于测量燃气消耗的设备，类似于智能水表，它可以实时监测燃气的流量和用量，为用户提供更精确的燃气数据，有助于实现能源的智能管理和优化。

1. 原理与工作方式

智能燃气表通过装置在燃气管道中的传感器，测量燃气流量的变化。传感器可以采用涡轮流量计、超声波传感器等技术，将测得的燃气流量数据转化为数字信号，然后通过通信模块传输到中央系统。

2. 功能与特点

（1）精确测量：智能燃气表能够精确测量燃气的消耗，使用户可以实时了解燃气的使用情况。

（2）节能提示：一些智能燃气表具有节能提示功能，可以根据用户的燃气使用情况，提供节能建议和优化方案。

（3）远程控制：通过智能燃气表的数据，用户可以远程监控和控制燃气设备的开关，实现智能化的燃气管理。

（4）账单计算：智能燃气表可以根据实际燃气使用量计算用户的费用，避免了估算带来的不准确性。

3. 智能燃气表在居民小区中的应用案例

（1）场景描述：一个居民小区希望提高燃气使用的透明度和节能效果。

（2）解决方案：在每户居民家中安装智能燃气表，实时监测燃气的使用情况；通过手机软件，居民可以随时查看燃气用量和费用，也可以设定节能模式，实现智能控制。

（3）效果与启示：智能燃气表的应用使得居民能够更加关注燃气的使用，实现了节能和费用控制，同时也促进了燃气资源的合理分配。

### 4.1.2.3 智能电表

智能电表是以微处理器应用和网络通信技术为核心的智能化仪表，具有自动计量/测量、数据处理、双向通信和功能扩展等能力，能够实现双向计量、远程/本地通信、实时数据交互、多种电价计费、远程断供电、电能质量监测、与用户互动等功能。

智能电能表按用户类型可分为单相表和三相表；按缴费方式的不同，可分为本地表和远程表。单相表，即计量普通用户所使用的 220 V 电源电能量的电能表；三相表，即计量工业上所使用的 380 V 电源电能量的电能表；本地表，即在用户方可使用 IC 卡缴费的电能表；远程表，即通过远程通信方式控制电能表通电断电的电能表，一般不安装在用户范围，使用户需去供电局缴费。

1. 智能电能表类型

智能电能表可分为 A 级单相智能电能表、B 级三相智能电能表、C 级三相智能电能表、D 级三相智能电能表，如表 4.1 所示。

表 4.1　智能电能表表型

| 序号 | 等级 | 有功计量精度 | 表型 |
|---|---|---|---|
| 1 | A 级 | 2 级 | A 级单相费控智能电能表（远程-开关内置） |
| 2 | A 级 | 2 级 | A 级单相费控智能电能表（远程-开关外置） |
| 3 | A 级 | 2 级 | A 级单相本地费控智能电能表（CPU 卡-开关内置） |
| 4 | A 级 | 2 级 | A 级单相本地费控智能电能表（CPU 卡-开关外置） |
| 5 | B 级 | 1 级 | B 级三相费控智能电能表（远程-开关内置） |
| 6 | B 级 | 1 级 | B 级三相费控智能电能表（远程-开关外置） |
| 7 | B 级 | 1 级 | B 级三相本地费控智能电能表（CPU 卡-开关内置） |
| 8 | B 级 | 1 级 | B 级三相本地费控智能电能表（CPU 卡-开关外置） |
| 9 | C 级 | 0.5S 级 | C 级三相费控智能电能表（远程-开关外置） |
| 10 | C 级 | 0.5S 级 | C 级三相本地费控智能电能表（CPU 卡-开关外置） |
| 11 | C 级 | 0.5S 级 | C 级三相智能电能表 |
| 12 | D 级 | 0.2S 级 | D 级三相智能电能表 |

根据安装环境不同推荐使用电能表类型如表 4.2 所示。

表 4.2　不同安装环境下推荐使用电能表类型

<table>
<tr><th>安装环境</th><th>电能表适用类型（推荐）</th></tr>
<tr><td>关口</td><td rowspan="2">D 级三相智能电能表、C 级三相智能电能表</td></tr>
<tr><td>100 kVA 及以上专变用户</td></tr>
<tr><td rowspan="2">100 kVA 以下专变用户</td><td>C 级三相费控智能电能表、C 级三相本地费控智能电能表</td></tr>
<tr><td>B 级三相费控智能电能表、B 级三相本地费控智能电能表</td></tr>
<tr><td>公变下三相用户</td><td>B 级三相费控智能电能表、B 级三相本地费控智能电能表</td></tr>
<tr><td>公变下单相用户</td><td>A 级单相费控智能电能表、A 级单相本地费控智能电能表</td></tr>
</table>

### 2. 智能电能表主要功能

1）测量/计量电能量

（1）能够测量电能瞬时量（电压、电流、频率等），在约定的时间间隔内（一般为一个月），测量单向或双向最大需量、分时段最大需量及其出现的日期和时间。

（2）具有正向、反向有功电能量和四象限无功电能量计量功能，并可以据此设置组合有功和组合无功电能量；具有分时计量功能；具有计量分相有功电能量功能。

2）不同时段费率设置

智能电能表至少支持尖、峰、平、谷四个费率；支持时区及时段设置，支持节假日和公休日特殊费率时段的设置。

3）电量冻结、数据存储、通信功能

（1）具备定时冻结、瞬时冻结、日冻结、月冻结、约定冻结、整点冻结等功能，保存固定时间节点电能值。

（2）支持存储功能，可保存电能量、需量、费率电能、定时冻结数据等，在电能表断电情况下，与结算关的数据至少可保存 10 年，其他数据至少可保存 3 年。

（3）具有符合记录功能，数据项可在“电压、电流、频率”“有、无功功率”“功率因数”“有、无功总电能”“四象限无功总电能”“当前需量”六类数据项中任意组合。

（4）根据表计配置不同，可支持通信功能，如红外通信、RS-485 通信、无线公网通信、载波及微功率无线通信等，可将数据上传至指定的设备或主站。

4）事件记录

智能电能表可记录电能表失压、失流、掉电、断相、逆相序、清零次数、编程记录、校时记录、开盖记录、远程控制等事项，实现事件的可追溯性。

5）控制输出

智能电能表可根据电能表自身的配置，接受主站或终端的指令，完成跳合闸或控制信号输出功能，这是实现智能电能计量系统费控功能的基础。

6）安全防护、安全验证

智能电能表具有编程开关及编程密码，防止非授权人进行编程操作；具有完善的数据传输安全保障措施，通过专用加密芯片，实现信息传输过程中的安全验证。

7）显示、报警

智能电能表通过自身配置的液晶显示屏和指示灯，可向用户展示电能量各项示值及告警、缴费提醒等。显示屏可显示信息丰富多样，通过软件配置可更改默认轮显项及按键轮显项。

### 3. 单相电能表

1）外观结构

单相智能电能表外形尺寸为 160 mm（高）× 112 mm（宽）× 71 mm（厚），能够根据现场需求安装于单表位或多表位表箱，通过与表箱内开关、线路、刀闸配合，完成低压用户用电计量工作。

单相电能表外观图及板卡图如图 4.1、图 4.2 所示。

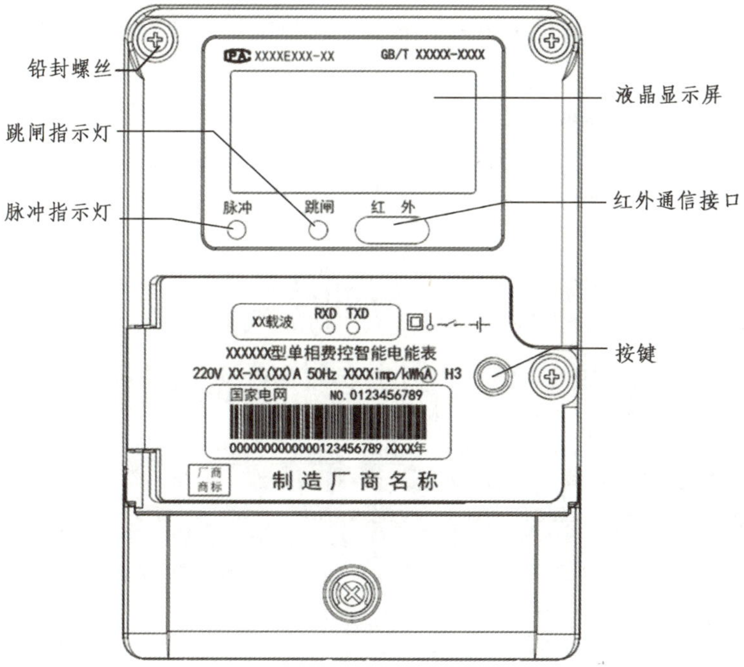


图 4.1　单相电能表外观图

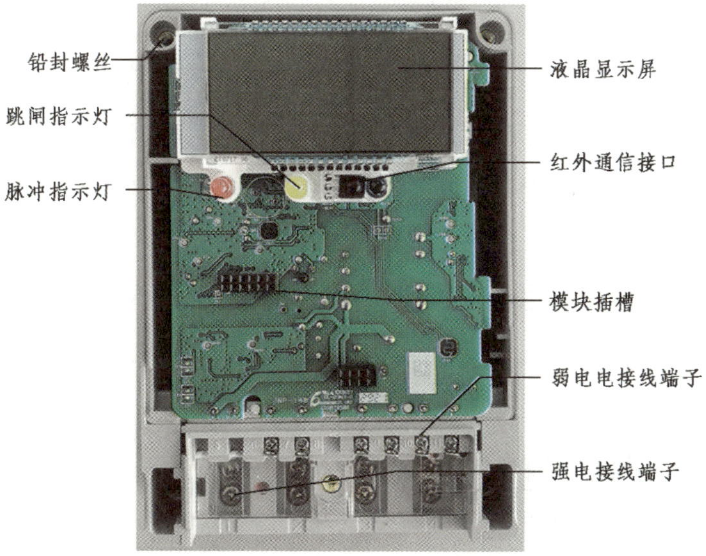


图 4.2　单相电能表板卡图

2）液晶界面显示

单相电表具有 1 个循显按键，运行中具有 2 种显示功能：自动循显功能、按键显示功能。

（1）自动循显：电能表在正常运行情况下处于自动循显状态，根据设定的时间滚动显示。

（2）按键显示：当电能表处于运行状态的自动循环显示方式时，一旦有显示按键触发，电表切换到按键显示状态并点亮背光；在按键动作消失 60 s 后自动关闭背光，切换回自动循环显示。

停电后，液晶显示自动关闭，可用按键或其他方式唤醒液晶显示。唤醒后如无操作，自动循环显示一遍后关闭显示，按键显示操作结束 30 s 后关闭显示。

单相表显示界面如图 4.3 所示，各显示图形说明如表 4.3 所示。

图 4.3　单相表显示界面

表 4.3　单相表显示图形说明

| 序号 | 显示图形 | 说明 |
|---|---|---|
| 1 | 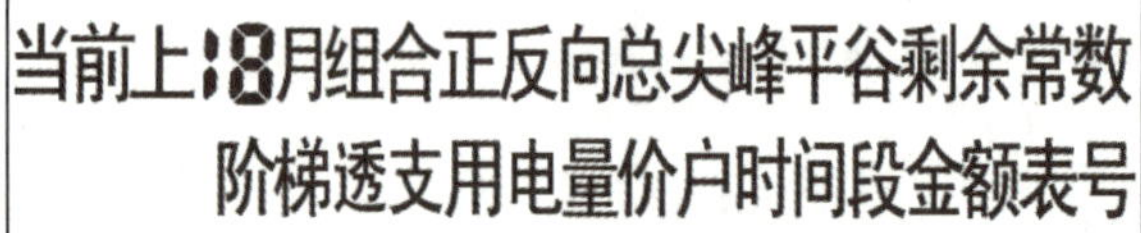 | 1. 当前、上 1 月 ~ 上 12 月/次的用电量、累计、组合、正/反、总、尖、峰、平、谷电量；<br>2. 剩余金额、常数；<br>3. 阶梯电价、电量；<br>4. 透支金额；<br>5. 时间、时段、表号 |
| 2 |  | 数据显示及对应的单位符号 |
| 3 | 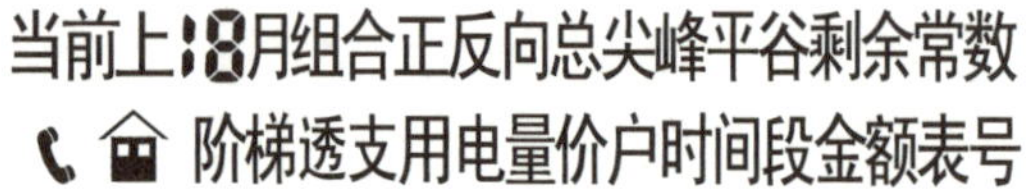 | 1. 红外、485 通信中；<br>2. 实验室状态，“”显示为测试密钥状态，不显示为正式密钥状态；<br>3. 电能表挂起指示；<br>4. 模块通信中；<br>5. 功率反向指示；<br>6. 电池欠压指示；<br>7. 红外认证有效指示；<br>8. 相线、零线 |

续表

| 序号 | 显示图形 | 说明 |
|---|---|---|
| 4 | 读卡中成功失败请购电拉闸透支囤积 | 1. IC 卡“读卡中”提示符；<br>2. IC 卡读卡“成功”提示符；<br>3. IC 卡读卡“失败”提示符；<br>4.“请购电”剩余金额偏低时闪烁；<br>5. 继电器“拉闸”状态指示；<br>6.“透支”状态指示；<br>7. IC 卡金额超过最大储值金额时的状态指示（囤积） |
| 5 |  | 1. 指示当前运行第“1、2、3、4”阶梯电价；<br>2. 指示当前费率状态（尖峰平谷）；<br>3.“△1 △2”指示当前使用第 1、2 套阶梯电价；<br>4. ①②代表第 1、2 套时段/费率，默认为时段 |

3）接线方法（见图 4.4）

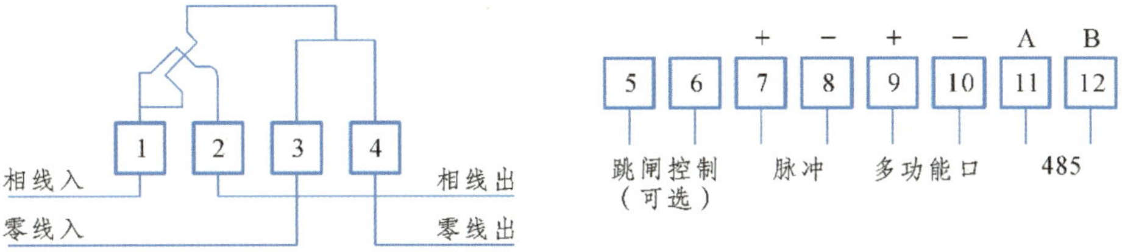

（a）开关内置

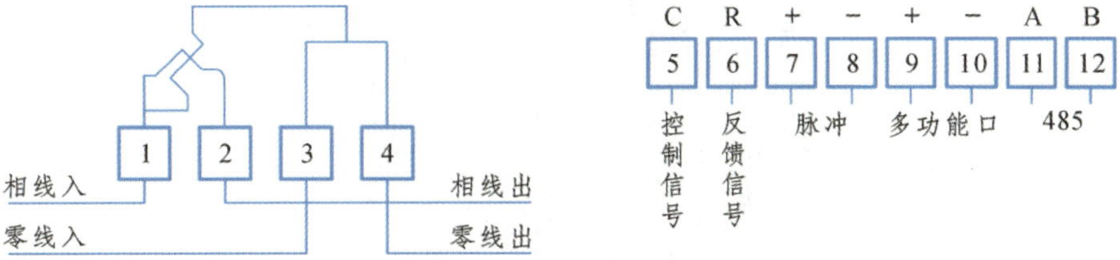

（b）开关外置

图 4.4　单相电能表端子接线图

## 4. 三相电能表

1）外观结构

三相智能电能表外形尺寸规格：290 mm（高）×170 mm（宽）×85 mm（厚），一般安装于单独计量箱内，通过与表箱内开关、线路、刀闸配合，完成工商业用户用电计量工作。

三相智能电能表还可以安装于各供电关口节点，以计量或测量线路、变压器、发电企业等的节点电能信息。

一般三相表外观图及板卡图如图 4.5、图 4.6 所示。

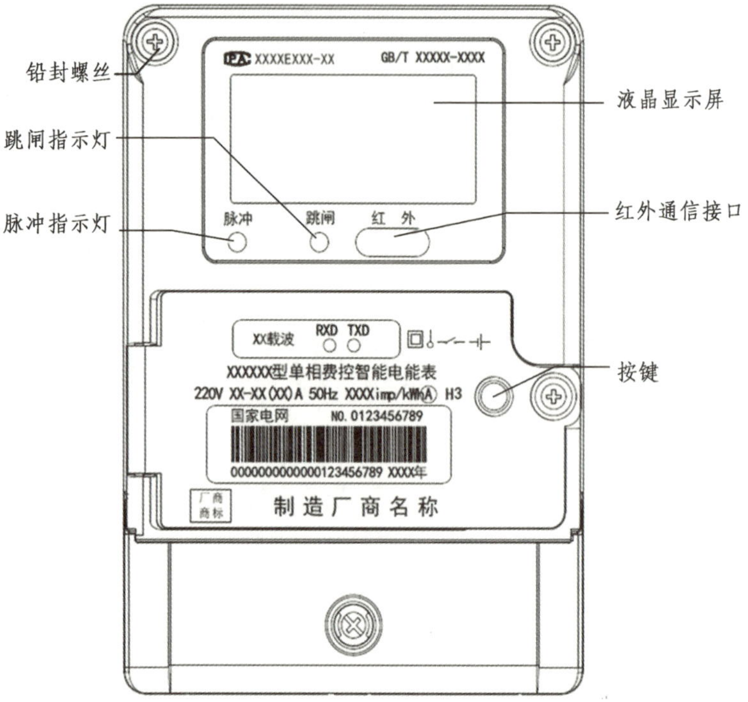


图 4.5　三相电能表外观图

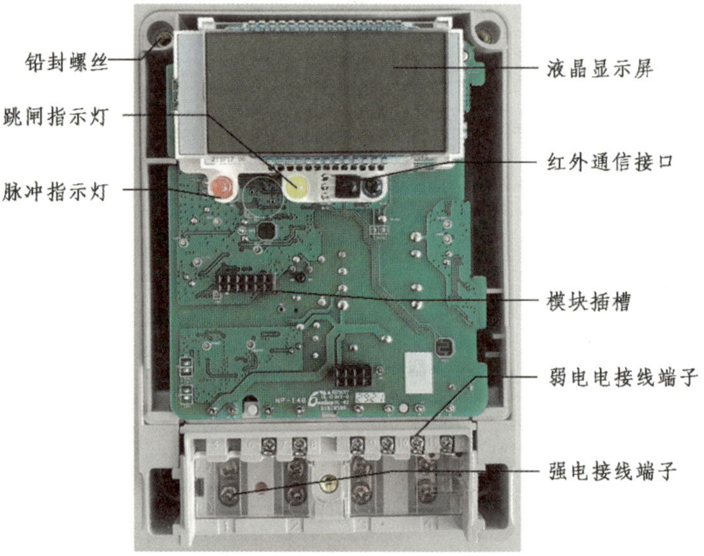


图 4.6　三相电能表板卡图

2）液晶界面显示（见图 4.7）

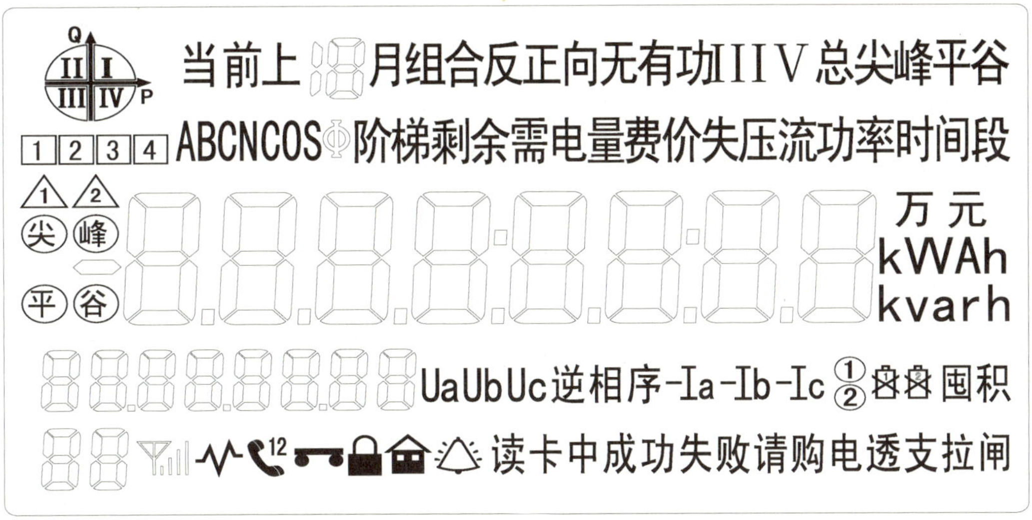


图 4.7　三相表液晶全屏显示图

三相表液晶全屏显示图说明如下：

（1）电量显示：电能小数位可在 1 至 4 位设置。可设置 8 位整数、0 位小数（当电量显示小数位数为 0 时）；或者 7 位整数、1 位小数（当电量显示小数位数为 1 时）；或者 6 位整数、2 位小数（当电量显示小数位数为 2 时）；或者 5 位整数、3 位小数（当电量显示小数位数为 3 时）；或者 4 位整数、4 位小数（当电量显示小数位数为 4 时）。

（2）费率提示：每屏显示 1 个时段电量，第 1 行字符“**尖峰平谷**”为费率提示符，如果显示“**总**”为显示总电量提示符。

（3）四象限提示：用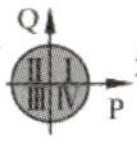符号，采用填充方式提示，逆时针反向显示。显示，表示电表工作在第 I 象限；显示，表示电表工作在第 II 象限；显示，表示电表工作在第 III 象限；显示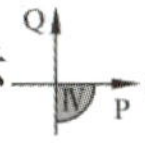，表示电表工作在第 IV 象限。

（4）通信提示：液晶显示“”是无线通信在线及信号强度指示；液晶显示“”表示正在进行模块通信；液晶显示“”表示正在进行第 1 路 RS485 通信；液晶显示“”表示正在进行第 2 路 RS485 通信；液晶显示“”表示正在进行红外通信。

（5）电能表挂起指示：每天收到的数据帧 MAC 校验失败、密文校验失败累计达到 200 次，出现“”提示，每日零点清除挂起状态和累计次数。

（6）失压提示：正常情况下“UaUbUc”常显在液晶上；当某相断相时，对应相别从液晶上消失；失压时，对应相别闪烁。

（7）失流提示：正常情况下“Ia Ib Ic”常显在液晶上；当某相发生断流（实际电流小于启动电流）时，对应相别从液晶上消失；失流时，对应相别闪烁，且当失流和断流同时存在时，优先显示失流状态。

（8）反向提示：当某相电流发生反向时，“Ia Ib Ic”对应相别闪烁，且前面常显“－”。反向提示只有在本相电流大于 1‰In 且电压大于 10 V 时才会显示。

（9）当前费率显示：当前费率状态（尖峰平谷）用“尖峰平谷”显示。

（10）逆相序提示：当电压逆相序时，“逆相序”闪烁。

（11）电池欠压提示：当液晶出现“1”表示时钟电池欠压；当液晶出现“2”表示停电抄表电池欠压指示。

（12）报警提示：“ ”闪烁，为液晶报警提示。

（13）历史电量：当需要显示历史电量和需量时，“上 18 月”能够显示出“上 1 月”至“上 12 月”的历史电量和需量。

（14）电量的方向：当显示电量时，电量的方向由“反正向”来显示。

（15）密钥状态提示：“ ”显示时，表计处于测试密钥状态；不显示时为正式密钥状态。

（16）时段/费率提示：“①②”代表第 1、2 套时段/费率，默认为时段，可以通过电表运行特征字 1（Bit1）进行设置。

（17）显示代码提示：“88888888 88”为当前显示代码；上排“88888888”表示轮显/键显数据对应的数据标识；下排“88”表示轮显/键显数据在对应数据标识的组成序号。

（18）数据显示提示：“-8.8.8.8.8.8.8.8.8 kWh万元 kvarhVA”数据显示及对应的单位符号。

（19）功率因数提示：显示“COSΦ”时为功率因数提示符，单独显示“Φ”时为相角提示符。

3）接线方法（见图 4.8）

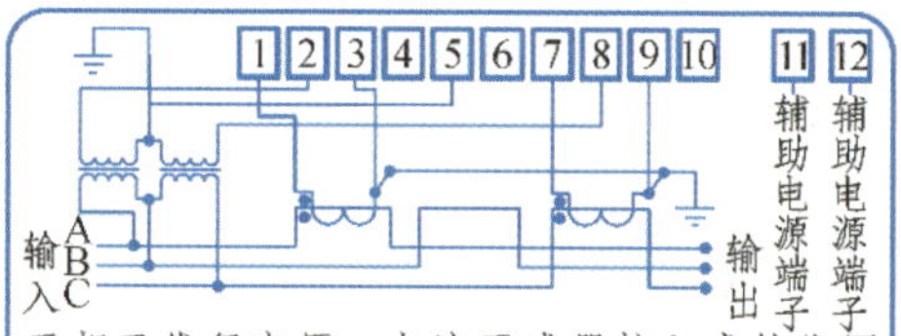

三相三线经电压、电流互感器接入式接线图

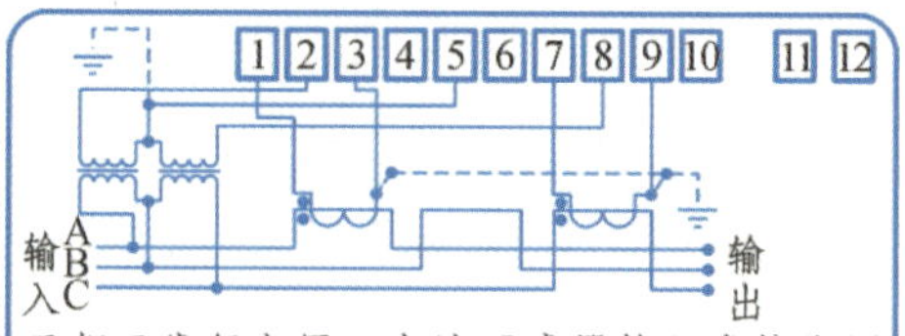

三相三线经电压、电流互感器接入式接线图

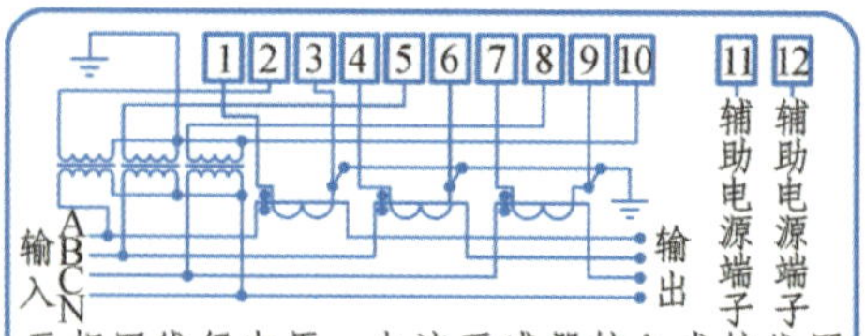

三相四线经电压、电流互感器接入式接线图

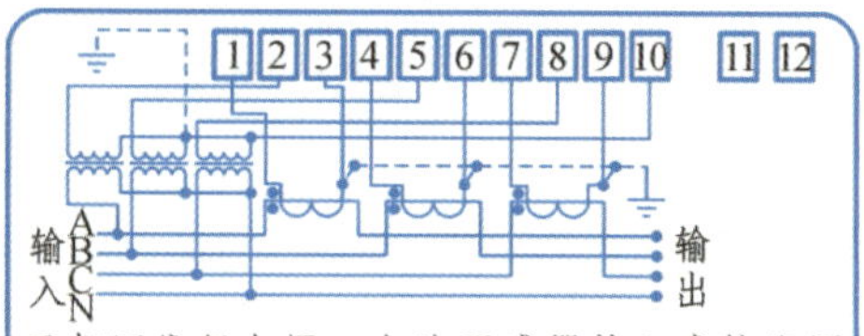

三相四线经电压、电流互感器接入式接线图

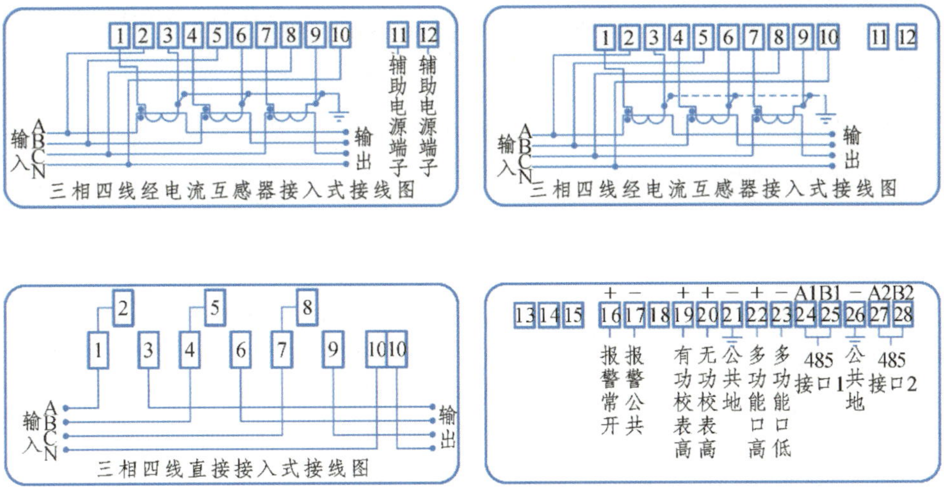

（a）三相智能电能表

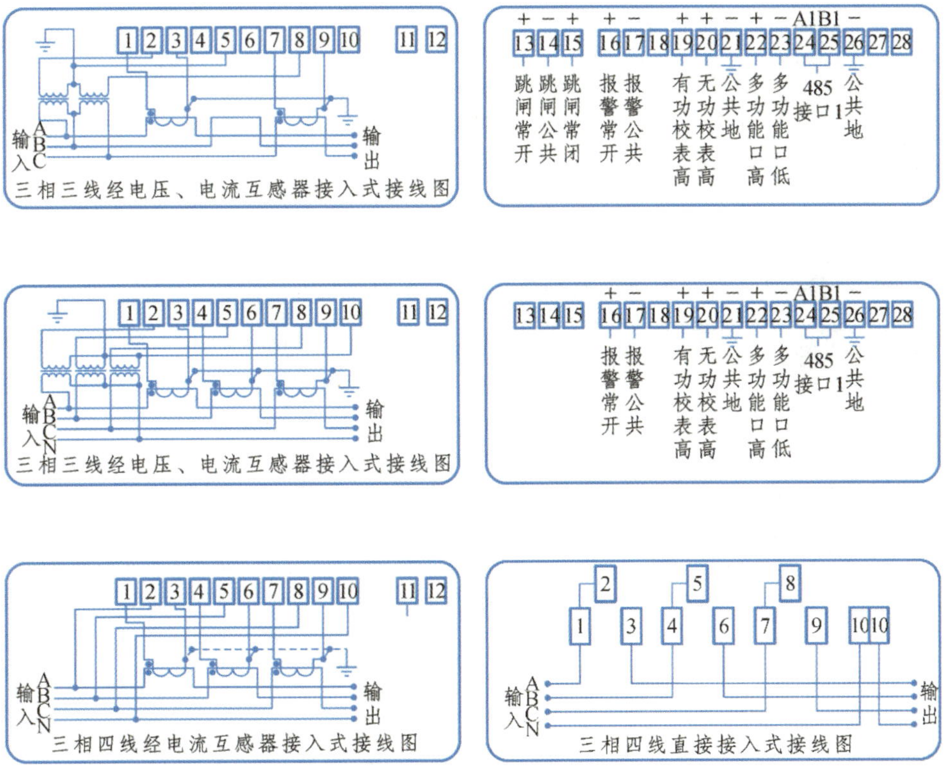

（b）三相费控电能表

图 4.8　三相电能表端子接线图

4）智能电表在商业建筑中的应用案例

（1）场景描述：一座办公楼想要降低能源成本，提高能源使用的效率。

（2）解决方案：在办公楼内安装智能电表，实时监测不同区域的用电情况；通过分析数据，楼管理员可以识别出用电较高的区域，采取措施优化设备的使用，调整照明和空调等设备的运行模式。

（3）效果与启示：智能电表的应用使得办公楼能够更好地掌握用电情况，实现了能源的有效管理，降低了能源成本，也促进了节能意识的提升。

### 4.1.3 数据采集与通信技术

数据采集与通信技术是信息采集系统的核心。常见的数据采集方式包括模拟信号采集和数字信号采集，其中数字信号采集具有更高的精度和稳定性。而数据传输可以通过有线通信和无线通信实现，如以太网、无线传感网络等。根据实际情况选择合适的技术进行数据的采集和传输。

本小节主要讲解智能电表的数据采集设备以及能源互联网中的常用信息通信技术。

#### 4.1.3.1 电能采集设备

电能采集设备是数据采集中的重要环节，它通过 RS-485、电力线载波、无线微功率等通信方式采集智能电表、智能开关等信息采集点的数据，并对采集的数据进行处理、分类存储和上报。

##### 1. 专变采集终端

专变采集终端是对专用变压器用户用电信息进行采集的设备，主要安装于专用变压器用户计量节点，可以实现电能表数据的采集、电能计量设备工况和供电电能质量监测，以及客户用电负荷和电能量的监控，并对采集数据进行管理和双向传输。

1）外观结构

专变采集终端Ⅲ型外形尺寸为 290 mm（高）×180 mm（宽）×95 mm（厚），如图 4.9 和图 4.10 所示。

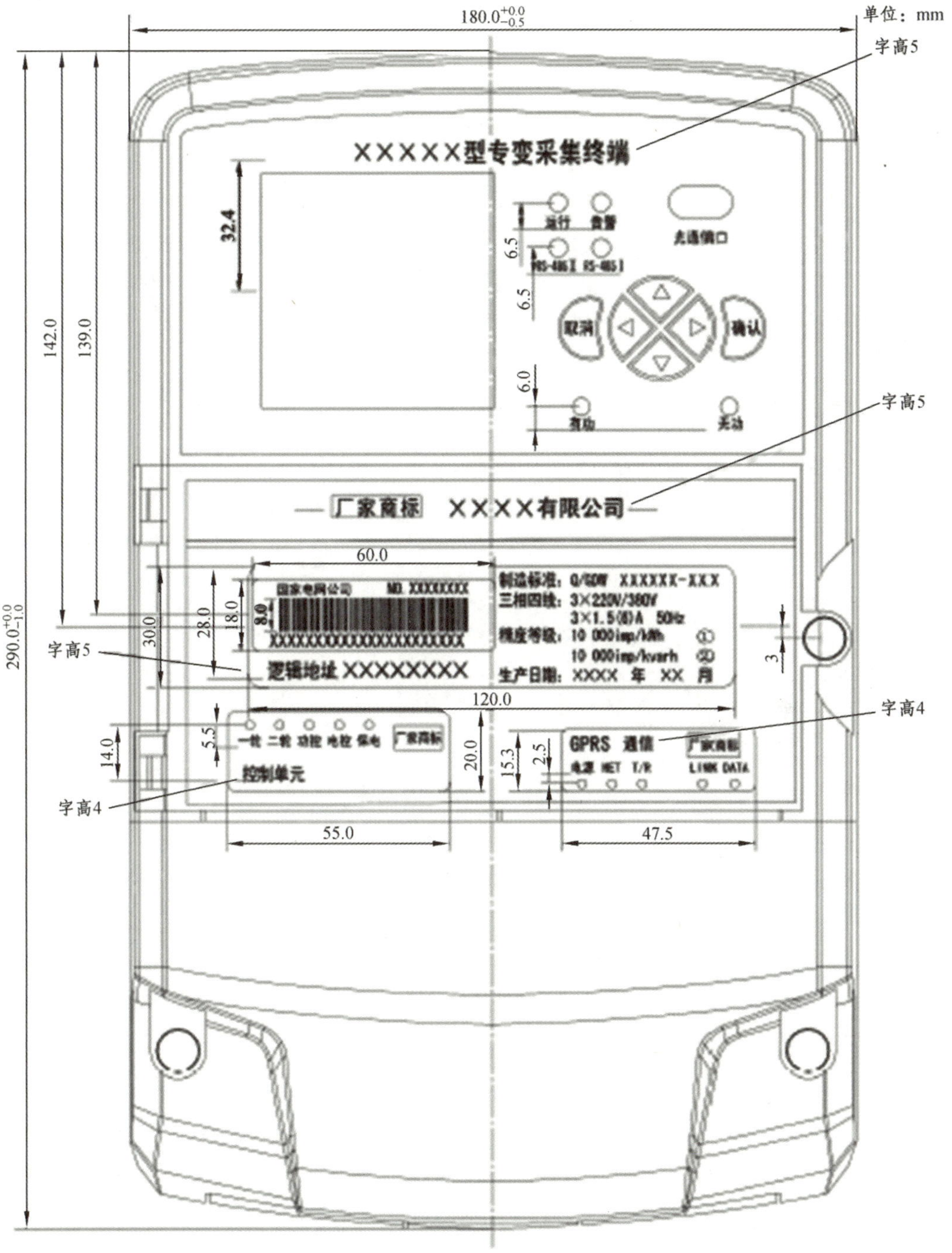


注：未注字高3 mm。

图 4.9 专变采集终端Ⅲ型外观尺寸示意图

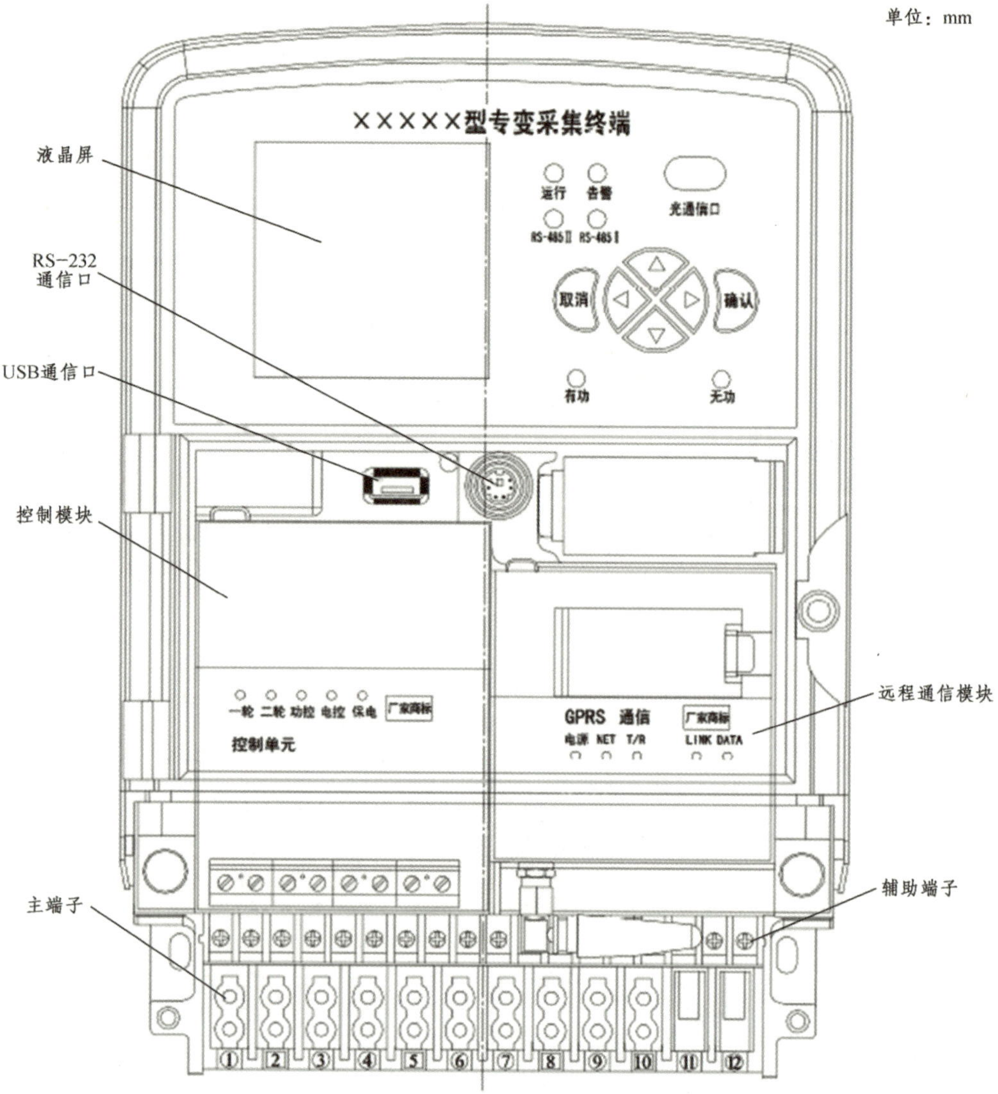


图 4.10　专变采集终端Ⅲ型开盖结构示意图

2）液晶界面显示（见图 4.11 和图 4.12）

图 4.11　专变采集终端Ⅲ型主界面

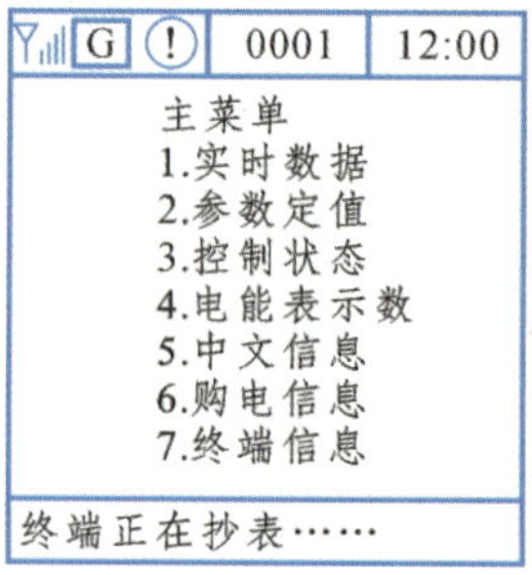


图 4.12　专变采集终端Ⅲ型主菜单

专变采集终端Ⅲ型界面图形显示含义如表 4.4 所示。

表 4.4　专变采集终端Ⅲ型界面图形显示含义

| | |
|---|---|
|  | 信号强度指示，最高是 4 格，最低是 1 格；<br>当信号强度只有 1 格～2 格时，表示信号弱，通信不是很稳定。信号强度为 3 格～4 格时，表示信号强，通信比较稳定 |
| G | 通信方式指示：<br>G—采用 GPRS 通信方式；<br>S—采用 SMS（短消息）通信方式；<br>C—CDMA 通信方式；<br>L—有线网络；<br>W—无线电台通信方式；<br>T—4G |
| ! | 异常告警指示，表示终端或测量点有异常情况。当终端发生异常时，该标志将和异常事件报警编码轮流闪烁显示 |
| 00 | 事件编号 |
| ×××× | 表示第 $n$ 号测量点数据（$n$ 取值范围为 0001～2048） |

3）接线方法（见图 4.13）

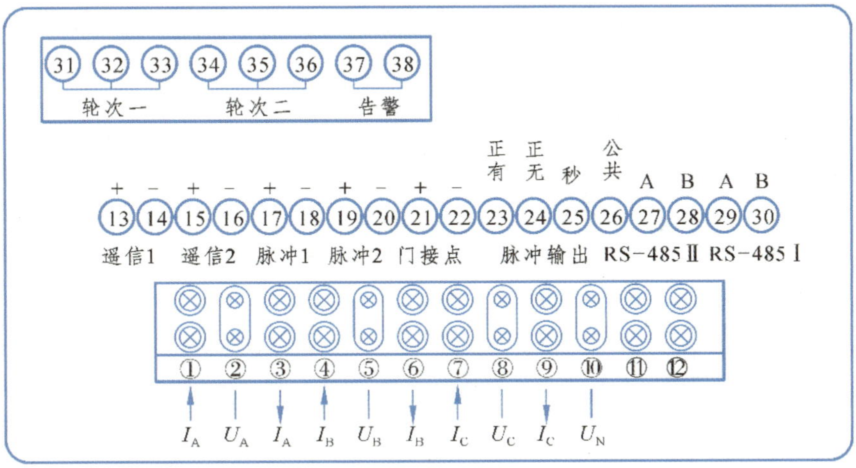


图 4.13　专变采集终端Ⅲ型接线端子示意图

专变采集终端Ⅲ型接线端子定义如表 4.5 所示。

表 4.5　专变采集终端Ⅲ型接线端子定义

| 序号 | 接线端子 | 序号 | 接线端子 | 序号 | 接线端子 |
|---|---|---|---|---|---|
| 1 | A 相电流端子 | 14 | 遥信端子 1− | 27 | RS-485Ⅱ A |
| 2 | A 相电压端子 | 15 | 遥信端子 2+ | 28 | RS-485Ⅱ B |
| 3 | A 相电流端子 | 16 | 遥信端子 2− | 29 | RS-485Ⅰ A |
| 4 | B 相电流端子 | 17 | 脉冲端子 1+ | 30 | RS-485Ⅰ B |
| 5 | B 相电压端子 | 18 | 脉冲端子 1− | 31 | 轮次一常开点 |

续表

| | | | | | |
|---|---|---|---|---|---|
| 6 | B 相电流端子 | 19 | 脉冲端子 2+ | 32 | 轮次一公共点 |
| 7 | C 相电流端子 | 20 | 脉冲端子 2− | 33 | 轮次一常闭点 |
| 8 | C 相电压端子 | 21 | 门接点 + | 34 | 轮次二常开点 |
| 9 | C 相电流端子 | 22 | 门接点 − | 35 | 轮次二公共点 |
| 10 | 电压中性线端子 | 23 | 脉冲输出正有 | 36 | 轮次二常开点 |
| 11 | 辅助电源正（选配） | 24 | 脉冲输出正无 | 37 | 告警常开点 |
| 12 | 辅助电源负（选配） | 25 | 脉冲输出秒脉冲 | 38 | 告警公开点 |
| 13 | 遥信端子 1+ | 26 | 脉冲输出公共地 | | |

4）工作原理

采集设备架构如图 4.14 所示。电源模块为整个设备提供稳定的电源系统；核心板作为采集设备的核心模块，主要运行操作系统，协调各个模块完成各类任务，如数据存储、数据采集、数据上报等；采集设备通过本地通信模块、RS-485 接口、遥信、脉冲接口等，采集智能电能表、智能开关等设备的数据；通过远程通信模块、以太网口、RS-232、红外等接口，将采集处理后的数据传送给采集系统主站；通过交流采样模块测量终端输入的电流、电压、累计电量等，实现数据统计、失压、过流、掉电等告警，并将累计电量通过脉冲输出接口，向外输出脉冲；设备的工作状态、通信状态通过指示灯进行展示，采集到的数据、产生的事件、设置的参数，可以通过按键和液晶屏查看。

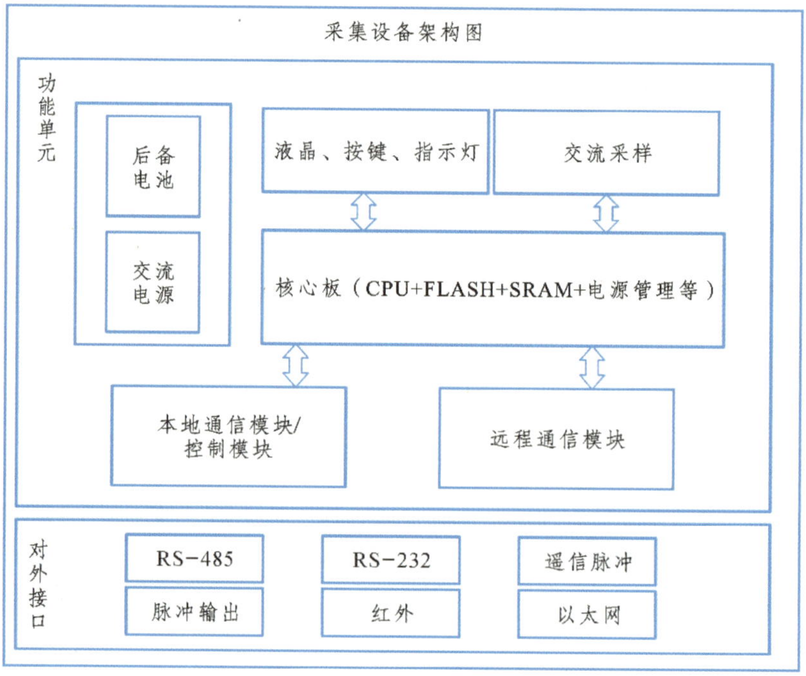


图 4.14　采集设备架构

### 2. 集中器

集中抄表终端是对低压用户用电信息进行采集的设备，主要安装于低压居民用户用电台区，包括集中器、采集器。集中器是指收集各采集器或电能表的数据，并进行处理储存，同时能和主站或手持设备进行数据交换的设备。采集器是用于采集多个或单个电能表的电能信息，并可与集中器交换数据的设备。采集器依据功能可分为基本型采集器和简易型采集器。基本型采集器抄收和暂存电能表数据，并根据集中器的命令将储存的数据上传给集中器；简易型采集器直接转发集中器与电能表间的命令和数据。

#### 1）外观结构

目前常用的集中器外观如图 4.15 所示。

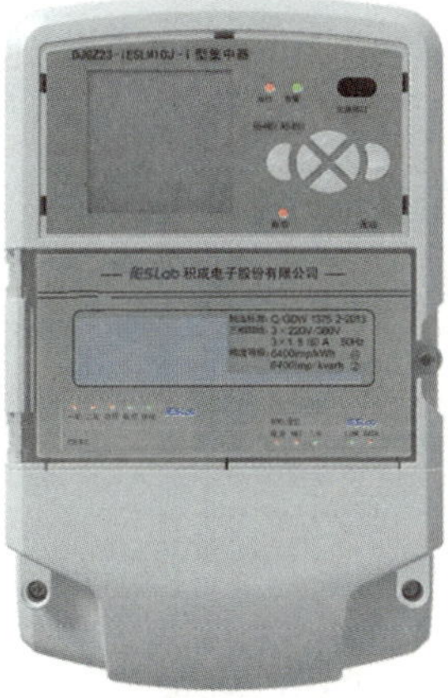


（a）集中器Ⅰ型

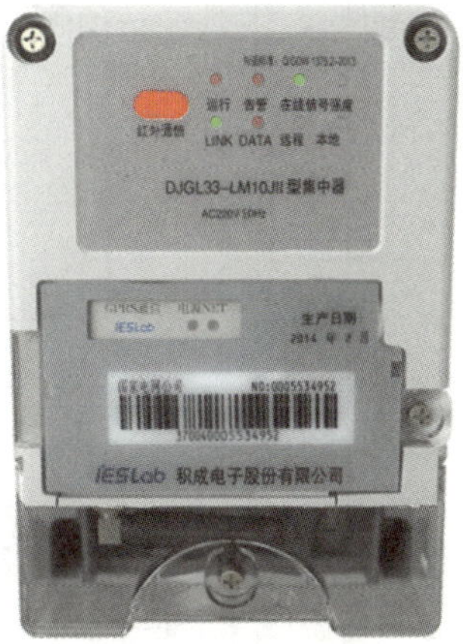


（b）集中器Ⅱ型

图 4.15　集中器外观

外观结构尺寸与开盖结构如图 4.16 和图 4.17 所示。

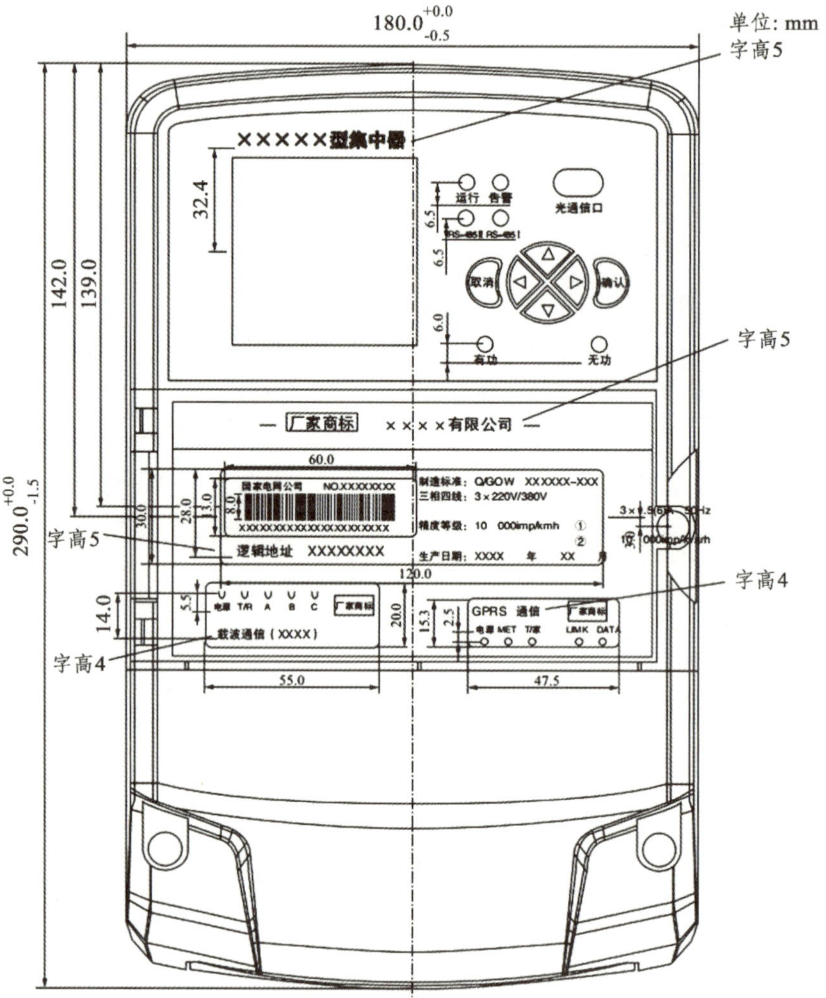


注：未注字高3mm。

集中器I型外观结构示意图

图 4.16　集中器 I 型外观尺寸示意图

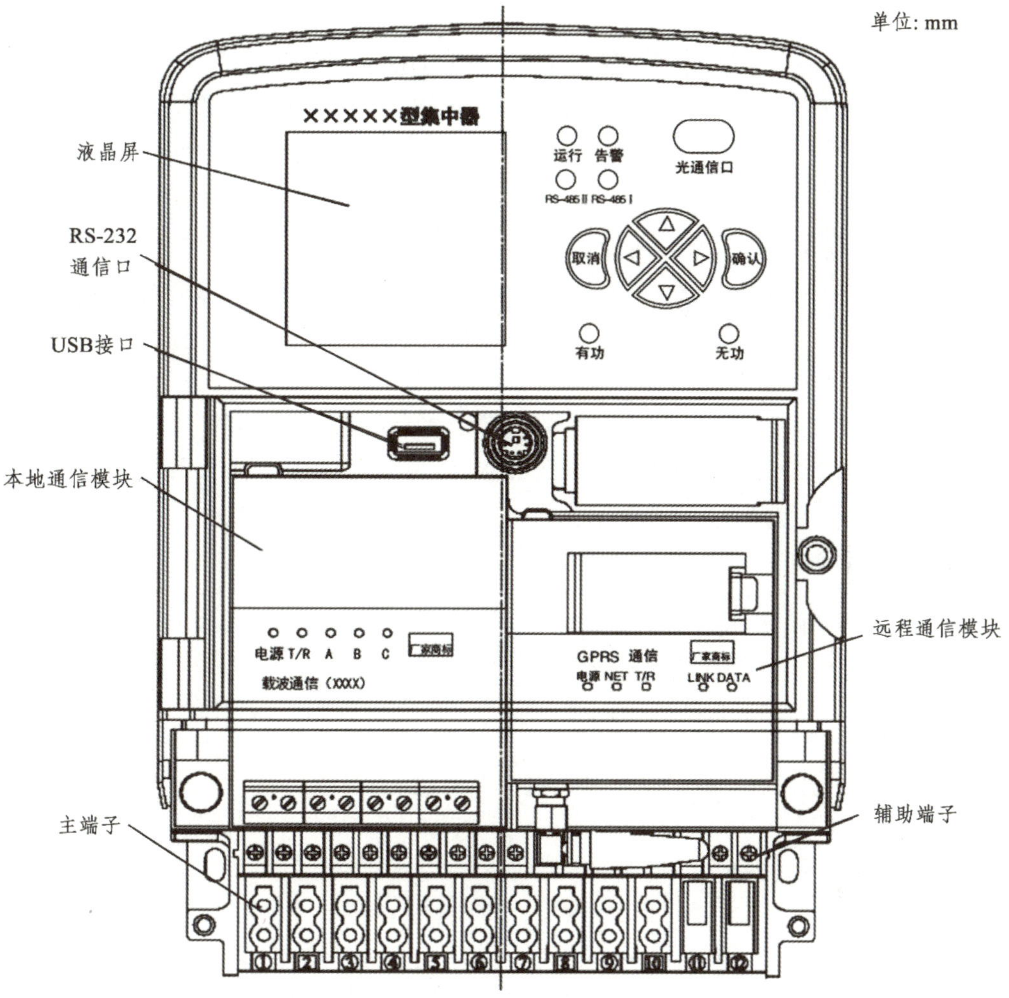


集中器I型外观结构示意图

图 4.17　集中器 I 型开盖结构示意图

2）液晶界面显示（见图 4.18 和图 4.19）

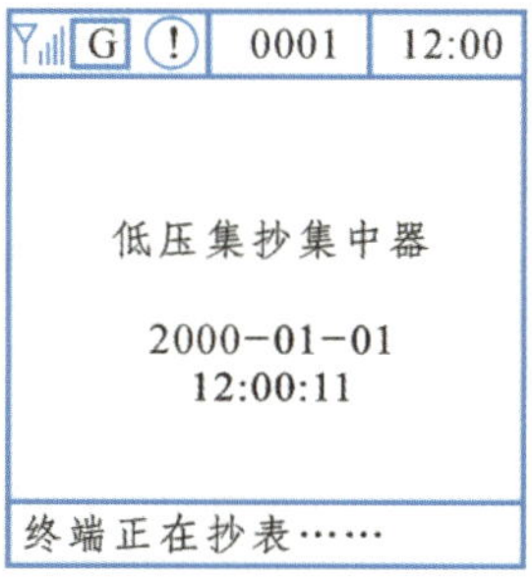


图 4.18　集中器 I 型主界面

图 4.19　集中器 I 型主菜单

集中器 I 型界面图形显示含义如表 4.6 所示。

表 4.6　集中器 I 型界面图形显示含义

| | |
|---|---|
|  | 信号强度指示，最高是 4 格，最低是 1 格；<br>当信号强度只有 1 格～2 格时，表示信号弱，通信不是很稳定；信号强度为 3 格～4 格时，表示信号强，通信比较稳定 |
| G | 通信方式指示：<br>G—采用 GPRS 通信方式；<br>S—采用 SMS（短消息）通信方式；<br>C—CDMA 通信方式；<br>L—有线网络；<br>W—无线电台通信方式；<br>T—4G |
| ! | 异常告警指示，表示终端或测量点有异常情况。当终端发生异常时，该标志将和异常事件报警编码轮流闪烁显示 |
| ×××× | 表示第 *n* 号测量点数据（*n* 取值范围为 0001～2048） |

3）接线方法（见图 4.20）

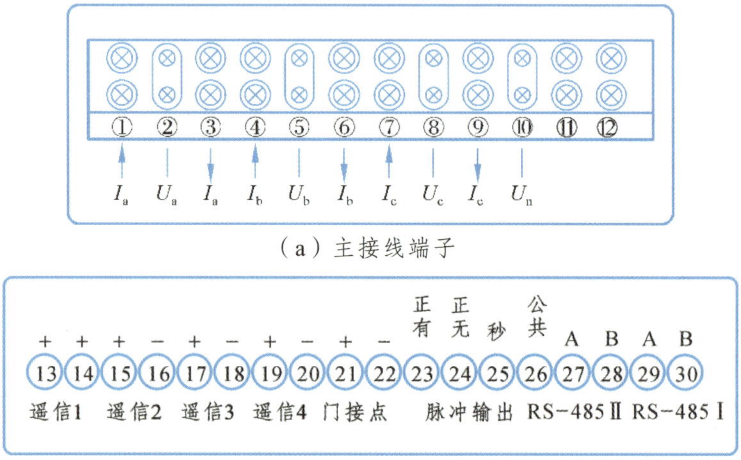


（a）主接线端子

（b）辅助接线端子

图 4.20　集中器 I 型接线方法辅助接线端子

集中器 I 型接线端子定义如表 4.7 所示。

表 4.7　集中器 I 型接线端子定义表

| 序号 | 接线端子 | 序号 | 接线端子 | 序号 | 接线端子 |
|---|---|---|---|---|---|
| 1 | A 相电流端子 | 11 | 预留 | 21 | 门接点+ |
| 2 | A 相电压端子 | 12 | 预留 | 22 | 门接点－ |
| 3 | A 相电流端子 | 13 | 遥信端子 1+ | 23 | 脉冲输出　正有 |
| 4 | B 相电流端子 | 14 | 遥信端子 1－ | 24 | 脉冲输出　正无 |

续表

| | | | | | |
|---|---|---|---|---|---|
| 5 | B 相电压端子 | 15 | 遥信端子 2+ | 25 | 脉冲输出 秒脉冲 |
| 6 | B 相电流端子 | 16 | 遥信端子 2− | 26 | 脉冲输出 公共地 |
| 7 | C 相电流端子 | 17 | 遥信端子 3+ | 27 | RS-485 Ⅱ A |
| 8 | C 相电压端子 | 18 | 遥信端子 3− | 28 | RS-485 Ⅱ B |
| 9 | C 相电流端子 | 19 | 遥信端子 4+ | 29 | RS-485 Ⅰ A |
| 10 | 中性线电压端子 | 20 | 遥信端子 4− | 30 | RS-485 Ⅰ B |

4）工作原理

采集设备架构如图 4.21 所示。电源模块为整个设备提供稳定的电源系统；核心板作为采集设备的核心模块，主要运行操作系统，协调各个模块完成各类任务，如数据存储、数据采集、数据上报等；采集设备通过本地通信模块、RS-485 接口、遥信、脉冲接口等，采集智能电能表、智能开关等设备的数据；通过远程通信模块、以太网口、RS-232、红外等接口，将采集处理后的数据传送给采集系统主站；通过交流采样模块测量终端输入的电流、电压、累计电量等，实现数据统计、失压、过流、掉电等告警，并将累计电量通过脉冲输出接口，向外输出脉冲；设备的工作状态、通信状态通过指示灯进行展示，采集到的数据、产生的事件、设置的参数，可以通过按键和液晶屏查看。

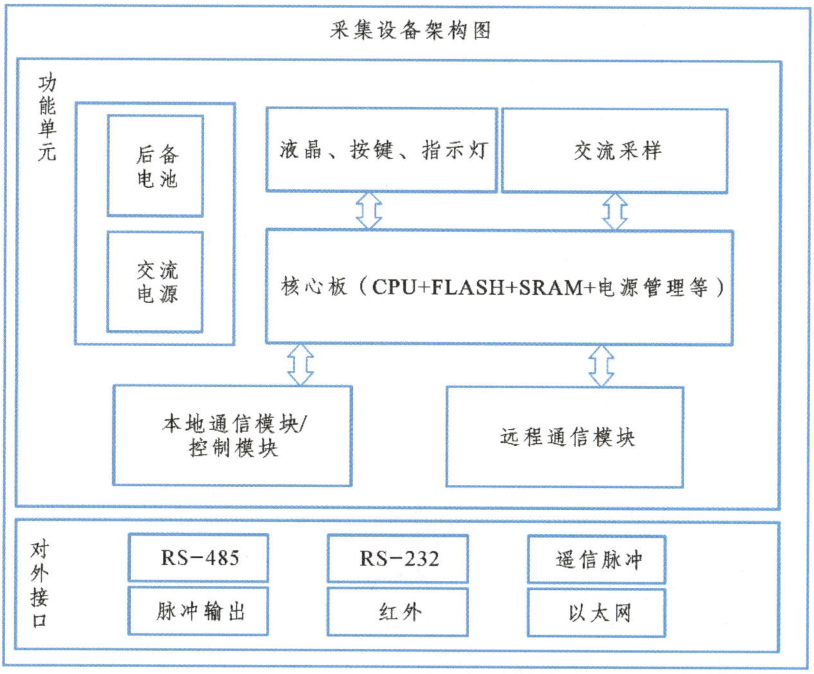


图 4.21 采集设备架构

#### 4.1.3.2 能源互联网中的常用信息通信技术

##### 1. 电力线通信技术

1）技术简介

电力线通信（Power Line Communication，PLC）技术，是一种利用中、低压配电网线路作为通信介质，实现数据、语音、图像等业务传输的通信技术。其不仅可以作为突破用户末端接入瓶颈的有效手段，也可以为电力负荷监控、远程抄表、配用电自动化、需求侧管理等电力生产业务，以及企业内部网络、智能家庭、数字化社区网络提供高速数据传输平台。

PLC 按照传输速率可以划分为：窄带 PLC 和宽带 PLC。窄带 PLC 的数据传输速率通常小于 500 kbit/s，其使用频段一般在 9 ~ 500 kHz，主要应用于负荷控制、远程抄表、智能建筑和家居自动化等。宽带 PLC 能够提供比窄带 PLC 高得多的数据传输速率（最高可达 1 000 Mbit/s），其使用频段范围一般在 1 ~ 40 MHz。宽带 PLC 网络能够承载更为复杂的业务，如同时支持多路语音、高速数据业务、图像信号以及各类窄带业务。

PLC 按应用的电压等级划分为低压 PLC 和中压 PLC。低压 PLC 利用低压（220 V/380 V）电力线作为传输媒介，为用户提供互联网接入、家庭局域网、远程抄表、智能家居等应用；中压 PLC 利用中压（10 kV 或 35 kV）电力线作为传输媒介，为接入骨干网、配电网自动化、用户需求侧管理、农村电话等应用提供传输通道。

2）技术应用

PLC 技术应用的领域非常广泛，主要包括室内联网、用电信息采集（集中抄表）、智能家居、智能小区、配电自动化、工业自动化控制和其他免布线通信系统等。

上述业务中用电信息采集是电力营销管理的基础。用电信息采集系统的建设也是适应居民阶梯电价的全面实行、保证社会安全可靠用电的技术手段之一。由于配用电网络地域分散，监控与数据采集点数量极为庞大，通信技术的选择对于配用电监控、数据采集系统的建设尤为重要。由于 PLC 技术成熟，具有免布线、低成本、通信可靠性高等特点，其在用电信息采集系统中使用广泛，应用 PLC 技术的用电信息采集通信网络如图 4.22 所示。

##### 2. 光纤通信

光纤通信是利用光波在光导纤维中传输信息的通信方式。光纤通信技术采用光纤直接接至用户家，根据光纤深入用户的程度的不同，光纤接入可以分为 FTTB（Fiber To The Building，光纤到楼）、FTTP/FTTH（将光缆一直扩展到家庭或企业）、FTTO、FTTC 等。光纤是宽带网络中多种传输媒介中最理想的一种，其特点是传输容量大，传输质量好，损耗小，中继距离长等，适用于配电自动化、用电信息采集、智能用电以及家庭能效、高清视频、远程医疗、虚拟现实等业务。

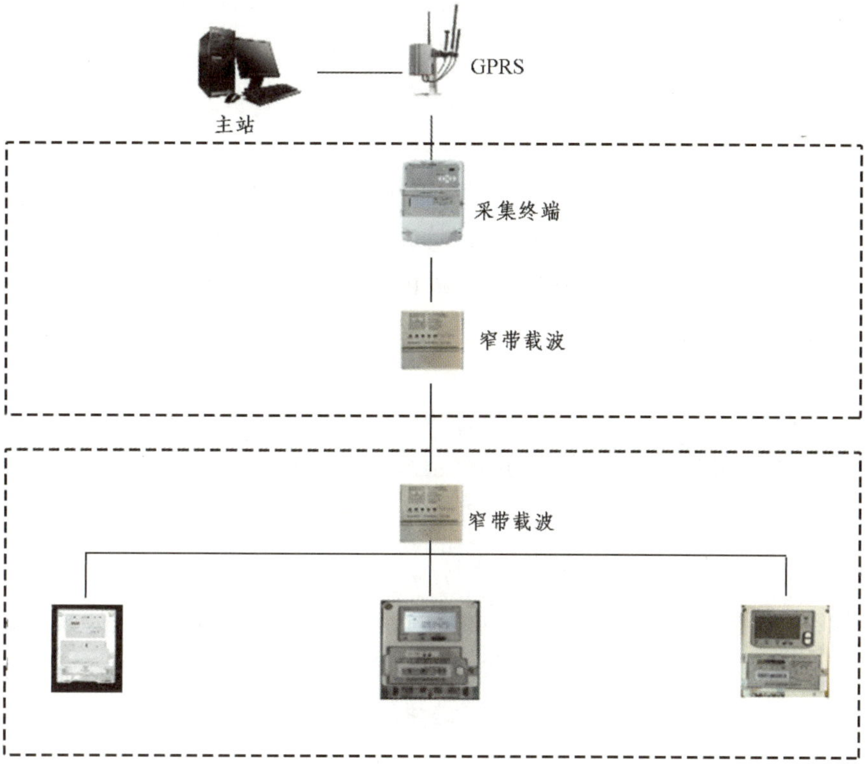


图 4.22　应用 PLC 技术的用电信息采集通信网络

### 3. 无线通信技术

在能源互联网中，无线通信技术发挥着重要作用，能够实现能源设备之间的实时数据传输、远程监控和智能控制。以下是能源互联网中常用的无线通信技术：

（1）物联网技术（IoT）。物联网是将各种设备和传感器连接到互联网，实现数据的互通和共享。在能源互联网中，物联网技术可以用于连接发电设备、智能电表、智能水表、智能燃气表等能源设备，实现实时数据采集和远程监控。

（2）LoRa 技术。LoRa（Long Range）技术是一种低功耗、远距离的无线通信技术，适用于物联网应用。在能源互联网中，LoRa 技术可以用于连接分散的能源设备，如太阳能电池板、风力发电机组等，实现低功耗的数据传输。

（3）ZigBee 技术。ZigBee 是一种低功耗、短距离的无线通信技术，适用于家庭和工业自动化控制。在能源互联网中，ZigBee 可以用于连接智能家居设备、能源管理系统等。例如，智能家居中的智能插座、智能灯具等可以通过 ZigBee 技术与能源管理系统进行通信，实现能源的智能控制。

（4）NB-IoT 技术。NB-IoT（Narrowband Internet of Things）是一种窄带物联网技术，专门用于小数据量、低功耗的应用。在能源互联网中，NB-IoT 可以用于连接智能电表、智能水表等设备，实现实时数据的传输和监测。NB-IoT 技术具有广阔的覆盖范围和低功耗特点，适用于分布广泛的能源设备监测。

（5）移动通信技术。移动通信技术（如 4G 和 5G）也可以在能源互联网中发挥作用，支持大规模设备连接和高速数据传输。例如，在智能城市中，使用移动通信技术实现智能交通信号控制和能源消耗优化。

这些无线通信技术在能源互联网中能够实现能源设备之间的高效通信和数据传输，为能源的智能管理和优化提供有力支持。根据不同的应用场景和需求，可以选择合适的无线通信技术来构建高效的能源互联网系统。

## 4.2 信息管理系统

综合能源系统信息管理系统对采集系统传输的数据进行整理、存储和处理，提供实时监测、数据分析和报表生成等功能。信息管理系统应具备高效的数据处理能力和友好的用户界面，方便用户进行操作和决策。

### 1. 数据存储与管理

信息管理系统需要实现对大量数据的存储和管理。传感器采集到的数据应按照一定的结构进行存储，便于后续的查询和分析。常见的数据存储方式包括关系型数据库和时序数据库，适合的存储方式可以提高数据的读写效率和查询速度。

### 2. 实时监测与分析

信息管理系统应具备实时监测和分析能力，及时反馈综合能源系统的运行状态和异常情况。通过对采集数据进行统计和分析，可以发现系统中存在的问题，并提供针对性的优化建议。实时监测和分析功能的实现需要结合专业的算法和模型，以提升系统的智能化水平。

### 3. 决策支持与优化建议

信息管理系统的最终目标是为用户提供决策支持和优化建议。通过对综合能源系统的运行数据进行分析和比较，可以评估系统的运行效率和能源利用情况，并提供优化方案和建议，帮助用户制定合理的能源管理策略。决策支持与优化建议的实现需要充分考虑实际的能源需求和环境因素。

## 4.3 信息采集及管理系统的应用

### 1. 能源系统运行监测

信息采集及管理系统可以对综合能源系统的运行情况进行实时监测。通过采集能源系统的各种参数，如电力消耗、供暖能耗、照明能耗等，系统可实时分析和比较这些数据，及时发现能源系统的异常情况，提供预警信息，从而保证能源系统的正常运行。

### 2. 能源数据分析和优化

采集到的能源数据可以用于系统的数据分析和优化。通过对能源系统中各个子系统的能源消耗进行历史数据分析和对比，可以找出能源消耗的高峰期和低谷期，帮助用户制定更加合理和优化的能源使用策略。同时，系统还可以根据历史数据和模型进行预测分析，为用户提供能源消耗的未来趋势和优化建议。

### 3. 能源管理和节能减排

信息采集及管理系统可以帮助用户进行能源管理和节能减排。通过实时监测能源系统的能源消耗情况，系统可以提供能源消耗的监控和报警功能，帮助用户及时发现能源浪费和异常情况，从而进行针对性的控制和调整，实现节能减排的目标。

### 4. 基于大数据的能源决策

综合能源系统信息采集及管理系统可以结合大数据分析和人工智能算法，为用户提供更加智能化的能源决策支持。系统可以在海量数据中进行筛选、分析和推荐，根据用户的需求和环境条件，提供优化的能源使用方案和决策建议。

## 4.4 信息采集及管理系统的挑战与展望

展望未来，随着物联网、人工智能和大数据技术的不断发展，综合能源系统信息采集及管理系统将进一步提升其智能化水平和综合能源服务的效能。同时，系统还将更加注重数据的安全和隐私保护，加强对能源数据的安全管理和访问控制。此外，系统还可以与可再生能源、储能技术等新兴能源技术进行集成，实现能源系统的优化和协同运行。

### 1. 数据安全和隐私保护

在信息采集及管理系统中，数据的安全性和隐私保护是一个重要的挑战。能源系统中的数据往往包含敏感信息，如能源消耗、用户行为等。因此，系统需要建立完善的安全机制，保护数据的完整性、机密性和可用性，防止数据被非法获取和使用。

### 2. 跨领域协同和集成

综合能源系统信息采集及管理系统需要与其他系统进行协同和集成。能源系统涉及多个领域和部门，如电力、供热、供气等，需要与能源发电、能源配送等系统进行协同工作。因此，系统需要支持跨领域数据的集成和共享，实现多系统的协同管理和优化。

综合能源系统信息采集及管理系统还可以与城市规划、建筑设计等领域进行深度融合，促进能源的可持续发展和城市的低碳化。通过综合能源系统的信息采集和管理，可以提供有效的能源利用建议，指导城市规划师和建筑设计师在能源设计方面进行优化，提高能源利用效率。

### 3. 智能化与自主学习

综合能源系统信息采集及管理系统需要具备智能化和自主学习的能力。随着综合能源系统的复杂性增加，单纯依靠人工操作和规则设置已经无法满足实际需求。系统需要具备智能分析、预测和决策的能力，通过自主学习和智能算法不断优化能源管理和节能减排效果。

### 4. 通信能力不断提升

此外，随着 5G 等通信技术的发展，综合能源系统信息采集及管理系统的通信能力也将不断提升。高速、低延迟的通信网络将为能源数据的采集、传输和处理提供更好的支持，进一步提高系统的实时监测和优化能力。

### 5. 数据标准化与格式统一

综合能源系统信息采集及管理系统的发展还面临一些挑战。例如，数据标准化和格式统一的问题，不同能源系统产生的数据格式和数据标准不一致，导致数据集成和分析困难。解决这个问题需要建立统一的能源数据标准，并推动数据标准化的应用。

### 6. 人才培养

此外，人才培养也是一个重要的挑战。综合能源系统信息采集及管理系统需要专业的技术人才进行维护和管理，了解能源系统运行原理、数据分析和优化方法。因此，加强相关领域的人才培养和培训是推动综合能源系统信息采集及管理系统发展的关键。

总之，综合能源系统信息采集及管理系统在综合能源服务中具有重要的作用。通过实时监测能源系统的运行情况、分析和优化能源数据，可以实现能源的高效利用和可持续发展。随着技术的不断进步和应用的推广，该系统将在未来发挥更加重要的作用，为建设智慧城市和实现可持续能源发展作出贡献。

## 课后习题

1. 电能采集设备是数据采集中的重要环节，它通过（ ）等通信方式采集智能电表、智能开关等信息采集点的数据，并对采集的数据进行处理、分类存储和上报。

A. RS-485　　B. 电力线载波　　C. 无线微功率　　D. GPRS

2. 集中抄表终端是对低压用户用电信息进行采集的设备，主要安装于低压居民用户用电台区，包括（　　）。

A. 集中器　　B.采集器　　C. 专变采集终端　D.电能表

3. 专变采集终端是对（　　）进行采集的终端。

A. 专变用户　　B.低压用户

C. 分布式能源系统　　D. 其他

4.（　　）抄收和暂存电能表数据，并根据集中器的命令将储存的数据上传给集中器。

A. 基本型采集器　　B. 简易型采集器

C. 专变采集终端　　D.集中器

5. 单相智能电能表显示 ，表示（　　）。

A. 功率反向　　B. 电池欠压　　C. 红外、485 通信中　　D. 载波通信中

6. 智能电能表支持存储功能，可保存电能量、需量、费率电能、定时冻结数据等，在电能表断电情况下，与结算关的数据至少可保存( )，其他数据至少可保存 3 年。

A. 10 年　　B. 3 年　　C. 5 年　　D. 8 年

7. 单相智能电能表的 2 号端子是（　　）端子。

A. 电源相线　　B. 负载相线　　C. 电源零线　　D. 负载零线

8. 单相智能电能表的 11、12 号辅助端子是（　　）端子。

A. 跳闸控制　　B. 脉冲　　C. 多功能口　　D. RS-485

9. 三相智能电能表 RS-485 接口 2 的辅助端子编号为（　　）。

A. 19、20　　B.22、23　　C. 24、25　　D. 27、28

10. 当某相电流发生反向时，“**Ia Ib Ic**”对应相别闪烁，且前面常显“－”。反向提示只有在本相电流大于(　　)‰In 且电压大于 10 V 时才会显示。

A. 1　　B. 3　　C. 5　　D. 8

# 第 5 章　综合能源系统的调控运行

典型综合能源系统（Integrated Energy Systems，IES）结构如图 5.1 所示，含有电、热、气等多种能源，可以实现多种异质能源子系统之间协调规划、优化运行、互补互济。IES 除了通过电力网络供电以外，还通过供气网络和供热网络向负荷供应燃气和热能以满足负荷的多种用能需求。在电网、天然气网和热网的传输过程中，IES 通过热电联产机组（Combined Heat and Power，CHP）产生电能和热能；通过电转气（Power to Gas，P2G）技术连接电力网络和天然气网络；通过热泵（Heat Pump，HP）、电锅炉（Electric Boiler，EB）等设备进行电转热，实现电能对热能的补充。当各类能源的供需不平衡时，多余/不足的能量可以通过不同的储能设备（储电、储气、储热等）进行储存/释放，从而达到系统能量动态平衡。可见，深入研究各能源系统的特性并进行优化调度，是实现 IES 高效安全运行的关键。

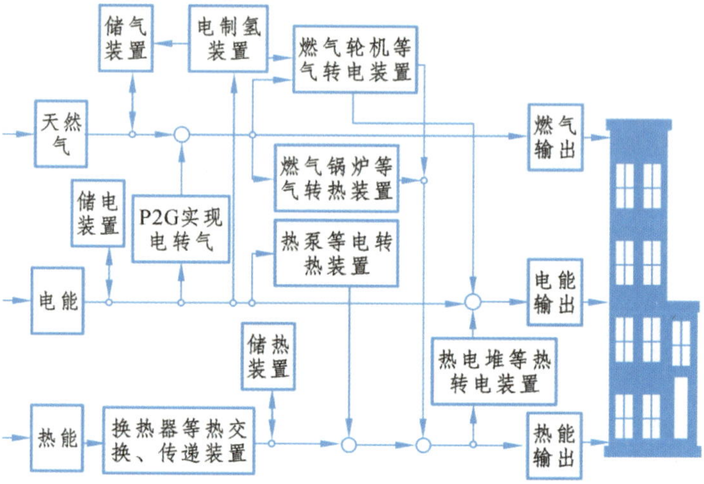


图 5.1　典型综合能源系统结构示意图

IES 优化调度主要包括优化调度模型和模型求解方法，具体内容和研究方法如图 5.2 所示。优化调度模型分为：基本优化调度模型、考虑能流差异性的优化调度模型和考虑系统灵活性的优化调度模型、考虑系统随机性的优化调度模型。调度方法分为：解析法和人工智能方法。

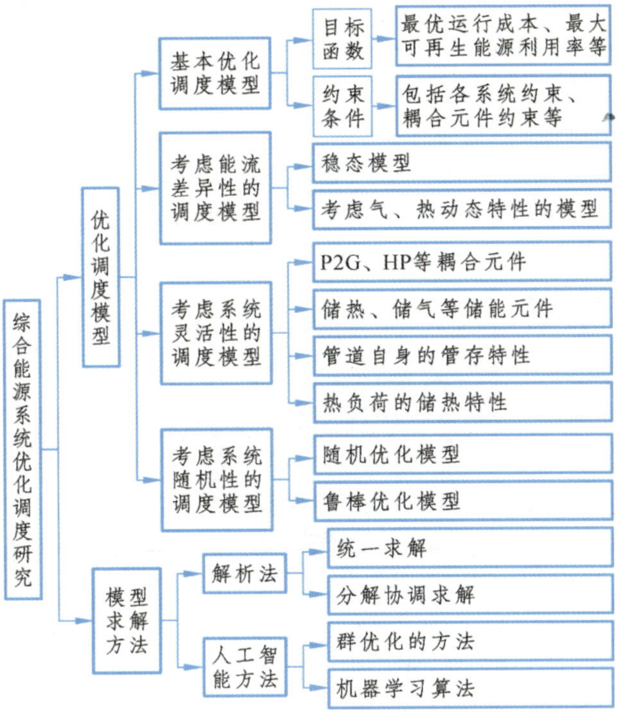


图 5.2 综合能源系统的优化调度

## 5.1 优化调度模型

### 5.1.1 基本优化调度模型

根据建模思路和方式的不同，IES 基本优化调度模型可分为 2 类：一般模型和统一模型。一般模型即分别对电、热、气子系统和耦合元件单独建模。统一建模的主要思路是利用能源枢纽或电路等理论对多种能源转化、存储、传输等关系用方程统一表述。

#### 5.1.1.1 多能流动态优化调度的一般模型

电、热、气 IES 优化调度一般模型的目标函数为最优运行成本或最大可再生能源利用率，包含了稳态模型与动态模型，其约束条件的基本形式如表 5.1 所示，根据实际场景、系统运行模式等再进行调整。

表 5.1 电-热-气综合能源系统的一般模型

| 系统 | 约束名称 | 约束描述 | 稳态模型 | 动态模型 | 约束性质 |
|---|---|---|---|---|---|
| 电力系统 | 功率平衡约束 | 负荷需求应与机组出力平衡 | √ | √ | 电力系统基本约束 |
| | 潮流约束 | 电网支路潮流应满足约束 | √ | √ | |
| | 爬坡约束 | 机组爬坡受到爬坡速度限制 | √ | √ | |

续表

| 系统 | 约束名称 | 约束描述 | 稳态模型 | 动态模型 | 约束性质 |
|---|---|---|---|---|---|
| 电力系统 | 旋转备用约束 | 备用容量与机组出力有关，受爬坡速率影响 | √ | √ | |
| | 机组出力约束 | 机组出力应满足上下限约束 | √ | √ | |
| 天然气系统 | 节点流量平衡约束 | 天然气节点流量流入和流出相等 | √ | √ | 天然气系统基本约束 |
| | 节点压力约束 | 天然气节点应满足压力的上下限 | √ | √ | |
| | 气源出力约束 | 气源出力应满足上下限约束 | √ | √ | |
| | 管存特性方程 | 管道注入流量与输出流量不同，首末差值储存在管道中 | × | √ | 管道存储特性流体动态特性 |
| | 管道流量动态模型 | 由质量守恒、牛顿第二定律、能量守恒的偏微分方程描述 | × | √ | |
| 热力系统 | 质量流量平衡方程 | 质量流量在节点的连续性 | √ | √ | 热力系统基本约束 |
| | 回路压降方程 | 回路中的压降为 0 | √ | √ | |
| | 节点功率平衡方程 | 包括热源和换流站的热量平衡 | √ | √ | |
| | 温度下降方程 | 计算管道出口处温度 | √ | √ | |
| | 传输延时方程 | 供热管道两端温度变化的延时，提高模型的精确性 | × | √ | 管道存储特性，管道内流体的动态特性 |
| | 管道导热 | 热动力学过程中温度动力学和时滞的偏微分方程，描述管道中的温度分布 | × | √ | |
| | 节点温度混合方程 | 交汇点处注入的管道出口温度在该节点混合，流出该节点的温度均为该混合温度 | × | √ | |
| 耦合元件 | 燃气机组 | 消耗气、产生电 | √ | √ | 连接各系统，反映系统间能量交互 |
| | P2G 技术 | 包括电解水和氢气甲烷化两个步骤，消耗电，产生气 | √ | √ | |
| | HP、EB | 消耗电，产生热 | √ | √ | |
| | CHP | 消耗天然气，产生热和电 | √ | √ | |

## 1. 电力系统具体数学模型

1）电力系统的功率平衡约束

负荷、电转气、热泵、电锅炉的电力需求需要由热电联产机组、非热电联产机组、燃气轮机和风电场来平衡，数字模型为

$$\sum_{e=1}^{N^{\mathrm{CHP}}} P_{e,t}^{\mathrm{CHP}} + \sum_{f=1}^{N^{\mathrm{C}}} P_{f,t}^{\mathrm{G}} + \sum_{k=1}^{N^{\mathrm{CU}}} P_{k,t}^{\mathrm{GU}} + \sum_{w=1}^{N^{\mathrm{w}}} P_{w,t}^{\mathrm{W}} =$$

$$P_t^{\mathrm{load}} + \sum\nolimits_{g=1}^{N^{\mathrm{HP}}} P_{g,t}^{\mathrm{HP}} + \sum\nolimits_{h=1}^{N^{\mathrm{EB}}} P_{h,t}^{\mathrm{EE}} + \sum\nolimits_{v=1}^{N^{\mathrm{P2C}}} P_{v,t}^{\mathrm{P2G}} \tag{5.1}$$

式中，$P^{\mathrm{CHP}}$ 、$P^{\mathrm{G}}$ 、$P^{\mathrm{GU}}$ 、$P^{\mathrm{W}}$ 分别为热电联产机组、传统火电机组、燃气机组、风电机组的出力；$P^{\mathrm{load}}$ 为负荷功率；$P^{\mathrm{HP}}$ 、$P^{\mathrm{EE}}$ 、$P^{\mathrm{P2G}}$ 分别为热泵、电锅炉、电转气设备的耗电功率。

2）潮流约束

电力系统采用直流潮流法来描述各输电线路的潮流，数学模型为

$$\left|P_{ln,t}\right| = \frac{\theta_{ln,t}}{x_{ln,t}} \leqslant P_{ln,\max} \tag{5.2}$$

式中，$\theta_{ln,t}$ 为 $l,n$ 节点之间的相角差；$x_{\mathrm{ln},t}$ 和 $P_{ln,\max}$ 分别为支路 $l, n$ 的电抗值与潮流上限值。

3）爬坡约束

火电机组的爬坡受到爬坡速率和机组的开/关状态限制。

$$-R_f^{\mathrm{down}}\Delta t \leqslant P_{f,t}^G - P_{f,t-1}^G \leqslant R_f^{\mathrm{up}}\Delta t \tag{5.3}$$

式中，$R_f^{\mathrm{up}}$ 和 $R_f^{\mathrm{down}}$ 分别为机组 $f$ 的向上爬坡速率与向下爬坡速率。

4）机组出力约束

机组出力均受到最大和最小输出功率的限制。

$$P_{e,t}^{\mathrm{CHP,min}} \leqslant P_{e,t}^{\mathrm{CHP}} \leqslant P_{e,t}^{\mathrm{CHP,\,max}} \tag{5.4}$$

$$P_{f,t}^{\mathrm{CHP,min}} \leqslant P_{f,t}^{\mathrm{G}} \leqslant P_{f,t}^{\mathrm{CHP,\,max}} \tag{5.5}$$

## 2. 天然气系统具体数学模型

1）节点天然气流量平衡方程

$$\sum\nolimits_{j\in i} f_{ij} + f_{\mathrm{G},i} = 0 \tag{5.6}$$

式中，$f_{ij}$ 为通过天然气管道 $ij$ 的天然气流量；$f_{L,i}$ 为节点 $i$ 消耗的天然气流量；$f_{G,i}$ 为节点 $i$ 提供的天然气流量。

2）节点压力约束

天然气节点压力受到上、下限的限制。

$$p_i^{\min} \leqslant p_{i,t} \leqslant p_i^{\max} \tag{5.7}$$

式中，$P_i^{\max}$ 和 $R_i^{\min}$ 分别为天然气节点 $i$ 的压力上、下限。

3）气源出力约束

气源出力均受到最大和最小输出功率的限制。

$$p_{k,t}^{\mathrm{GU,min}} \leqslant p_{k,t}^{\mathrm{GU}} \leqslant p_{k,t}^{\mathrm{GU,max}} \tag{5.8}$$

$$p_{v,t}^{\text{P2G,min}} \leqslant p_{v,t}^{\text{P2G}} \leqslant p_{v,t}^{\text{P2G,max}} \quad (5.9)$$

4）管存特性方程

由于进出管道的质量流量不同，可以在管道中存储一定数量的气体。天然气的管存与平均压力和管道特性成正比，且服从质量守恒定理。

$$F_{ij,t} = \frac{\pi}{4}\frac{L_{ij}D_{ij}^2}{RT^{\text{gas}}z\rho_0}p_{ij,t} \quad (5.10)$$

$$F_{ij,t} = F_{ij,t-1} + f_{ij,t}^{\text{in}} - f_{ij,t}^{\text{out}} \quad (5.11)$$

式中，$F_{ij,t}$ 和 $F_{ij,t-1}$ 分别为时刻 $t$ 和 $t-1$ 管道 $ij$ 的天然气管存；$L_{ij}$ 为管道 $ij$ 的长度；$D_{ij}$ 为管道 $ij$ 的内径；$R$ 为气体常数；$T^{\text{gas}}$ 为天然气平均温度；$Z$ 为天然气的平均压缩因子；$\rho_0$ 为标准条件下的天然气密度；$p_{ij,t}=(p_{i,t}+p_{j,t})/2$ 为时刻 $t$ 管道 $ij$ 的平均压力；$f_{ij,t}^{\text{in}}$ 和 $f_{ij,t}^{\text{out}}$ 分别为时刻 $t$ 流入和流出管道 $ij$ 的天然流量。

### 3. 热力系统具体数学模型

1）质量流量平衡方程

热力节点流入流量等于流出流量

$$\boldsymbol{A}\boldsymbol{m} = m_q \quad (5.12)$$

式中，$A$ 是热力网络的节点–支路关联矩阵；$m$ 是管道流量向量；$m_q$ 是节点注入流量。

2）回路压头方程

闭合管道回路中满足回路压头方程，即水的压头损失之和为 0。

$$\boldsymbol{h}_f = \boldsymbol{K}_h m|m| \quad (5.13)$$

$$\boldsymbol{B}_h\boldsymbol{h}_f = 0 \quad (5.14)$$

式中，$\boldsymbol{h}_f$ 是水的压头损失向量；$\boldsymbol{K}_h$ 是管道的阻力系数矩阵；$\boldsymbol{B}_h$ 为回路关联矩阵。

3）节点热功率平衡方程

$$\Phi^{\text{D}} = C_p m_q (T^{\text{s,load}} - T^{\text{o}}) \quad (5.15)$$

$$\Phi^{\text{G}} = C_p m_q (T^{\text{s,source}} - T^{\text{r,source}}) \quad (5.16)$$

式中，$\Phi^{\text{D}}$ 和 $\Phi^{\text{G}}$ 分别是负荷和热源节点热功率；$C_p$ 是水的比热容；$T^{\text{s,load}}$ 是负荷节点供热温度，即热水注入负荷节点前的温度；$T^{\text{o}}$ 是负荷节点回水温度，即热水流出负荷节点时的温度；$T^{\text{s,source}}$ 是热源节点供热温度；$T^{\text{r,source}}$ 是热源节点回水温度。

4）热源出力约束

热源出力均受到最大和最小输出功率的限制。

$$p_{g,t}^{\text{HP,min}} \leqslant p_{g,t}^{\text{HP}} \leqslant p_{g,t}^{\text{Hp,max}} \quad (5.17)$$

$$p_{h,t}^{\mathrm{EE,min}} \leqslant p_{h,t}^{\mathrm{EE}} \leqslant P_{h,t}^{\mathrm{EE,max}} \tag{5.18}$$

5）温度下降方程式

$$T^{\mathrm{end}} = (T^{\mathrm{start}} - T^{\mathrm{am}})\exp\left(-\frac{\lambda L_h}{C_p m}\right) + T^{\mathrm{am}} \tag{5.19}$$

式中，$T^{\mathrm{end}}$ 和 $T^{\mathrm{start}}$ 分别是管道终点和起点的温度；$T^{\mathrm{am}}$ 是环境的温度；$\lambda$是管道的单位长度传热系数；$L_h$ 是热力管道的长度；$m$ 是其中一条管道的流量。

6）传输延时方程

供热管道两端温度变化的延迟时间可表示为

$$T^{\mathrm{delay}} = K^{\mathrm{delan}} \cdot \frac{L}{v} \tag{5.20}$$

式中，$T^{\mathrm{delay}}$ 为供热管道热延迟时间；$K^{\mathrm{delay}}$ 为热延迟系数，与管道敷设深度相关；$L$ 为管道长度；$v$ 为热媒流速。

### 4. 耦合元件具体数学模型

1）燃气机组

燃气发电机消耗天然气发出电功率，模型如下：

$$Q_{k,t}^{\mathrm{GU}} = \alpha_k^{\mathrm{GU}} + \beta_k^{\mathrm{GU}} P_{k,t}^{\mathrm{GU}} + \gamma_k^{\mathrm{GU}} (P_{k,t}^{\mathrm{GU}})^2 \tag{5.21}$$

式中，$Q_{k,t}^{\mathrm{GU}}$ 是燃气发电机消耗的热量；$P_{k,t}^{\mathrm{GU}}$ 是燃气发电机发出的电功率；$\alpha_k^{\mathrm{GU}}$ 、$\beta_k^{\mathrm{GU}}$ 和 $\gamma_k^{\mathrm{GU}}$ 是表示能量转化效率的系数。

2）P2G 技术

P2G 消耗电功率和天然气（甲烷）产量的关系为

$$F_{v,t}^{\mathrm{P2G}} = P_{v,t}^{\mathrm{P2G}} \frac{\eta^{\mathrm{P2G}}}{L^{\mathrm{HV}}} \tag{5.22}$$

式中，$F_{v,t}^{\mathrm{P2G}}$ 是 P2G 所产生的天然气流量；$L^{\mathrm{HV}}$ 是天然气的低热值；$\eta^{\mathrm{P2G}}$ 是 P2G 的转化效率。

3）热　泵

热泵是一种将低位热源的热能转移到高位热源的装置，电热转化效率公式为

$$Q_{g,t}^{\mathrm{HP}} = \eta^{\mathrm{HP}} P_{g,t}^{\mathrm{HP}} \tag{5.23}$$

式中，$\eta^{\mathrm{HP}}$ 是热泵的电热转化效率。

4）电锅炉

电锅炉直接将电能转化为热能：

$$Q_{h,t}^{\mathrm{EE}}=\eta^{\mathrm{EE}}P_{h,t}^{\mathrm{EE}} \tag{5.24}$$

式中，$\eta^{\mathrm{EE}}$是电锅炉的电热转化效率。

5）热电联产机组

热电联产机组发热量与发电量的关系，随机组类型的不同而不同。根据热电联产机组运行方式不同可分为背压式和抽气式热电联产机组。背压式热电联产机组出力可表示为

$$P_{e,t}^{\mathrm{CHP}}=\eta H_{e,t}^{\mathrm{CHP}} \tag{5.25}$$

抽气式热电联产机组的运行点应该位于其出力可行域范围内

$$\begin{cases} P_{e,t}^{\mathrm{CHP}}=\sum_{n\in S^{\mathrm{CV,CHP}}}\eta_{n,e,t}P_{n}^{\mathrm{CHP}} \\ H_{e,t}^{\mathrm{CHP}}=\sum_{n\in S^{\mathrm{CV,CHP}}}\eta_{n,e,t}H_{n}^{\mathrm{CHP}} \\ \sum_{n\in S^{\mathrm{CV,CHP}}}\eta_{n,e,t}=1 \\ 0\leqslant\eta_{n,e,t}\leqslant 1 \end{cases} \tag{5.26}$$

式中，$P_{e,t}^{\mathrm{CHP}}$为第$e$个热电联产机组的出力运行区间的极值点；$H_{e,t}^{\mathrm{CHP}}$为第$e$个热电联产机组第$n$个极值点的出力系数；$\eta_{n,e,t}$为第$e$个热电联产机组第$n$个极值点的出力系数；$S^{\mathrm{CV,CHP}}$为运行区间顶点的集合。

#### 5.1.1.2　统一模型

为了将多能源耦合形式进行统一，突破不同学科间的知识壁垒，故建立异质能源网络耦合分析的统一模型。目前，统一建模包括基于能源集线器的建模和统一能路模型。

基于能源集线器建模的主要思路是先形成描述输入能源和输出负荷端口的耦合矩阵，用其表示电、热、气等能源间的转化、存储、传输关系，再与各能源系统的稳态模型或者暂态模型组成基于能源集线器的耦合模型。能源集线器的结构如图 5.3 所示，包括电、气、热能源输入，电、热、冷能源输出，以及各种能源转化环节。

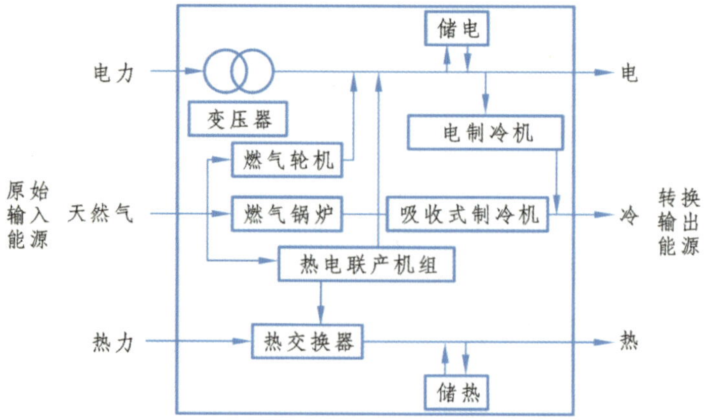


图 5.3　能源集线器输入–输出端口模型

统一能路建模的主要思路是从电路理论出发，推导出气路、热路、水路模型，将能源网络表示为一张由包含若干阻、容、感等能路元件的支路按一定拓扑关系连接而成的能路图。通过分析能路图中的支路特性与拓扑约束，导出各能源网络的网络矩阵，建立高度统一的异质能源网络数学形式。

### 5.1.2 考虑能流差异性的优化调度模型

在 IES 优化调度中考虑天然气系统、热力系统和电力系统的不同时间尺度问题，从而实现“快”传输电与“慢”传输热、气之间的匹配与平衡，这是大幅度提高能源利用效率的有效手段。

电、气、热 3 种网络的比较如表 5.2 所示，由于传输介质的不同，3 种网络的传输特性亦不同。稳态模型中，忽略了时间延时和动态特性，认为长时间尺度下气、热管道流入和流出相等。而动态模型在建模过程中能够考虑时间延时与管道动态过程，使得模型更接近实际。

表 5.2 电、热、气网络的比较

| 网络名称 | 电网 | 天然气网 | 热网 |
| --- | --- | --- | --- |
| 传输速度 | 快，近似光速 | 较慢，小于声速，有延时 | 慢，延时较长 |
| 理论基础 | 电磁学理论 | 流体力学理论 | 热力学 |
| 储存能力 | 不可充当存储介质 | 可充当存储介质 | 可充当存储介质 |
| 稳态模型 | — | 网络传输满足实时平衡 | 忽略热力过程和水力过程动态特性 |
| 动态模型 | — | 考虑传输延时、压强和气体流量的变化 | 考虑温度延时、热损耗和质量流量变化 |

#### 5.1.2.1 天然气系统动态模型

在大多数天然气系统动态特性的研究中，采用微分方程对天然气系统进行建模。

天然气管道流量动态模型包括描述质量守恒、牛顿第二定律和能量守恒的偏微分方程。假设天然气流量温度与环境温度相等，不存在能量交换，则可以忽略能量守恒公式。所建模型能够表示气体传输的时延特性，可根据实际情况选取步长，模拟管道天然气的瞬态流动过程，反映电、气不同时间尺度的特性。但目前大部分研究以平均气体流量近似管道中天然气流量，且假设天然气管道倾角为 0°，影响天然气模型精度。

1. 质量守恒的偏微分方程

$$\frac{\partial(\rho v)}{\partial l}+\frac{\partial \rho}{\partial t}=0 \tag{5.27}$$

式中，$\rho$是天然气的密度；$v$ 是天然气的轴向速度；$L$ 是长度变量；$t$ 是时间变量。

天然气压力 $p$ 和管道流量 $f$ 分别如下

$$p = \rho Z R T^{\text{gas}} \tag{5.28}$$

$$f = \frac{\pi D^2}{4}\frac{\rho v}{\rho_0} \tag{5.29}$$

式中，$p$ 是天然气的压力；$D$ 是管道内径；$Z$ 为天然气平均压缩因子；$R$ 为气体常数；$T^{\text{gas}}$ 为管道中天然气平均温度；$\rho_0$ 为标准条件下的天然气密度。

将式（5.28）、（5.29）代入式（5.30），得：

$$\frac{\pi}{4}\frac{D^2}{RG^{\text{gas}}Z\rho_0}\frac{\partial \rho}{\partial l} = 0 \tag{5.30}$$

2. 牛顿第二定律的偏微分方程

$$\frac{\partial p}{\partial l} + g_0\rho\frac{\partial H}{\partial l} + \frac{\kappa\rho v|v|}{2D} + \frac{\partial(\rho v)}{\partial t} + \frac{\partial(\rho v^2)}{\partial l} = 0 \tag{5.31}$$

式中，$g_0$ 是重力加速度；$H$ 是高程；$\kappa$是摩擦因子。假设管道水平相同，即 $H$ 相同，则式（5.31）中的 $g_0\rho\partial H/\partial l$ 为 0。另外，$\partial(\rho v)/\partial t$ 和 $\partial(\rho v^2)/\partial l$ 对式（5.31）结果的影响很小，可忽略不计。

将式（5.28）、（5.29）代入式（5.31）得

$$\left(\frac{\pi}{4}\right)^2\frac{D^5}{\kappa R T^{\text{gas}} Z {\rho_0}^2}\frac{\partial p^2}{\partial l} + f|f| = 0 \tag{5.32}$$

### 5.1.2.2 热力系统动态模型

热力系统的动态模型考虑了传输延时和管道导热的动态特性，采用基于传输延时、热损耗方程以及管道导热、节点温度混合的偏微分方程描述热网动态特性。目前包括 2 种常用建模方式，第 1 种采用管道导热方程描述管道内的温度分布，采用温度混合方程计算节点温度；第 2 种采用节点法，将温度混合与热损耗体现在同一方程之中。目前大部分研究建立的动态模型反映温度延时，但对质量流量变化考虑得不够全面，而热力系统量调节的调节方式要求通过调节管道循环流量以适应热负荷变化。

1. 管道导热方程

$$\rho_w C_p S_k \frac{\partial T_k^{\text{pipe}}(l,t)}{\partial t} + m_k^{\text{pipe}}(l,t)\cdot C_p\frac{\partial T_k^{\text{pipe}}(l,t)}{\partial l} = 0 \tag{5.33}$$

式中，$S_k$ 为管道 $k$ 的横截面积；$T_k^{\text{pipe}}(l,t)$ 和 $m_k^{\text{pipe}}(l,t)$ 为管道 $k$ 在 $t$ 时刻的温度和质量流量；$l$ 为到管道初始点距离。由于水力过程处于稳态，管道各处的质量流量相同，即 $m_k^{\text{pipe}}(l,t) = m_{k,t}^{\text{pipe}}$。

2. 节点温度混合方程

当向节点 $j$ 注入 2 根以上管道时，采用温度混合方程计算节点温度

$$T_{j,t}^{\text{node}} = \frac{1}{\sum_{k\in In^j} m_{k,t}^{\text{pipe}}}\sum_{k\in In^j} T_{k,t}^{\text{pipe}'} m_{k,t}^{\text{pipe}} \tag{5.34}$$

式中，$k \in In^j$ 表示与节点 $j$ 相连的管道；$T_{j,t}^{\text{node}}$ 为 $t$ 时刻节点 $j$ 的温度；$T_{k,t}^{\text{pipe}'}$ 为 $t$ 时刻混合前管道 $k$ 末端的温度。

### 3. 温度动态变化与热损耗方程

本模型分析节点温度与其子节点过去时间段温度之间的关系，以反映延时特性。首先，使用历史入口温度估计没有热损耗的出口温度

$$\tau_{b,t}^{\prime P,\text{out}} = \sum\nolimits_{k=t-\phi_{b,t}}^{t-\gamma_{b,t}} K_{b,t,k} \tau_{b,k}^{p,\text{in}} \tag{5.35}$$

式中，$\tau_{b,t}^{\prime P,\text{out}}$ 表示不考虑温度下降时，$t$ 时段供/回管网中管道 $b$ 出口的质量流量温度；$\gamma_{b,t}$ 和 $\phi_{b,t}$ 表示管道 $b$ 在 $t$ 时段的时间延迟段数，与温度有关；$\tau_{b,k}^{P,\text{in}}$ 为 $k$ 时段管网中管道 $b$ 入口处的质量流量温度；$K_{b,t,k}$ 表示第 $k$ 个系数变量定义 $t$ 时段管道 $b$ 的出口温度。

考虑热损耗后的温度下降方程表示为

$$\tau_{b,t}^{P,\text{out}} = \tau_t^{\text{am}} + (\tau_{b,t}^{\prime P,\text{out}} - \tau_t^{\text{am}}) \exp\left[-\frac{\lambda_b \Delta t}{A_b \rho c}\left(\gamma b,t + \frac{1}{2} + \frac{S_{b,t} - R_{b,t}}{m_{b,t-\gamma_{b,t}}^{\text{pipe}} \Delta t}\right)\right] \tag{5.36}$$

式中，$\tau_{b,t}^{P,\text{out}}$ 表示考虑温度下降时，$t$ 时段供/回管网中管道 $b$ 出口处的质量流量温度；$\tau_t^{\text{am}}$ 表示环境温度；$\lambda_b$ 是管道的传热系数；$A_b$ 是管道 $b$ 的截面积；$\rho$ 是水的密度；$c$ 是水的比热容；$S_{b,t}/R_{b,t}$ 表示 $t$ 时段管道 $b$ 与质量流量有关的系数变量；$m_{b,t-\gamma_{b,t}}^{\text{pipe}}$ 表示 $t$ 时段管道 $b$ 的质量流量。

## 5.1.3　考虑系统灵活性的优化调度模型

电、热、气等能源之间的转换和协调，可以有效提高系统的经济性以及可再生能源的消纳能力。IES 提高系统灵活性的手段主要包括：增设耦合元件等设备、增设储热/储气等储能装置、利用热/气管道自身的管存特性以及建筑热特性。表 5.3 对上述 4 种方法进行了整理。

表 5.3　提高系统灵活性的措施

| 类型 | 设备 | 输入/输出能源 | 特点 | 投资 |
|---|---|---|---|---|
| 源 | HP | 电/热 | 加装能量转化设备改变负荷在时空维度的分布 | 需要额外投资 |
| | EB | 电/热 | | |
| | P2G | 电/气 | 可充当存储介质 | |
| 网 | 热网 | 热/热 | 利用管道中的媒介蕴含的存储能力 | 无需额外投资 |
| | 气网 | 气/气 | | |
| 荷 | 建筑 | — | 利用建筑热与用户的互动机制，供热量和热负荷不必完全实时平衡 | 无需额外投资 |
| 储 | 储热 | 热/热 | 加装存储设备改变负荷在时空维度的分布 | 需要额外投资 |
| | 储气 | 气/气 | | |

#### 5.1.3.1 增设耦合元件等设备

电–热联合系统中，HP 和 EB 都是将电能转化为热能的元件。HP 将低位热源的热能转移到高位热源。EB 直接将电能转化为热能。增设 EB 或 HP 等耦合元件能够解耦 CHP “以热定电”的运行模式，实现降低煤耗量。研究表明，在热网中配置 EB、HP 增加了用电的灵活性，有助于消纳风电和减少系统的燃料消耗量。

电–气互联系统中，不断成熟的 P2G 技术和燃气机组形成了电力系统和天然气系统的双向运行。P2G 技术具有弃风消纳和碳捕获的能力，其能量转换和时空平移特性为新能源消纳和负荷削峰填谷提供了有效途径。现阶段 P2G 转换效率能够达到 65%，显示出其对于新能源消纳的价值。

#### 5.1.3.2 增设储热/储气等储能装置

在 IES 中加装储热、储气等能量存储设备能够改变负荷在时空维度上的分布，尽可能平抑电、热、气负荷的分布差异。目前储能装置的传统模型包括储能装置的能量平衡约束、周期容量不变约束、容量约束、充放速率约束。

在储热方面，通过配置蓄热罐可有效提高系统调峰能力；在储气方面，带有中间缓冲环节的 P2G 能实现具有良好经济性和环保性的氢能-天然气混合储能系统，进而对负荷波动有更强的适应性。

#### 5.1.3.3 热/气管道自身的管存特性

与电能的传递相比，热、气在网络中的传输速度慢、惯性大，因此具有特有的储能作用。

在电-热联合系统中，利用热力网络的储热特性能提高系统的灵活性；在电-气互联系统中，天然气在传输过程中具有动态管存特性，可缓解风电不确定性带来的天然气负荷波动，有效提升系统运行的灵活性。

#### 5.1.3.4 建筑热特性

建筑物具有非常大且无需额外投资的储热能力，并且由于用户互动机制的存在，具有较强的灵活性，因此需要将建筑热特性考虑到调度模型中。为考虑建筑热特性的影响，故首先将热负荷的温度变化限制在一个合理的范围内，并在此基础上进一步考虑用户在不同温度下的体感舒适度，其次将热网特性与热负荷舒适度相结合，建立两特性协同优化的调度模型，这对于促进风电消纳有明显效果。

### 5.1.4 考虑系统随机性的优化调度模型

在加快构建以新能源为主体的新型电力系统的新形势下，我国电力系统的结构形态和商业模式正在发生深刻变化，电力调度面临的挑战愈发严峻。随着风、光等新能源出力等不确定因素并入综合能源系统，如图 5.4 所示，IES 运行方式的不确定性日益明显，气象、市场和社会因素对新能源和负荷预测误差的影响越来越明显，IES 实际运行情况与基于传统预测方法的预测结果之间的偏差逐渐扩大。

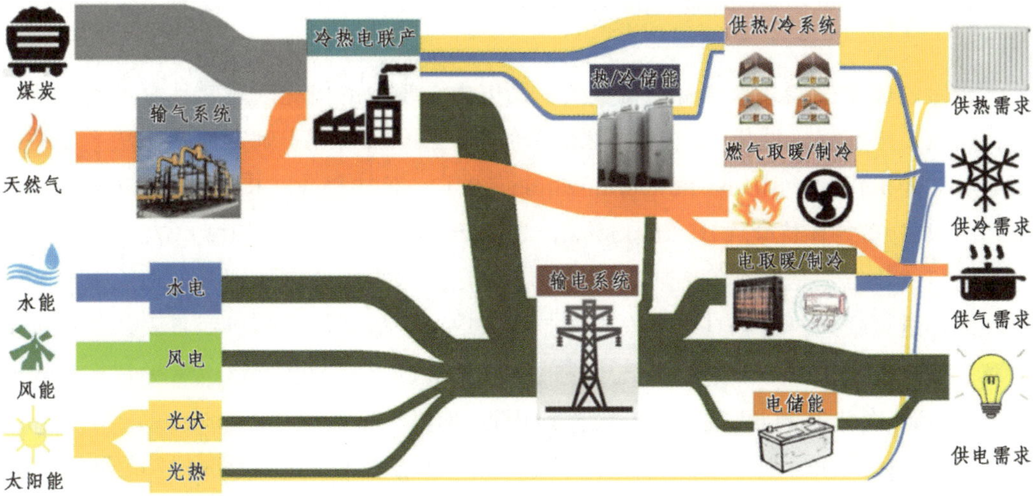


图 5.4　风、光等新能源并入综合能源系统

为了处理这些不确定性因素，保证电网的安全可靠运行，国内外学者对电力系统中不确定性进行了大量的研究，来考虑如何将不确定性因素融入优化模型中进行求解。在介绍不确定性优化方法之前，首先来回顾下最优化问题。最优化是应用数学的一个分支，主要指在一定条件限制下，选取某种研究方案使目标达到最优的一种方法。即通过某种方案，来使最终目的达到最优，那么问题的核心便是寻求该最优方案。因此，最优化问题通常可以表示为数学规划形式的问题。最优化问题一般由三个要素构成：

（1）决策变量：表示最优化问题中要求解的变量，一般用 $x$ 表示

$$x=(x_1,x_2,\cdots,x_n)^T\in R^n \tag{5.37}$$

（2）目标函数：表示需要最大化或最小化的表达式

$$f:R^n\to R \tag{5.38}$$

（3）约束条件：在优化求解过程中需满足的约束，即等式或不等式条件

$$c_i:R^n\to R \tag{5.39}$$

综合以上三要素，则可构成最优化问题的数学模型，一般形式表示为

$$\min_x \ f(x) \tag{5.40}$$

$$\text{s.t. } c_i(x)\leqslant 0, i=1,\cdots,m \tag{5.41}$$

$$c_i(x)=0, i=m+1,\cdots,m+l \tag{5.42}$$

其中，s.t.是“subject to”的缩写，表示约束条件。式（5.40）为目标函数，即求最小优化值。式（5.41）为不等式约束，如机组的出力，线路承载能力约束等。式（5.42）为等式约束，如最基本的功率平衡约束，若涉及到综合能源系统，还有节点天然气流量平衡方程等。

以上的优化模型并未含有随机变量，而电力系统中的优化问题常伴有不确定性因素，这就要求在确定性优化模型中融入不确定变量，而处理不确定性的方法主要为以下三种：随机优化（Stochastic Optimization，SO）、鲁棒优化（Robust Optimization，RO）以及分布鲁棒优化（Distributionally Robust Optimization，DRO）方法。

随机优化方法是一种较为成熟的处理不确定性的方法，它使用概率理论来对不确定性问题进行描述。由于真实概率分布难以获取，一般需假定随机变量服从某种概率分布，通过生成大量场景来将不确定性问题转化成确定问题。但这也常导致求解规模较大，使得优化时间过长。有些学者利用近似动态规划法（Approximate Dynamic Programming，ADP）来将随机优化多时段决策问题解耦成一系列单时段问题进行递归求解，避免优化时出现“维数灾”问题。例如，利用 ADP 算法，可以提出一种考虑海上风电场出力、气井采气流量和氢负荷随机性的随机优化调度模型。随机优化模型一般形式为

$$\min\ f(x,\xi) \tag{5.43}$$

$$\text{s.t.}\ g_j(x,\xi)\leqslant 0, j=1,2,\ldots,p \tag{5.44}$$

其中，$j$ 为约束条件个数；$x$ 为决策向量，$\xi$ 表征不确定性随机变量，比如风电或光伏发电功率。$g_j(x,\xi)$ 为约束条件函数。两阶段随机优化模型也应用较多，建立两阶段模型的关键是寻找第一阶段和第二阶段的关联关系，从而实现优化方案的不断迭代更新，最终找到最优方案。两阶段随机优化模型一般形式为

$$\max c^T x + E[\max_{y_w} q_w^T y_w] \tag{5.45}$$

$$\text{s.t.}\ b^{\min}\leqslant Ax\leqslant b^{\max} \tag{5.46}$$

$$h_w^{\min}\leqslant T_w x+W_w y_w\leqslant h_w^{\max} \tag{5.47}$$

$$x\geqslant 0 \tag{5.48}$$

$$y_w\geqslant 0 \tag{5.49}$$

其中，$c$ 为两阶段随机优化中第一阶段目标函数系数的向量；$q_w$ 为第二阶段变量的线性项的系数；$y_w$ 为第二阶段决策变量；$b^{\min}$ 、$b^{\max}$ 为第一阶段约束的上下限；$A$ 为第一阶段约束的系数矩阵；$h_w^{\min}$ 、$h_w^{\max}$ 为每个场景下第二阶段约束的上下限；$T_w$ 、$W_w$ 为固定系数矩阵。

鲁棒优化方法则是通过设定不确定参数的波动范围，寻求最恶劣场景下的优化方

案。相比起随机优化，鲁棒优化不需要场景概率分布信息，只需要不确定参数的边界信息，通过构建不确定集合来描述不确定参数的变化范围，因此求解速度更快。但由于是在最恶劣场景下所得结果，因此优化结果较为保守。例如，可以考虑风光随机出力和电-热-气负荷需求不确定性，匹配最不平衡的极端恶劣情况，通过鲁棒优化来求解区域 IES 日前调度问题。鲁棒优化模型的一般形式为

$$\min \ f(x,\xi) \tag{5.50}$$

$$\text{s.t.} \ g_j(x,\xi) \leqslant 0, \xi \in \boldsymbol{U}, j=1,2,\cdots,p \tag{5.51}$$

其中，$\boldsymbol{U}$ 为鲁棒不确定集，其余变量表述含义与随机优化模型相同。同样的，鲁棒优化也可以建立两阶段优化模型，两阶段鲁棒优化可分为自适应鲁棒（Adaptive Robust Optimization）和仿射可调鲁棒优化（Affinely Adjustable Robust Optimization，AARO）。两阶段鲁棒优化的一般模型为：

$$\min \ [f_1(x)+\max Q(x,\xi)], \xi \in U \tag{5.52}$$

$$\text{s.t.} \ h(x) \leqslant 0 \tag{5.53}$$

$$Q(x,\xi)=\min f_2(y,x,\xi) \tag{5.54}$$

$$g_j(y,x,\xi) \leqslant 0, j=1,2,\cdots,p \tag{5.55}$$

其中 $f_1(x)$ 为两阶段鲁棒优化调度模型中第一阶段目标函数；$f_2(y,x,\xi)$ 为第二阶段目标函数；$g_j(y,x,\xi)$ 为第二阶段约束。

分布鲁棒优化方法是随机优化与鲁棒优化相结合的模型，类似于鲁棒优化是在最恶劣情况下进行决策的思想，分布鲁棒则是在不确定变量在最恶劣概率分布下进行的优化决策。分布鲁棒方法同时具备 SO 与 RO 的优点，在采用分布鲁棒方法去求解优化调度模型时，可以同时兼顾求解时间、经济性及鲁棒性。分布鲁棒方法在电力系统中的应用主要包括基于概率密度和基于矩信息的两大类。例如，使用基于概率密度的 DRO 方法，考虑风电不确定性，提出了分布鲁棒两阶段电-热联合系统调度模型，求解最恶劣概率分布下的最优决策。以下是两阶段分布鲁棒优化模型的数学一般形式：

$$\min \ \{f_1(x)+\sup_{P\in D} E_P[Q(x,\xi)]\}, \xi \in D \tag{5.56}$$

$$\text{s.t.} \ x \in \chi \tag{5.57}$$

$$Q(x,\xi)=\inf_y q^T y \tag{5.58}$$

$$T(x)\xi + H(x) \leqslant Wy \tag{5.59}$$

其中 $D$ 为分布鲁棒不确定集；$T(x)$、$H(x)$、$W$ 为固定的矩阵或向量。

为了更好地比较三种方法，表 5.4 就优化模型、求解策略以及性能三个方面分别进行了阐述。与随机优化方法相比，分布鲁棒方法不须知道随机变量精确的概率分布，只需要构建一个不确定集合，并在最恶劣概率分布下进行决策，因此无需考虑真实概率分布参数难以获取的问题，同时，由于包含了随机变量的统计概率信息，优化方案的保守性又得到了改善。由于这些优点，近年来分布鲁棒方法得到了广泛应用。

表 5.4　不确定性处理方法对比

| 不确定性处理方法 | 优化模型 | | 求解策略 | 性能 | |
|---|---|---|---|---|---|
| | 概率信息 | 不确定集合 | | 求解时间 | 决策方案 |
| SO | 基于精确的概率分布 | 无 | 模拟采样、点估计等 | 普遍较长 | 经济性好、鲁棒性较差 |
| RO | 无 | 不确定变量的波动范围集合 | 对偶转化 | 耗时较短 | 鲁棒性好、经济性较差 |
| DRO | 基于矩阵或概率密度，概率分布不确定性 | 概率分布不确定集合，不确定变量的波动范围集合 | 基于线性决策规则转化、对偶转化等 | 耗时较短 | 经济性和鲁棒性均较好 |

## 5.2　调度模型求解方法

综合能源系统优化调度模型常具有非线性、大规模的特点，且常解耦为多阶段进行求解，如图 5.5 所示为 IES 混合时间尺度动态协调优化调度框架，将其分为日前调度计划、日内动态协调优化和实时反馈策略三个时间尺度来优化运行。

常见优化方法有解析法和人工智能方法两大类，两者对比见表 5.5 所示。

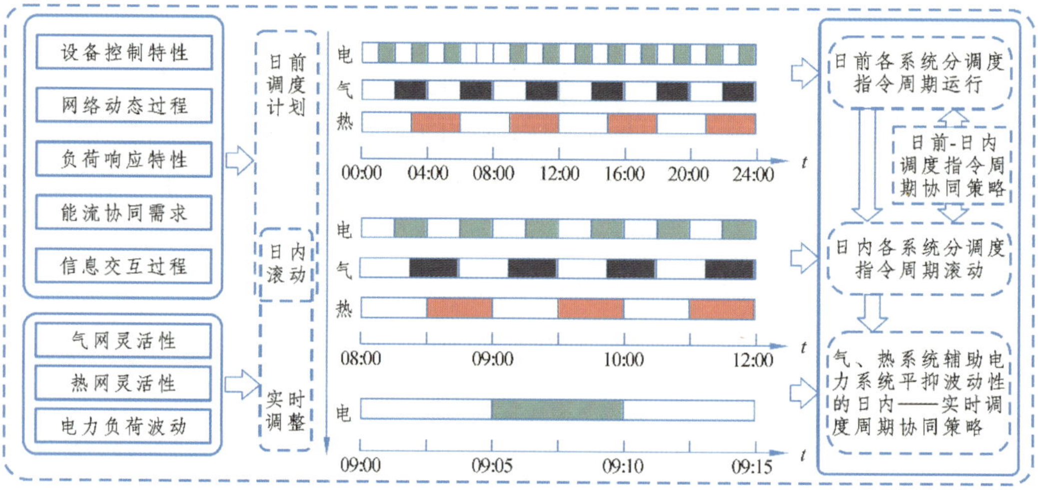


图 5.5　综合能源系统混合时间尺度动态协调优化调度框架

表 5.5　多能流动态优化调度求解方法对比

| 方法 | | 基本思想 | 优点 | 缺点 | 应用场合 |
|---|---|---|---|---|---|
| 解析法 | 统一求解 | 将原始优化问题近似为线性规划或混合整数规划问题分别优化求解各子系统，将各子系统的信息进行交互，利用交互的信息对子系统重复更新，直到找到最优解 | 经过松弛和凸化后，计算可简化，无需迭代 | 为保证准确性，非线性项的简化和凸化依赖于网络约束的特征 | 适用于对精度要求不高且需要快速计算的场合 |
| | 分解协调求解 | | 能够在决策过程中保持各子系统信息的私密性，实现整个系统的全局或接近全局最优 | 如果参数设置不当，可能会产生收敛问题 | 适用于各个子系统属于不同运营商的情况，核心在于如何设计分解方案实现各个子系统之间的信息交换和更新 |
| 人工智能方法 | 基于群优化的方法 | 通过模拟自然界现象或生物群体智能行为，在众多方案中寻找最优方案模拟或实现人类学习行为。补充完善已有的知识结构，以获得最优的结果 | 与所求解优化问题的类型和特点无关，可处理非线性优化问题 | 求解高维问题时计算效率低，求解不稳定 | 适用于其他方法难以处理的具有非线性项的优化问题 |
| | 机器学习算法 | | 泛化能力强 | 离线训练花费时间较长 | |

传统的解析法主要采用增量线性化方法，将变量转化为 0-1 问题，从而将优化调度模型转换为混合整数线性规划（**Mixed Integer Linear Programming**，MILP）问题进行求解。此外，凸松弛技术也被广泛应用在处理非线性模型上。分解协调求解是解析法的另一思路，即将系统分解成若干个子系统并分别优化求解，并将优化所得结果在其他子系统进行迭代更新，直到得到满足一定精度的最优解。分解协调方法能够实现系统整体最优的同时保持各子系统信息的私密性。在运用此方法进行求解调度策略时需找到子系统之间的信息联系并设计迭代方案。例如，选取热电联产机组和电锅炉的热平衡约束作为耦合约束，采用 Benders 分解法来求解。目前解析法在电力系统可靠性评估中应用广泛。

人工智能算法也可被应用于求解非线性和非凸 IES 调度优化问题，常见的启发式智能算法包括群优化方法和机器学习算法。其中群优化方法主要包括遗传算法和粒子群算法，是较为常见的两种较传统人工智能算法，例如利用遗传算法来对热电联产机组和电锅炉协调调度问题进行优化求解。同时，不断有学者在这两种算法上进行改进来求解优化调度问题，如群优化搜索器、非支配排序遗传算法等。由于遗传算法等智能算法在求解大规模问题时求解速度较慢，有学者提出将更为智能的机器学习算法应用于求解调度优化问题，如强化学习、深度学习等，大大提高了计算效率。但由于技术问题，目前应用程度不高，仍以传统算法为主。

## 课后习题

1. 以下属于是电转气技术的缩写的是（　　）？

A. V2G　　B. G2V　　C. P2G　　D. G2P

2. 随机优化方法是基于什么来对不确定性问题进行描述？（　　）

A. 概率密度　　B. 精确概率分布

C. 不确定变量集合　　D. 概率分布不确定集合

3. 运用传统解析法建立的优化调度模型多为（　　）

A. 混合整数线性规划模型　　B. 非线性规划模型

C. 遗传算法模型　　D. 深度学习模型

4. 以下属于综合能源系统优化调度模型特有的约束条件是（　　）

A. 潮流平衡方程　　B. 机组出力约束

C. 节点流量平衡方程　　D. 线路功率约束

5. 电、热、气 IES 优化调度模型选取的目标函数可为（　　）。

A. 最优化运行成本　　B. 最大化可再生能源利用率

C. 最大化系统运行可靠性　　D. 最大化投资成本

6. 以下属于综合能源系统优化调度模型等式条件的是？（　　）

A. 功率平衡约束　　B. 机组出力约束

C. 节点流量平衡约束　　D. 爬坡约束

7. 以下可以作为提高系统灵活性的手段的是（　　）

A. 增设耦合元件等设备　　B. 增设储热/储气等储能装置

C. 利用热/气管道自身的管存特性　　D. 建筑热特性

8. 与随机优化和分布鲁棒优化方法相比，以下属于鲁棒优化方法的特点的是（　　）

A. 经济性好、鲁棒性较差　　B. 鲁棒性好、经济性较差

C. 耗时很长　　D. 耗时较短

9. 调度模型求解方法主要分为_________和________方法两大类。

10. 鲁棒优化方法是指通过设定不确定参数（如风机出力）的波动范围，寻求________场景下优化方案的方法。

11. 分布鲁棒方法同时具备______与_____的优点，在采用分布鲁棒方法去求解优化调度模型时，可以同时兼顾求解时间、经济性及鲁棒性。

12. 综合能源系统优化调度等最优化问题的三要素为________、________以及约束条件。

# 第 6 章　综合能源系统运营模式

## 6.1　业务种类

### 6.1.1　业务特征

综合能源服务业务是受新能源技术、“大云物移智链”等技术驱动，适应用户日益增长的多样化差异化用能需求提供的能源服务。综合能源服务业务具有如下主要特征。

#### 1. 能源综合性

综合能源服务业务是以“能源”为核心，涵盖横向“电热冷气水”多能互补，纵向“源网荷储用”全产业链，垂向设备制造、规划、设计、建设、运营、投融资等各环节，综合衍生出的能源相关业务。

#### 2. 品种多样性

电、热、冷、气等供能品种的多样性及安全、质量、高效、环保低碳、智能等服务内容的多元化，使综合能源服务业务种类繁多，内容多样。

#### 3. 需求导向性

综合能源服务业务是受消费驱动、以用户为中心的服务模式，致力于满足用户日益增长的个性化和差异化消费需求。

#### 4. 创新驱动性

综合能源服务业务基于“大云物移智链”等技术与能源深度融合，经能源定制、能源集成、能源跨界等多模式持续创新驱动，进而不断衍生新模式新业态。

#### 5. 生态共建性

综合能源服务业务涉及能源生产消费全产业链，种类繁多，涉及的技术面广且差异大，要求多领域市场主体协同合作，共商共建共享。

### 6.1.2　业务范围

综合能源服务业务范围广，涉及类型多。为统一梳理所涉及的业务，借鉴国际国内实践经验，按照要素覆盖齐全的原则，将综合能源服务业务分为能源生产、能源输配、能源消费、能源交易四大环节，共 37 项业务类型，如表 6.1 所示。

表 6.1　综合能源服务主要业务

| 能源服务环节 | 业务类型 |
|---|---|
| 能源生产 | 1. 用能规划设计；<br>2. 多能互补清洁能源基地建设与运营；<br>3. 区域多能供应能源站建设与运营；<br>4. 分布式可再生能源站建设与运营；<br>5. 能源工程建设服务；<br>6. 发电侧储能建设与运营；<br>7. 能源生产设备制造销售；<br>8. 能源设备租赁服务；<br>9. 能源投融资服务 |
| 能源输配 | 1. 综合供能网络建设与运营；<br>2. 集中供热管网建设；<br>3. 智能电网；<br>4. 增量配电网建设与运营；<br>5. 微电网建设与运营；<br>6. 电网侧储能建设与运营；<br>7. 综合能源智慧控制服务平台建设；<br>8. 输配电设备制造销售 |
| 能源消费 | 1. 用户能效及用能成本监测；<br>2. 用户用能诊断；<br>3. 综合智慧能源服务平台建设；<br>4. 能源大数据信息服务；<br>5. 国电能替代服务；<br>6. 用户侧储能服务；<br>7. 充电桩建设及运营服务；<br>8. 节能技术改造；<br>9. 环保技术改造；<br>10. 需求侧管理；<br>11. 智能能量管理；<br>12. 检修运维服务；<br>13. 节能设备制造销售；<br>14. 用能解决方案咨询服务 |
| 能源交易 | 1. 电力市场交易代理服务；<br>2. 分布式能源交易代理服务；<br>3. 大宗能源商品交易服务（石油、煤炭、液化天然气）；<br>4. 能源衍生品交易代理服务（绿证、碳交易、期权、期货）；<br>5. 火电厂副产品（灰渣、石膏）回收利用；<br>6. 虚拟电厂 |

#### 6.1.2.1　能源生产

能源生产端涵盖了能源生产项目的设计、咨询、规划、运营、服务、设备销售等诸多环节。

1. 用能规划设计

对接政府能源规划，重点为园区、企业提供能源供应系统规划设计服务，提供水、电、气、冷等多能源整体供应解决方案，获取方案策划服务收益。

2. 多能互补清洁能源基地建设与运营

建设与运营多能互补清洁能源基地，利用不同形式能源出力的差异性实现电源间发电互补；同时，可利用储能系统将具有发电间歇性和不稳定性的新能源电能转换为化学能、势能、动能、电磁能等形态进行存储，并在需要时重新转换为电能释放，以达到调频调峰、增强电站出力稳定性、优化出力功率曲线及增加发电量的目的。

3. 区域多能供应能源站建设与运营

以分布式能源为主建设区域多能供应能源站实现供冷、供热、供电、供气、供水的综合能源服务。区域多能供应通过能源梯级利用和多能源协同优化，提高能源的综合利用水平。

4. 分布式可再生能源站建设与运营

建设及运营以分散式风电、分布式光伏、生物质发电、地热发电等采用就地发电、就地供电为主的分布式可再生能源站，减少能源输配损耗，提升能源利用效率。

5. 能源工程建设服务

发电侧工程建设提供多种相关服务，获取工程承包等收益。

6. 发电侧储能建设与运营

发电侧储能系统的建设与运营，获取工程承包、托管运营等收益。

7. 能源生产设备制造销售

能源生产设备的制造销售维护等，获取设备销售以及相关售后服务等收益。

8. 能源设备租赁服务

能源生产相关设备的租赁服务，获取能源生产设备租赁及服务等收益。

9. 能源投融资服务

能源生产过程中提供投融资服务，获取技术服务等收益。

#### 6.1.2.2　能源输配

1. 综合供能网络建设与运营

建设和运营包含供电、供热、供冷、供气（汽）、供水等综合供能网络，获取能源过网费等收益。

2. 集中供热管网建设

在有条件的地区开展集中供热管网的建设和集中供热改造，获取能源过网费等收益。

3. 智能电网

通过先进的传感和测量技术、设备技术、控制方法及决策支持系统建设集成的、具有高速双向通信网络的智能电网，实现电网的可靠、安全、经济、高效、环境友好的目标。

4. 增量配电网建设与运营

开展增量配电网的建设运营，获取能源过网费及增量服务等收益。

5. 微电网建设与运营

由分布式电源、储能装置、能量转换装置、负荷、监控保护装置等组成的小型发配电系统，解决多种分布式电源灵活并网的问题。

6. 电网侧储能建设与运营

电网侧的储能建设与运营业务,获取平抑负荷的突升和突降赚取辅助服务等收益。

7. 综合能源智慧控制服务平台建设

应用大、云、物、移、智、链等技术，建设综合能源智慧控制平台，实现综合能源项目集成“源、网、荷”等数据信息，具有多能场景管控和商业模式应用功能，实现多能源子系统的协调规划、运行优化、管理协同交互响应和互补互济，满足多样化用能需求，有效提升能源系统效率。

8. 输配电设备制造销售

输配电相关设备的制造销售，获取设备销售费用等收益。

6.1.2.3 能源消费

1. 用户能效及用能成本监测

对用户重点用能设备实施用能在线监测，定期为用户提供用能分析报告和能效优化建议，加强节能管理，降低用户用能支出，获取技术服务费等收益。

2. 用户用能诊断

在采集用户用能数据的基础上，实现对用户用能情况进行智能诊断，获取技术服务费等收益。

3. 综合智慧能源服务平台建设

以用户业务应用场景为基础，设计模块化平台产品，开展直销对潜在用户的基础信息、能源消费信息和实时用能信息的收集和分析，优化用户能源供给运行策略，为用户提供智能调控、需求响应、价格预测、能源数据挖掘等多种平台服务，促进能源领域跨行业的信息共享与业务交融；同时加强与互联技术企业合作，向政府机构和能源服务商开放，满足政府能效监管及服务商的专业技能需求，开展与工商业产业链的资源汇聚，加强与工业互联网的融合，构建有竞争力的业务模式和生态圈。

4. 能源大数据信息服务

建立大数据分析平台，汇集各地业务平台数据，具备大数据分析展示、策略制定、业务管控、跟踪评估、信息交流、项目合作等功能，结合用户内部能效数据资源，开展多维度分析，深入挖掘数据价值，为用户提供增值服务。

5. 电能替代服务

通过电力能源来代替传统燃料，主要包括以电能替代散烧煤试点电采暖、地能热泵、工业电锅炉、农业电排灌、船舶岸电、机场桥载设备、电蓄能调峰等，不断提高电能占终端能源消费比重。

6. 用户侧储能服务

在用户侧建设储能设施，获取平抑负荷的突增、突降赚取辅助服务等收益。

7. 充电桩建设及运营服务

建设及运营电动汽车充电桩，获取充电费等收益。

8. 节能技术改造

提供包括用户侧节能改造、合同能源管理的多种服务，获取技术服务费等收益。

9. 环保技术改造

提供污染物排放环保技术改造服务，获取技术服务费等收益。

10. 需求侧管理

分析用户用能特点，充分挖掘用户可转移、可中断负荷资源，代理用户参与电力需求响应，获取政府电力需求响应激励资金，获取代理服务费等收益。

11. 智能能量管理

提供包括能量流的监测、诊断、管理等多种服务。

12. 检修运维服务

对用能设备、配电设施等开展专业化智能运维，提供精准故障诊断和状态检修服务，提高用户用能稳定性，保障用电安全，获取运设备维费等收益。

13. 节能设备制造销售

向各类用户销售各类设备，从而获取经济收益。

14. 用能解决方案咨询服务

开展用能解决方案的咨询服务，获取服务咨询费用等收益。

#### 6.1.2.4 能源交易

1. 电力市场交易代理服务

代理用户参加电力中长期、现货、辅助服务等交易，优化配置交易品种，为用户获取优惠的电能等能源供应价格，获取购售价差、代理服务费等收益。

2. 分布式能源交易代理服务

代理分布式能源销售服务，通过合理配置交易品种、多类型用户风险对冲和用能预测，为用户获取优惠的电能等能源供应价格，收取代理服务费获取收益。

3. 大宗能源商品交易服务（石油、煤炭、液化天然气）

代理大宗能源商品，如石油、煤炭、液化天然气等能源的销售服务，获取能源商品价差或代理服务费等收益。

4. 能源衍生品交易代理服务（绿证、碳交易、期权、期货）

随着市场机制逐步完善，代理绿证、碳资产、期权、期货等能源交易服务，获取代理服务费等收益。

5. 火电厂副产品（灰渣、石膏等）回收利用

将火电厂副产品（灰渣、石膏等）直接售卖或加工成其他商品售卖，从而取得一定的经济收益。

6. 虚拟电厂

应用先进的信息通信技术和软件系统，建设虚拟电厂，实现分布式电源、储能系统、可控负荷等分布式能源的聚合和协调优化，提供电能量、辅助服务、需求侧响应等技术服务，从而获取综合收益。

### 6.1.3 市场特征

我国正处于能源转型的关键时期，能源行业重心从“保障供应”转向“以用户为中心的能源服务”。在当前能源产业革命加快推进的背景下，综合能源服务以其创新的商业模式、巨大的市场需求、迅猛的增长速度，备受各界关注。综合能源服务业务是各类企业适应国际国内新形势，对内优化内部资产、推动清洁高效发展，对外吸引用户、提高市场占有率的重要手段，是扩展发展新途径、培育新动能和提高效益增长点的重要方向，是增强企业可持续发展能力的必然选择。目前，发电、油气、电网、新兴技术公司等各类企业纷纷向综合能源服务商转型，将自身未来的收益增长点聚焦到综合能源服务领域。

#### 6.1.3.1 发电企业

随着煤炭去产能等措施的实施，煤炭发电设备平均利用小时数不断下降，煤炭发电企业面临的国内外形势越来越严峻，发展综合能源服务成为企业突破传统思维、推动转型升级、培养新动能的有效途径之一。发电企业主营发电业务，在此基础上形成

了一定的规模效益，具有较强的竞争和发展优势，主要体现在市场占有、资源供给和技术支撑等方面，为其开展综合能源服务业务打下了坚实的基础。

（1）发电企业大多属于大型国有企业，开展综合能源服务业务有着良好的品牌优势。同时，大多数发电企业建设在热负荷集中的区域，对能源及资源的需求可以形成集约效应，具有能源供给市场渠道优势和区位优势。

（2）发电企业在发电、供热、供水、燃料供给等方面具有资源优势。除了在发电、供热等方面具有传统优势之外，在供水方面，电厂的补给水、无盐水、工业水及中水系统都有一定的余量，可以与就近的需求市场实现供水的品质梯级利用；在运输资源方面，电厂一般都有自建和运营的仓储空间、港口与码头，这也为发电企业开展综合能源服务提供了保障。

（3）发电企业拥有涉及水、电、气、热、冷全方位的专业技术人员，在能源服务领域，可以快速地切入市场并提供专业的服务，为综合能源服务业务开展提供了坚实的人才支撑。同时，发电企业配套措施完善，能够快速建立与市场竞争和业务拓展相适应的人才选拔、使用、激励和开发机制。

（4）发电企业在相关专业板块具有较为丰富的实践经验，同时具有雄厚的资金储和融资能力，有能力提供与综合能源服务布局相适应、发展需求相协调的资金保障和金融服务。

#### 6.1.3.2　油气企业

在国家调整能源消费结构，建设清洁低碳、安全高效的能源体系的过程中，油气企业将成为承担能源转型的主力之一。在综合能源服务业务中，油气企业掌握能源上游产业，具有较强的竞争力，同时在融资能力、市场占有、人才储备方面也有很强的基础，在开展综合能源服务方面具有一定的发展前景。

（1）油气企业掌握天然气资源和技术，在天然气产业链上掌握了大量资产，在围绕以气为中心的综合能源服务业务方面具有很大的优势。同时，我国天然气消费量呈现上升趋势，燃气业务具有一定的发展前景，这也为油气公司发展综合能源服务提供了一定保障。

（2）油气企业同样具有相对较大的用户资源，而且具备天然气热电联产、天然气分布式等运营经验，本身已经占据一定的供热市场，开展综合能源服务将进一步拓展其供热市场的开发空间。

（3）油气企业在油气产业链上的资产投资与建设为其储备了大量专业技术人员，有利于其向综合能源服务领域的延伸。

#### 6.1.3.3　电网企业

电网企业作为电力传输的枢纽环节，输配电和售电是其主营业务，具备电网资产、用户资源、用能信息等方面的资源优势，在发展综合能源服务业务方面具有较好的基础条件。

（1）电网企业拥有庞大的电网资产，丰富的基础设施建设、投资、运营经验，同时在电网安全稳定与控制技术、电网经济运行技术、设备集成应用技术等方面取得了一批国际先进、拥有自主知识产权的科研成果，技术创新能力强。

（2）电网企业已经开展综合能源服务业务多年，取得了一定效果，业务覆盖了能源生产、输送和消费，为未来综合能源服务业务的拓展打下了基础。

（3）电网企业拥有庞大的用户资源，一方面为综合能源服务平台建设运行提供了数据来源，另一方面又为能源互联网及多能互补系统的发展提供坚实的基础。

（4）电网企业在管理、技术及业务方面拥有大量的人才储备，并且拥有市场化服务公司所不具备的雄厚资金和融资能力。

#### 6.1.3.4 新兴技术公司

在综合能源服务市场逐渐显示出巨大潜力之际，新兴技术公司抓住市场契机，积极推进综合能源服务，在战略转型决策、人才技术能力等方面展现出相应的优势。

（1）新兴技术公司响应灵活，能够较快地捕捉市场改革带来的契机，并完成相应的决策，这在占有市场先机方面具有一定的优势。

（2）新兴技术公司一般以自身独特的优势点作为市场占有的主推方向，在人才技术方面容易形成集约效应，有助于其快速占有市场与获取用户。

## 6.2 商业模式

综合能源服务的基本业务模式可从供能侧和用能侧出发，通过能源输送网络、信息物理系统、综合能源管理平台以及信息和增值服务，实现能源流、信息流、价值流的交换与互动。理想的盈利模式中，除了产业链和业务链的构建之外，其盈利主要来源于四个方面：

（1）核心服务，包括能源服务和套餐设计。能源服务方面，主要体现在集中售电、热、水、气等能源，节约成本；而套餐设计方面主要体现在综合包、单项包、应急包和响应包。

（2）基础服务，即能源生产，包括发电和虚拟电厂。发电方面主要体现在清洁能源发电和可再生能源发电，自用电比例越高，收益越好；而虚拟电厂方面主要体现在储能节能、跨用户交易和需求侧响应。

（3）增值服务，包括工程服务和资产服务。工程服务方面主要体现在实施平台化、运营本地化；而资产服务体现在设备租赁、EMC（合同能源管理）和碳资产。

（4）潜在的收益来源，包括土地增值和能源采购，这种模式主要应用于园区。土地增值方面，主要体现在入驻率上升、开工率上升和环境改善；能源采购方面，主要体现在园区用能增加，电力、燃气以及 LNG 的议价能力提高。

整个综合能源服务可看作一种能源托管模式。在电力市场放开后，未来相关电力企业比拼的不仅仅是发、配、售、输电，更应该比拼全方位、综合性的能源服务。总结现阶段主要有以下几种商业模式。

### 6.2.1　EMC 模式

合同能源管理机制是一种以节省的能源费用来支付节能项目全部成本的节能投资方式。这种节能投资方式允许用户使用未来的节能收益为工厂和设备升级，降低目前的运行成本，提高能源的利用效率。2010 年 8 月国家市场监督管理总局、标准化委员会颁布了《合同能源管理技术通则》和制式合同，将合同能源管理规范为 EMC（Energy Managemer Contracting）。

### 6.2.2　BT 模式

BT（Build Transfer）即建设-移交方式，如图 6.1 所示，是基础设施项目建设领域中采用的一种投资建设模式。BT 模式根据项目发起人通过与投资者签订合同，由投资者负责项目的融资、建设，并在规定时限内将竣工后的项目移交项目发起人；项目发起人根据事先签订的回购协议分期向投资者支付项目总投资及确定的回报。

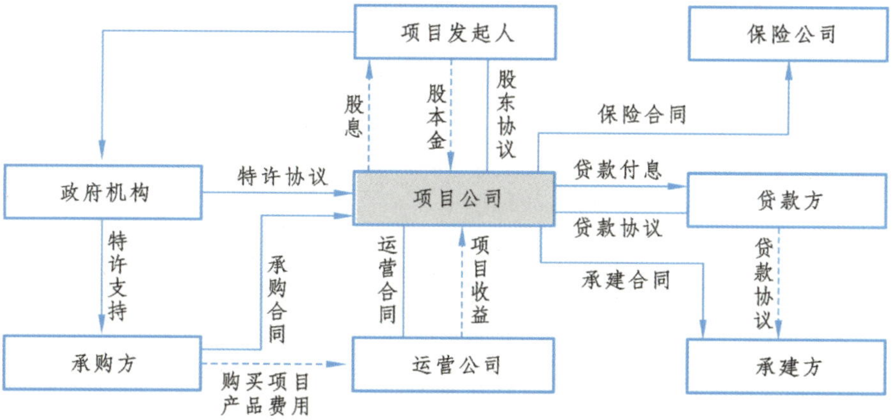


图 6.1　BT 模式

### 6.2.3　BOT 模式

BOT（Bulid Operate Transfer）即建造-运营-移交方式，这种方式最大的特点是将基础设施的经营权有期限地抵押以获得项目融资，或者说是基础设施国有项目民营化。

### 6.2.4　PPP 模式

PPP（Public Private Partnership）模式是指政府与私人组织之间，为了提供某种公共物品和服务，以特许权协议为基础，彼此之间形成一种伙伴式的合作关系，并通过签署合同来明确双方的权利和义务，以确保合作的顺利完成，最终使合作各方达到比预期单独行动更为有利的结果，如图 6.2 所示。

一般而言，PPP 融资模式主要应用于基础设施等公共项目。首先，政府针对具体项目特许新建一家项目公司，并对其提供扶持措施；然后，项目公司负责进行项目的融资和建设，融资来源包括项目资本金和贷款；项目建成后，由政府特许企业进行项目的开发和运营，而贷款人除了可以获得项目经营的直接收益外，还可获得通过政府扶持所转化的效益。PPP 融资是以项目为主体的融资活动，是项目融资的一种实现形式，主要根据项目的预期收益、资产以及政府扶持的力度而不是项目投资人或发起人的资信来安排融资。项目经营的直接收益和通过政府扶持所转化的效益是偿还贷款的资金来源，项目公司的资产和政府给予的有限承诺是贷款的安全保障。

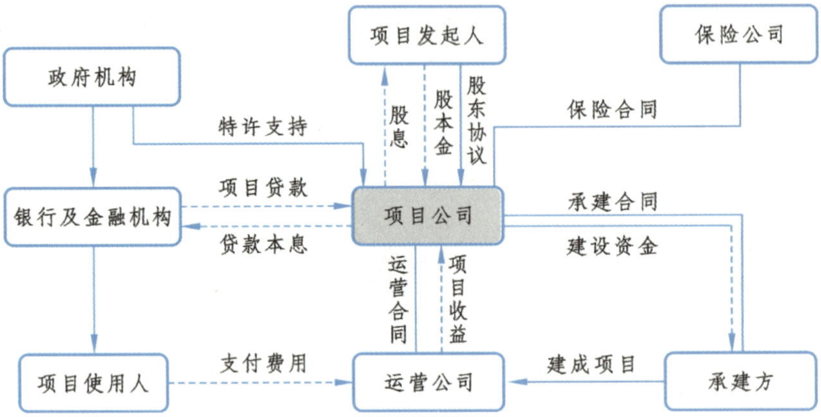


图 6.2　PPP 模式

### 6.2.5　配售一体化模式

在公司配电网运营的范围内，如果用电客户直接与配售电公司签订用电合同，公司去除购电成本与配网投资及运营成本外，将同时获得配电利润和售电利润；如果用电客户与其他售电公司签订用电合同，那么，公司只能收取配电费，也就只能获得配电利润。无论是哪种情况，配售一体化售电公司都能保证有利润来源，这是公司能持续经营以及发展的保障。配售电公司拥有配电资源，更容易在售电市场上占据先机，为公司获得更多用电客户打下了坚实的基础。同时，配售电公司还可以积极利用配网资源开展售电增值服务，如合同能源管理、需求侧响应，并且还可利用客户资源参与电力辅助市场。

但是，这种模式的售电公司同时承担着更大的付出和风险。首先需要投入更多的资金建设或改造配电网，日常的运行和维护工作也需要专业人员和先进的管理技术。例如可再生能源的发展势必给配电网的规划方案带来很大的影响，特别是分布式可再生能源发电设备绝大多数都接入配电网，配电网面临着扩建和改造，此时配售电公司不得不投入更多的资金。其次是政策风险，如输配电价的核定办法存在变动的可能，这使得配售一体化公司的收入不确定性增加，从而提高公司投资项目再融资的难度。

### 6.2.6　供销合作社模式

供销合作社模式的售电公司是将发电与售电相结合，使合作社社员拥有发电资源，通过供销合作的方式将电力直接销售给其他社员，同时，售电公司获得的售电收入，将继续投入建设发电厂，以此达成发售双方共赢的局面。

采取供销合作社模式的售电公司最大的优势在于可以获得优质的发电资源，特别通过集合分布式可再生发电站，组建一个销售纯绿色电力的售电公司。一方面，吸引具有环保意识的人士或是有碳排放限额的公司购电；另一方面，售电公司取得的一部分收益将投资或是分配给发电站，使发电站运营商更愿意加入这种供销合作社模式，售电公司的购电成本也就能相对减少。

国外已经出现了不少这样模式的售电公司，最出名的就是法国的 Enercoop。2005 年该公司由国际绿色和平组织和其他一些环境保护组织组建，公司销售的所有电力全部来自于可再生能源。至 2016 年，已有 4 000 多客户，年售电量达 120 亿千瓦时。在购电方面，售电公司承诺将 57%的利润返还给可再生能源发电商，支持可再生能源的发展。

但是供销合作社模式的售电公司也存在相应的风险，选择投资哪些发电站将在很大程度上影响公司的效益，售电公司必须有相应的风险管控及合适的投资策略。例如，德国一家地区性售电公司选择投资联合循环热电联产厂，然而由于电力批发市场电价持续走低，此类型的发电厂发电成本相对较高，无法降低售电公司的购电成本，公司也就无法从中获利。

### 6.2.7　综合能源服务模式

在国外一些售电公司在开展售电业务的同时，也对该地区开展其他能源甚至公共交通、设施等服务。这类城市综合能源公司一般提供供电与供气服务，可以与客户单独签订用电或用气合同，公司也会提供综合能源套餐。相对于单独签订合同，同时签订供电与供气合同使客户能够得到更多的优惠，这也是这类公司吸引及留住客户的重要手段。此外一些地区性综合能源公司还提供供热、供水、公共交通等服务，让客户可以享受多方位的能源服务。

德国最大的城市综合能源服务公司位于慕尼黑，公司主要为慕尼黑及周边地区的居民和工商业用户提供供电和供气服务，其提供给居民的供电套餐就有 7 种，如固定电价套餐、绿色电力套餐、网络电力套餐等。此外公司还提供供热、供水、公共交通以及租车服务，还推出了电动车充电服务。公司现有客户可以免费使用充电桩，当然其他电动车用户也可以使用充电桩，但是每次充电必须缴纳充电使用费。公司通过捆绑销售方式吸引更多的客户，提高客户忠诚度，使利润来源更多样化。

但是，为了打造这样的地区性综合能源服务公司，除了提供供电供气服务外，往往需要经营其他一些利润很少甚至是没有利润的公共基础服务，如市内公共交通，这样将加剧此类公司的财务负担，导致一些地区性综合能源服务公司陷入财政困境，甚至濒临破产。

### 6.2.8　售电折扣模式

为了更好地吸引客户，售电折扣商不仅提供较低的基本电费，还针对新用户提供诱人的折扣，对于部分用户甚至可以采取预交电费提供更低折扣的方式。许多新加入的工商业用户能够通过这类套餐在初期显著降低用电成本，而居民用户更是通过返现和折扣有可能在第一年减少 20%的电费支出。

售电折扣商的主要风险是流动性风险。售电公司是电力大规模生产和小规模销售之间的纽带，必须同时参与电力批发和零售市场。然而这两种市场的电力结算方式与结算时间相差巨大，如果售电公司没有处理好这些差别，很有可能因为缺乏流动性而对自身的经营造成巨大的影响。

售电折扣商在初期的低价策略之后，必须要通过转型来获得长久的发展。在通过低价电力获取市场份额后，多样化的定价方式与服务才是这类售电公司成功的关键。

### 6.2.9 虚拟电厂包月售电模式

大范围虚拟电厂建立的基础在于拥有众多分布式可再生能源发电设备的控制权，分布式储能设备等一系列灵活性设备，可再生能源的市场化销售机制和一套精准的软件算法。基于此类虚拟电厂的电力共享池系统提供了更加新型的售电模式。

在该模式下，加入电力共享池的终端用户能够便捷地交易电力，通过各自的分布式储能设备最大化使用分布式可再生能源的电力，减少外购电，从而显著降低用电成本。

在德国，已经有几个此类分布式能源社区在运营。德国曼海姆的 Begy 公司的电价包月套餐是德国能源互联网应用的优秀案例。这是德国第一家推出电价包月套餐的售电公司，用户只需要每个月支付一定额度的电费就能在一个比较大的范围内自由用电。在与客户签订合约套餐后，公司会帮助客户安装屋顶光伏设备、家用储能设备和电力监控设备，通过将地区内分散的用户和集中式的电力生产设备相连，利用 IT 专业建模软件以及内建的智能软件优化算法，调配各家屋顶光伏设备所发电力的消费、剩余发电量的购买和各个储能设备的充放策略，最终在最经济条件下实现电力生产和消费在一定范围内的平衡。这是一种利用虚拟电厂技术的商业模式创新，用户通过包月套餐节省电费，而且用上了清洁的电力。作为售电公司，可以通过售电服务获取利润，也可以通过设备的销售取得利润。

总体来说，基于虚拟电厂的共享电力模式对设备、通信、计量、算法的要求十分高，而且必须建立在一定的用户基础上。目前电力大数据分析、机器学习算法等技术都在其中有着很好的应用。在该模式下一旦形成电力共享的闭环，新增用户将会给系统带来更多的稳定性和安全性，使这种模式拥有巨大的生命力和发展空间。

### 6.2.10 配售一体化+能源综合服务模式

在售电侧和配电网同时放开的情况下，同时拥有配售电业务，并且能为园区内电力用户提供增值能源服务的公司将深度受益。一方面，负责园区售电业务可以直接从市场化的协议购电或集中竞价交易中获取发电侧和购电侧的价差利润，同时还可获得园区内各电力用户的电力需求数据，是用户数据的第一入口。更为重要的是，以用电数据为基础为用户提供能效监控、运维托管、抢修检修和节能改造等综合用电服务可以有效提高用户的用电质量，并增强客户黏性，同时从盈利能力更强的服务类业务中获得更多利润。

### 6.2.11 互联网售电服务模式

为了降低交易成本，提升竞争力，成熟的电力市场都有比价网站，供用户选择套餐及更换售电商服务。采用这种模式的前提是要有很多家售电公司，并且每家公司售电价格有所不同。这些比价网站向用户提供的所有服务都是免费的，其盈利主要来自于有商业合作的售电公司/商家所支付的佣金（用户通过比价网更换售电公司/商家，若该售电公司/商家是与网站有合作关系的，则按照协议支付一定佣金），其目标客户群为互联网用户。英国电力监管机构 Ofgem 认证授权的比价网站总有多家，其业务范围包括电力、天然气、固话、宽带、保险、贷款等，独立于任何售电企业。他们对用户的个人信息以及相关数据绝对保密，不会以任何形式出售，而且该比价过程简单迅速，只需输入所在地区邮编即可，其比价的排名结果是绝对公平不会受任何影响的。

## 6.3 市场机制

市场机制是通过市场竞争配置资源的方式，即资源在市场上通过自由竞争与自由交换来实现配置的机制，也是价值规律的实现形式。具体来说，它是指市场机制体内的供求价格、竞争、风险等要素之间互相联系及作用机理。市场机制有一般和特殊之分。一般场机制是指在任何市场都存在并发生作用的市场机制，主要包括供求机制、价格机制、争机制和风险机制。特殊市场机制是指各类市场上特定的并起独特作用的市场机制，主要包括金融市场上的利率机制、外汇市场上的汇率机制、劳动力市场上的工资机制等。

### 6.3.1 构建有效竞争的能源市场体系

全面推进能源企业市场化改革，需要着力推动能源结构、布局、技术全面优化。

（1）分离自然垄断业务和竞争性业务。完善市场准入机制，鼓励各类投资主体有序进入能源产业的各个领域。

（2）建立健全能源市场基本交易制度。分步建立全国统一市场与多个区域市场相互衔接、规则统一、功能互补、多层级协同的现代能源市场体系。

（3）建立调度和交易相对独立的天然气、电力系统等交易体系。能源交易中心建设形成公平规范的现货期货市场交易平台。在交易规则、交易程序和交易范围上逐步与国家接轨，逐步形成全国统一的能源交易市场，形成由不同区域价格构成的全国能源价格体系和能源市场流通格局，构建全国性和区域性为主与省级和其他分销市场相结合的能源交易和调度体系。

（4）对石油、天然气、煤炭等资源矿业权的获取完全采用招投标形式。通过市场竞争有偿取得实施输电网与配电网业务和资产的有效分离，推进石油和天然气管网产权独立以及管道运输服务和销售业务的完全分离，全面强制推行管网等基础设施第三方公平准入。

（5）加快培育能源互联网、泛能网和综合能源服务市场，构建集中式能源、分布式能源以及储能设备、负载设备无差别对等互联的能源系统。

全面放开能源供应市场，符合条件的各种主体均可进入市场，形成主体多元的市场竞争格局，通过创建能源互联网市场规则，健全能源互联网市场机制，建立统一开放、竞争有序的市场体系。其中，能量市场完成能量交易；辅助服务市场保证整个系统的安全稳定运行；增值服务市场提供超出常规服务范围的服务；金融资本市场提供能源领域金融性资。该运作平台的商业模式由参与市场的主体决定，或可出现能源交易供需方都是商家的 B2B 模式、能源供应商直接把商品或服务卖给终端用户的 B2C 模式、个人与个人之间在网上买卖能源或提供能源服务的 C2C 模式、用户发布能源或服务需求信息并选择性价比最佳供应商（由供应商报价、竞标）的 C2B 等交易模式。

### 6.3.2　建立由市场决定价格机制

全面放开价格竞争性环节，加强对市场价格的事中事后监管，规范价格行为，推动形成由能源资源稀缺程度、市场供求关系、环境补偿成本、代际公平可持续等因素决定能源价格的机制。

（1）基于市场竞争和新能源需求偏好建立新能源上网电价新机制，发挥其边际成本低的优势。可采用基于差价合约的上网电价机制，由政府制定不同时期新能源的执行电价，发电商通过电力市场出售电力，但以执行电价进行结算，以保障新能源投资收益的确定性，促进新能源的发展。

（2）切实落实可再生能源配额制，实现可再生能源的优先调度和利用。

（3）推行可再生能源电力绿色证书交易机制，建立完善绿色证书登记及交易平台，实现可再生能源电能的绿色价值，提高可再生能源发电企业的收益水平。

（4）引入容量市场、辅助服务市场，激励市场参与各方提供多样化的市场服务，提高新能源的消纳水平。

（5）建立完善碳排放权交易体系，推动排放权的有偿发放，加强碳排放约束，提高碳排放主体使用新能源的比例。

（6）强化需求侧响应机制，通过采取有效的价格激励措施，引导电力客户改变用电方式，提高终端用电效率，构建用户积极参与的电力市场，实现用户与电网互动，缓解新能源波动对电网的影响。

### 6.3.3　市场与计划相结合推进可再生能源化发展

可再生能源政策的初衷是通过补贴支持，使可再生能源逐步发展成熟，最终同常规能源并驾齐驱、展开竞争以服务于社会。面对未来，我国的支持政策也有一个逐步市场化和逐步退出的过程，这与我国电力市场化改革进程及技术进步密切相关。当前，我国可再生能源发展的市场化程度还较低，相对传统能源来说还存在生产成本较高、稳定性较差等问题，严重制约着我国可再生能源的发展。风电与太阳能开发面临的挑战尤为明显，遭遇并网困难和无法消纳等问题，弃风限电、太阳能产能过剩等问题较为突出。我国已出台配额制政策规定，要求电网企业全额保障性收购电力，这将在一定程度上抑制弃风限电等现象。但是，政策调控又不利于可再生能源产业的市场化运作，应该逐渐减少其作用，并不断培育可再生能源市场竞争力，使市场与计划密切结合，使竞争与扶持相得益彰，促进我国可再生能源尽快适应市场，不断发展成熟，更好地造福经济与社会。

## 6.4 政策制度

2014 年我国颁布了《2014—2020 年能源发展战略行动计划》，针对当时存在的能源供应与消费问题，提出了 2020 年要实现的目标，为能源互联网的提出和建设奠定了基础。通过能源互联网的建设，有效推进能源革命，实现国家能源发展战略目标。

2016 年 2 月 29 日，国家发展改革委、能源局工信部联合印发《关于推进“互联网+”智慧能源发展的指导意见》，从十个方面提出了包括推动建设智能化能源生产消费基础设施、加强多能协同综合能源网络建设、推动能源与信息通信基础设施深度融合、营造开放共享的能源互联网生态体系、发展储能和电动汽车应用新模式等重点任务。

综合能源服务体系建设意味着通过资源的重新配置来发挥资源的最大效能，而在此过程中，每踏出一步都面临着全新的转变，需要相应的制度来支撑和保障其顺利发展。在我国综合能源服务体系研究和实践的初级阶段，需要通过政府强有力的政策支持和引导，来推动城市综合能源服务体系尽快由概念阶段上升到实践和应用阶段。

### 6.4.1 制定合理的综合能源服务产业政策

#### 6.4.1.1 建立综合能源服务体系投资收益评估机制

要站在国家能源发展战略的高度，建立投资收益评估机制。对综合能源服务的投资建设、运行和效益进行科学评估，在此基础上，加大财政扶持力度、优化税收减免政策和投融资政策。在开展评估工作时，还应充分考虑各利益相关方价值，设计试点项目的评估方法和评估标准，其中，社会价值、企业价值和用户价值是设计者考虑的核心内容，同时，试点项目中其他合作主体的价值诉求也应被纳入考虑范畴，这样的评估结果才有助于充分调动各方的积极性，从而得出更容易被认可的评估结论。

#### 6.4.1.2 推进能源价格形成机制改革

建立灵活高效的能源价格机制包括：基于能源生产端的结构性矛盾，建立用户端的价格联动机制，增强用户主动参与意愿，从而形成能源生产端与用户端的良性互动；建立反映资源稀缺性的能源价格机制，实行有利于节能、环保的能源价格政策；促进新能源价格体系尽快形成。

#### 6.4.1.3 推进能源体制机制改革

积极推进能源法治和体制改革工作，为能源革命创造公平规范的法治和市场环境。一方面，要积极稳步推进能源法治工作，始终贯穿保障民生、绿色发展等理念，维护好人民群众的利益；另一方面，要积极推进能源体制改革，积极推进配售电业务改革，稳步推进油气体制改革等相关改革。

#### 6.4.1.4 建设能源民生工程

建设能源民生工程，重点针对能源普遍服务水平不平衡问题，核心是保障农村，特别是偏远地区能源供应，将产业落到实处，不断增强人民的获得感、幸福感、安全感。一方面，要继续实施好新一轮农村电网改造升级，提升电力普遍服务水平，加快缩小城乡和区域供电差距；另一方面，要扎实推进光伏能源项目建设，继续聚焦偏远地区，提升光伏能源供应的精确性和有效性。

### 6.4.2 加大综合能源服务的财税政策支持

#### 6.4.2.1 加大财政支持力度

在综合能源服务体系关键技术研发、重大工程示范、产业发展与新技术推广应用等方面，要加大补贴扶持力度，给予资金支持。

1. 加大政府补贴力度

对于有市场潜力的能源互联网相关技术研发和设备制造，要根据其自身的开发价值，按照一定的比例进行补贴。同时，加大财政资金支出和补贴力度，支持综合能源服务体系相关技术创新、基础设施建设，尤其是对处于发展起步阶段的企业可考虑采取直接补贴的形式，为其发展提供一定的财政支持。

2. 设立产业发展基金

由政府财政部门安排发起专项基金并吸收社会资金，设立综合能源服务体系产业发展专项基金，以促进综合能源服务体系发展，培育创新空间，有序鼓励各方资源参与到创新过程中。通过创新促进互联网通信、能源大数据、云计算、物联网等高新技术的发展，推动相关高科技产业的新技术革命以及新商业模式的发展、成熟。

#### 6.4.2.2 优化税收减免政策

为了推进综合能源服务体系向规模化、产业化、节约化的方向发展，应进一步优化税收服务环境，积极落实税收优惠政策。具体包括：①实行关税减免政策，对于购置或使用进口设备的企业，政府可酌情对其实行关税减免优惠政策；②实行所得税减免政策，对于综合能源服务体系核心技术和关键设备制造企业，政府可酌情对其实行所得税减免优惠政策；③其他优惠措施，对于购置国产技术和设备的企业，实施允许国产设备加速折旧、允许投资减免、研发费用加倍、税前抵扣等优惠措施。

### 6.4.3 建立多元的综合能源服务投融资政策

#### 6.4.3.1 建立多元融资渠道

建立直接融资与间接融资互为补充的多元融资渠道，包括：①采取发行股票和中长期债券等资本化方式拓宽能源互联网产业的直接融资渠道；②借鉴发达国家经验，打通民营资本和社会资本的进入渠道，例如设立专项贷款、使用第三方融资模式等；③建立国际金融机构综合能源服务体系相关项目融资、商业银行绿色信贷、企业券融资、设备融资租赁、碳金融及衍生品和能源产品期权市场等多种模式在内的完整融资体系。

#### 6.4.3.2 建设多元投融资机制

积极促进多元投融资体制建设,切实落实支持综合能源服务体系的金融政策包括：①制定相关金融政策,鼓励金融机构加大综合能源服务体系相关企业的金融支持力度,激励金融机构拓展适合综合能源服务体系发展的融资方式和配套金融服务政策；②完善特许经营权招投标方式、PPP 项目融资方式，支持符合条件的综合能源服体系相关企业发行企业债券融资，支持试点项目发行项目收益债券，同时支持地方政府投融资平台公司，通过发行企业债券建设基础设施。

## 课后习题

一、单选题

1. 综合能源服务业务是以（　　）为核心。

A. 燃料　　B. 能源　　C. 电力　　D. 用户

2. 综合能源服务业务是受（　　）驱动，以用户为中心的服务模式，致力于满足用户日益增长的个性化和差异化消费需求。

A. 消费　　B. 负荷　　C. 能源　　D. 用户

3. 能源生产端涵盖了能源生产项目的设计、咨询、（　　）、运营、服务、设备销售等诸多环节。

A. 造价　　B. 建设　　C. 规划　　D. 施工

4. 以分布式能源为主建设区域多能供应能源站实现包括供冷、供热、供电、（　　）、供水的综合能源服务。

A. 输电　　B. 输气　　C. 发电　　D. 供气

5. 综合能源服务的基本业务模式可从供能侧和用能侧出发，通过能源输送网络、信息物理系统、综合能源管理平台以及信息和增值服务，实现（　　）、信息流、价值流的交换与互动。

A. 电能流　　B. 能源流　　C. 热能流　　D. 冷能流

二、多选题

1. 综合能源的业务特征包括有（　　）。

A. 能源综合性　　B. 品种多样性

C. 需求导向性　　D. 创新驱动性

E. 生态共建性

2. 综合能源服务业务可分为（　　）环节。

A. 能源生产　　B. 能源输配

C. 能源消费　　D. 能源交易

3. 区域多能供应通过（　　），提高能源的综合利用水平。

A. 能源单一利用　　B. 能源梯级利用

C. 多能源协同优化　　D. 单能源优化

4. 综合供能网络包括（　　）。

A. 供电　　B. 供热　　C. 供冷

D. 供气（汽）　　E. 供水

5. 综合能源服务盈利主要来源有（　　）。

A. 潜在的收益来源　　B. 核心服务

C. 基础服务　　D. 增值服务

三、简单题

1. 简述综合能源服务 BT 模式的运营特点。

2. 简述综合能源服务 BOT 模式的运营特点。

3. 简述综合能源服务 PPP 模式的运营特点。

# 第 7 章　综合能源系统供给侧能源服务

## 7.1　能源并网服务

### 7.1.1　光伏发电并网的原理与分类

#### 7.1.1.1　光伏发电并网的原理

太阳能是一种非常重要而且潜力巨大的能源，它具有广泛分布、清洁、可再生以及丰富的特点。每年地球上接收到的太阳辐射能量量级相当惊人，约为 130 万亿吨煤的能量。如果我们能够有效地利用这些辐射能，将其收集起来并转化成可用的能源，将为全球能源消耗提供长达几万年的持续供应。

其中，光伏发电技术作为目前最主要的太阳能收集方式之一，已经成为世界可再生能源发电的重要组成部分。光伏发电主要通过光生伏打效应来实现太阳能的转换和收集。当太阳光照射到光伏板上时，光子与光伏材料中的电子相互作用，导致电子从原子中被释放出来，形成电流。这样产生的直流电经过逆变器的处理，可以被转化为交流电，以供电网使用，如图 7.1 所示。

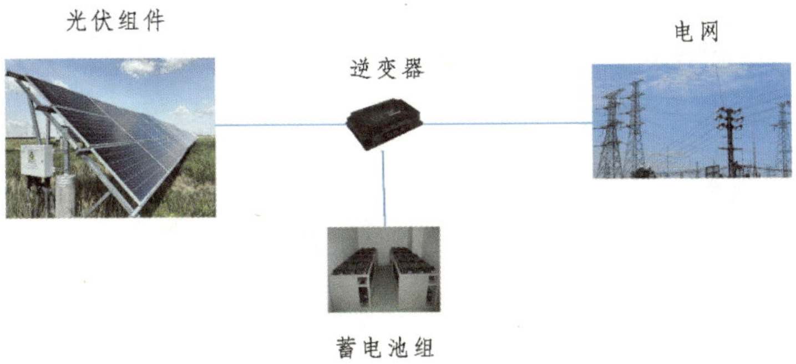


图 7.1　光伏发电并网原理图

光伏发电具有许多优势。首先，太阳能是一种无尽的能源，可以轻松地被收集。太阳辐射几乎在全球范围内都有分布，不论是在城市还是农村，都可以利用太阳能进行发电。其次，光伏发电是一种清洁能源，不会产生二氧化碳等的温室气体，对环境污染十分有限。此外，光伏系统的运行成本相对较低，一旦建立起来，它们可以长期稳定地发电，无需频繁维护和燃料补给。因此，光伏发电系统具有可靠性高、经济性好的特点。

随着技术的发展和成本的下降，光伏发电在全球范围内得到了广泛的推广和应用。越来越多的国家和地区开始大规模建设光伏发电站，以满足其能源需求并减少对传统能源的依赖。同时，许多家庭和商业用户也开始安装光伏发电系统，以降低能源成本并贡献于环境保护。

尽管光伏发电具有许多优势，但也面临一些挑战。首先，光伏技术的能效仍有提升空间，目前光伏板的转换效率尚不是非常高，还有提升的余地。其次，光伏发电系统的建设与运维成本仍然较高，特别是需要大面积安装光伏板的大型发电项目。此外，光伏发电仍依赖于气候和天气条件，如阴雨天气会影响光伏系统的发电效率。

为了进一步推动光伏发电技术的发展和应用，需要加大科研与工程实践的投入，提高光伏电池的转换效率、降低生产成本。同时，政府和社会各界应加大对光伏发电的支持和推广力度，通过政策扶持和经济激励措施，鼓励更多的人投资和使用光伏发电系统，从而推动可再生能源的发展

#### 7.1.1.2 光伏发电并网系统的分类

光伏并网发电系统是一种高效利用太阳能的发电解决方案。根据系统的设计要求，光伏并网发电系统可以分为两类。一类是“不可调度式光伏并网发电系统”，这类系统不含储能环节。另一类是“可调度式光伏并网发电系统”，这类系统则包括了储能环节。下面将详细介绍这两种光伏并网发电系统的工作原理与特点。

不可调度式光伏并网发电系统，如图 7.2 所示，是一种简单直接的并网方式。该系统中，光伏阵列产生的直流电能被并网逆变器转化为与电网电压同频、同相的交流电能。并网逆变器将光伏发电系统与电网连接，在满足一定运行条件下，将电能注入电网供应给用户。这种系统的运行依赖于光照强度和环境温度等因素，直接由自然因素决定并网的时间和功率大小。不可调度式光伏并网发电系统具有简单、成本较低以及高效利用太阳能等优点，是目前广泛应用的一种光伏发电方式。

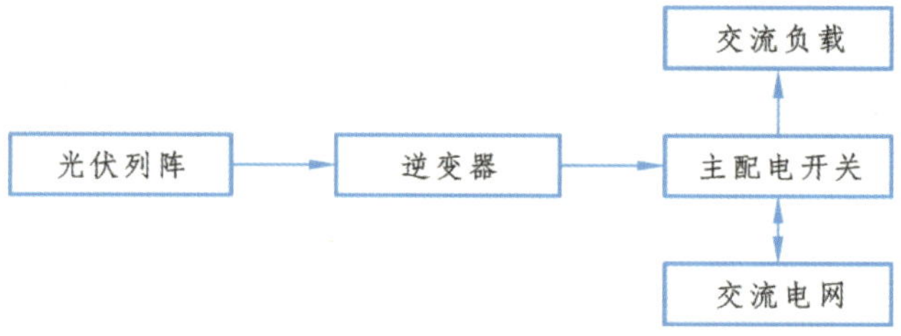


图 7.2 不可调度式光伏并网发电系统

可调度式光伏并网发电系统，如图 7.3 所示，相对于不可调度式系统，增加了储能环节。目前储能装置主要采用蓄电池，将来也可能逐步采用燃料电池等其他分布式电站的新技术。这种系统首先将光伏阵列产生的直流电能转化为交流电能，并用于蓄

电池充电。然后根据需要，系统可以选择将电能并网供给电网，或通过逆变器转换为独立使用电能。可调度式光伏并网发电系统具有更高的灵活性和可控性，可以根据用户需求和电网的要求，人为设定系统的工作时间和并网功率大小。

在可调度式系统中，当电网断电或发生故障时，逆变器会自动切断与电网的连接，以确保安全。根据需要，系统可以选择进行独立逆变，用以继续为本地负载供电。这个选择过程可以是手动操作，也可以通过自动控制实现。可调度式光伏并网发电系统具有自主供电能力和应对电网故障的能力，在特殊情况下可以保持供电，提高用电的可靠性和稳定性。

然而，光伏并网发电系统依然面临一些挑战和局限性。在不可调度式系统中，由于受到光照条件的限制，发电功率的波动性较大，无法实现精确的能量调度。可调度式系统虽然增加了储能环节，提高了系统的灵活性，但蓄能的造价成本成为制约调度式系统的因素。

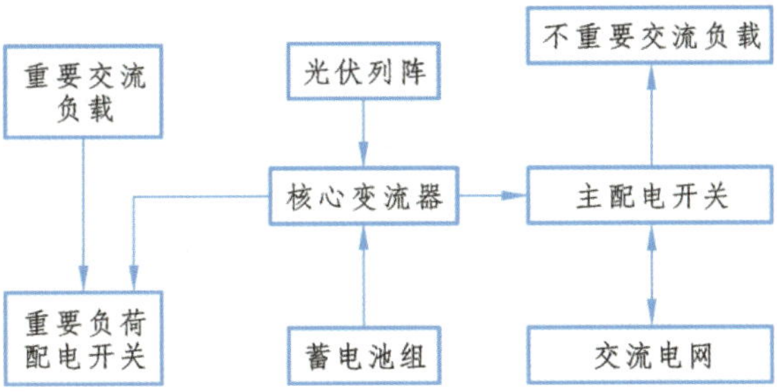


图 7.3　可调度式光伏并网发电系统

### 7.1.2　基于逆变器的光伏并网

基于逆变器的光伏并网系统的工作原理主要通过逆变器实现对输入电流和输出电压的控制。这种系统属于不可调度式光伏并网发电系统，其重点在于逆变器的运行。基于逆变器的光伏并网系统的工作原理如下：光伏电池阵列产生直流电能，将其输入逆变器，逆变器将输入的直流电转换为交流电，并输出到电网中。逆变器控制器会监测输入电流和输出电压，并根据需要进行调节控制。逆变器在该系统中的关键作用是将光伏电池阵列产生的直流电能转换为交流电能，以实现与电网的互联。逆变器控制器在实时监测输入电流和输出电压的基础上，通过调整其控制参数，确保系统以同步的频率、相位和电压水平进行并网。

逆变器的控制器通常采用先进的电子控制技术，包括脉宽调制（PWM）和闭环反馈控制。通过对逆变器的控制器进行程序控制，可以实现对输入电流和输出电压的精确控制，以满足电网的要求和系统运行的稳定性。

光伏并网逆变器按照控制方式的分类，可以分为电压源电压控制、电压源电流控制、电流源电压控制和电流源电流控制这四种方法。①电压源电压控制：在这种控制方式下，逆变器以光伏阵列作为电压源，通过控制逆变器输出电压来实现对输出功率的控制。逆变器会通过监测输出电压，并根据电网的要求动态调整输出电压的大小，以使光伏系统与电网保持同步。②电压源电流控制：在这种控制方式下，逆变器以光伏阵列作为电压源，通过控制逆变器输出电流来实现对输出功率的控制。逆变器会根据光伏阵列的工作状态和光照强度，动态调整输出电流的大小，以最大限度地利用光伏阵列的功率输出。③电流源电压控制：在这种控制方式下，逆变器以光伏阵列作为电流源，通过控制逆变器输出电压来实现对输出功率的控制。逆变器会监测输出电流，并根据电网的需求调整输出电压的大小，以实现光伏系统与电网的同步运行。④电流源电流控制：在这种控制方式下，逆变器以光伏阵列作为电流源，通过控制逆变器输出电流来实现对输出功率的控制。逆变器会根据光伏阵列的工作状态和电网的需求，动态调整输出电流的大小，以有效地控制功率的输出。

根据直流输入供电的性质,逆变器还可进一步分为电流型逆变器和电压型逆变器。电流型逆变器在其直流侧需要串联较大的电感来提供稳定的直流电流输入。然而，由于大电感会导致系统的动态响应较差，目前全球大部分并网逆变器更倾向于采用以电压源输入为主的方式。

总而言之，光伏并网逆变器根据控制方式和直流输入供电的性质来分类，并选择最适合系统需求和性能要求的方式来实现光伏发电系统与电网的有效连接和控制，结构如图 7.4 所示。

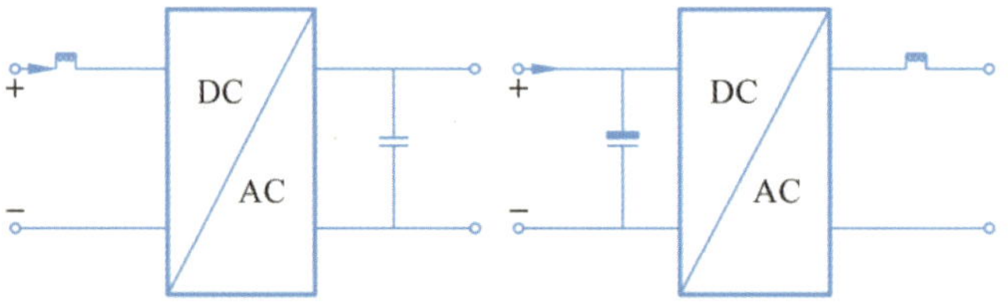


（a）电流型逆变器　　（b）电压型逆变器

图 7.4　按输入直流电源性质分类的并网逆变器结构图

电力系统可以被视为具有无限容量的定值交流电压源。当光伏并网逆变器采用电压控制时，实际上就是一个与电力系统并联运行的电压源系统。为了保证稳定运行，需要采用锁相控制技术，以实现与电力系统的同步。通过调整逆变器输出电压的大小和相位来控制系统的有功输出和无功输出。然而，由于锁相回路响应较慢，逆变器输出电压不容易精确控制，这可能影响系统的运行目标。尽管电压控制方法相对简单且广泛应用，但光伏并网逆变器可能会出现环流等问题。如果不采取特殊措施，通常情况下同一功率等级的电压源并联运行方式很难获得优异性能。

如果逆变器采用电流控制，只需通过控制逆变器的输出电流来跟踪电力系统电压即可。这种控制方式被称为电流型逆变器，可以实现电压源输入和电流源输出的并联操作。电流型逆变器主电路的拓扑结构具备有源滤波和无功补偿的控制功能，在实际应用中已得到广泛研究和应用。它能有效进行光伏发电、提高供电质量和减少功率损耗，同时还能节省相应设备的投资。

按照逆变器主电路的拓扑结构分类，常见的类型有半桥逆变器、全桥逆变器和推挽逆变器等。这些类型各具特点，可以根据具体的应用需求选择合适的逆变器拓扑结构。推挽式逆变器拓扑结构如图 7.5 所示，由两只共负极的功率开关元件合 1 个初级带有中心抽头的升压变压器组成。它结构简单，两个功率管可共同驱动，但功率管承受开关电压为 2 倍的直流电压，因此适合应用于直流母线电压较低的场合。此外，变压器的利用率较低，驱动感性负载困难。

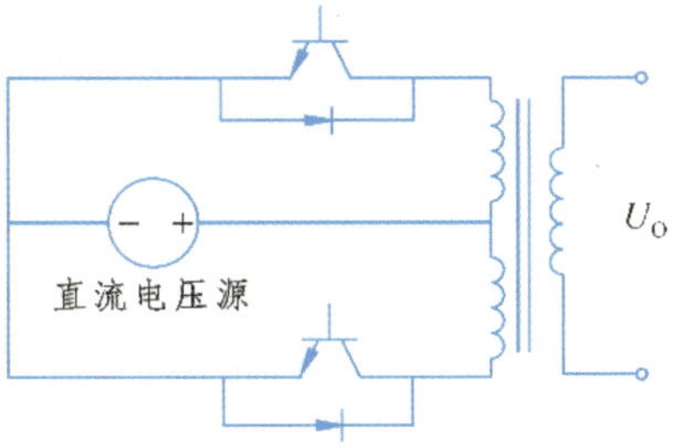


图 7.5　推挽式逆变器电路拓扑图

单相半桥电路在输入端只能产生两种电平，因此采用脉宽调制的方法会在输入端产生双极性的脉宽调制波，其幅值为直流电压的一半。这种结构简单，但主要的缺点是直流侧电压利用率低，并且在相同的开关频率下，电网电流的谐波较大。简单来说，单相半桥电路只能产生两种电平的输入信号，通过脉宽调制的方式来实现输出波形的变化。由于只有两种电平，导致在直流侧电压上利用率较低，即输出电压的幅值只能达到直流电压的一半。这使得单相半桥电路的效率相对较低。此外，单相半桥电路在同样的开关频率下，可能会导致较大的电网电流谐波。谐波指的是在电网电流中存在非基波（即正弦波）成分的情况，这会导致电网电流含有频率较高的成分，可能对电网和其他设备造成干扰。拓扑图如图 7.6 所示。

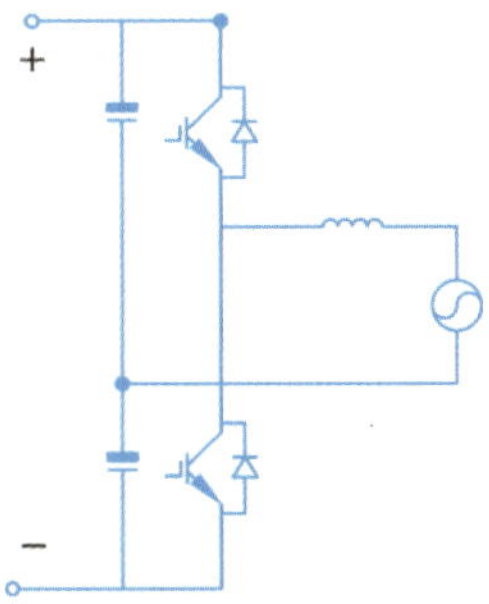


图 7.6　单相半桥逆变器电路拓扑图

## 7.1.3　带储能装置的光伏并网方式

### 7.1.3.1　带储能装置的光伏并网原理

对于带储能装置的光伏并网系统，它是在基于逆变器并网的光伏系统基础上增加了储能设备，从而实现与电网的互联。

该系统的主要组成包括以下部分：①光伏组件阵列：由多个太阳能光伏电池板组

成，将光能转化为直流电能；②光伏控制器：用于监测和控制光伏组件阵列的工作状况，以实现最大的发电效率；③电池组：储能装置，通常采用锂电池或其他化学电池技术，用于存储多余的光伏发电能量；④电池管理系统（BMS）：负责监测和管理电池组的充电和放电过程，以确保电池的安全运行和性能寿命；⑤逆变器：将直流电能（来自光伏组件和电池组）转换为交流电能，以供电网使用或馈回电网；⑥储能电站联合控制调度系统：作为整个系统的中央控制平台，协调光伏发电、储能装置的充放电以及逆变器的运行，以实现系统的稳定运行和优化能源管理。

这种带储能装置的光伏并网系统的主要应用是配合光伏发电，在发电系统中实现电能的高效利用和平滑输出。系统通过将多余的光伏发电能量存储到电池组中，以备不足时供电，或将储存的电能通过逆变器反向输送到电网，实现电力的交互与共享。该系统具有优化电能利用、提高能源消纳能力和稳定电网等优势。储能电站的能量储存和释放功能，使得光伏并网系统能够更加灵活地应对负荷波动和电网需求，提高能源利用效率和电能质量，促进可再生能源的大规模应用和电力系统的可持续发展。系统架构如图 7.7 所示。

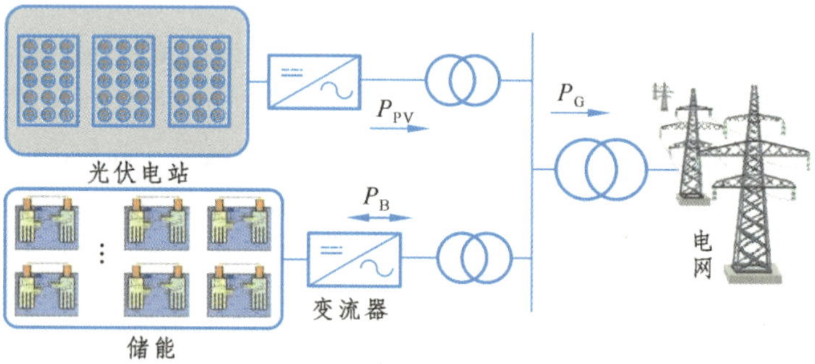


图 7.7　储能电站（配合光伏并网发电应用）架构图

光伏发电系统利用太阳能电池板将光能转换为电能，通过逆变器将直流电转换为交流电，供给负载使用。智能控制器负责对蓄电池组进行调节和切换，根据日照强度和负载变化，将电能直接供给负载或存储到蓄电池组中。当发电量不足以满足负载需求时，控制器会将蓄电池中的电能供给负载，以保证系统的连续性和稳定性。

并网逆变系统由多台逆变器组成，将蓄电池中的直流电转换为标准的 380 V 交流电，接入用户低压电网或通过升压变压器送入高压电网。锂电池组在系统中起着能量调节和平衡负载的双重作用。它将光伏发电系统产生的电能转化为化学能，存储起来以备供电不足时使用。

拓扑结构中的储能单元主要由 DC/DC 变换器和全桥双向 DC/AC 变换器组成。这种结构可以实现升压、逆变、降压和整流的解耦控制，具备简单且易于实现的特点。当储能装置放电时，前级变换器以 Boost 升压模式工作，后级全桥变换器以逆变模式工作；当储能装置充电时，前级变换器以 Buck 降压模式工作，后级全桥变换器以 PWM 整流模式工作。

这种系统结构能够实现对储能装置的充放电控制，提供稳定的能量供应和可靠的负载供电。同时，锂电池组作为储能装置，具备高能量密度、长寿命、低自放电率和较小的体积等优势，适用于光伏发电系统的储能应用。储能单元在光伏发电系统中具有四种不同的工作模态，分别是并网充电、离网充电、离网独立放电和离网辅助放电。

（1）并网充电模态：在并网运行模式下，当蓄电池的容量不足时，可以通过电网进行充电。这样可以为光伏发电系统在离网运行模式下提供能量储备，以应对负荷需求超过光伏发电能力时的情况。

（2）离网充电模态：在离网运行模式下，当蓄电池的容量不足且光伏发电单元有多余的能量输出时，可以对蓄电池进行充电控制。这样可以充分利用光伏发电的多余能量，将其存储到蓄电池中，以便在需要时供电。

（3）离网独立放电模态：在离网运行模式下，当光伏发电单元输出的能量不足以提供电压和频率支撑时停止工作，蓄电池可以独立为负荷提供所需的功率，并维持系统交流母线上的电压和频率。这种模式下，蓄电池起到储能和供电的关键作用。

（4）离网辅助放电模态：在离网运行模式下，当光伏发电单元的输出功率不足以满足负荷需求时，但仍能提供稳定的交流母线电压和频率时，蓄电池储能单元可以进行辅助放电，以维持系统的能量平衡。这种模式下，蓄电池可以填补光伏发电能力不足的缺口。

这四种工作模态使得储能单元能够根据光伏发电系统的工作状态和负荷需求进行灵活地调节和运行。通过合理地控制储能单元的充放电操作，可以确保光伏发电系统的稳定性、连续性以及与电网之间的良好互动。

#### 7.1.3.2 储能系统在光伏发电系统中的作用

储能原理包括电化学储能、机械储能和电磁储能，这些都是常见的储能技术。对于光伏发电系统的不稳定性，储能系统的引入的确是一种解决方案。储能系统在光伏电站中的作用是确保系统的稳定性、提供能量备用和提高电力品质与可靠性等作用：

（1）保证系统稳定：光伏发电系统的输出受到天气变化和负荷需求的影响，其输出功率具有波动性。储能系统可以通过将多余的光伏发电能量存储起来，并在负荷波动时释放出来，使系统能够稳定地满足负荷需求。储能系统的能量存储和缓冲作用，可以使系统在负荷迅速波动的情况下仍能保持稳定的输出水平。

（2）提供能量备用：储能系统在光伏发电无法正常运行时，可以充当能量备用和过渡能源。例如，在夜间或阴雨天等情况下，光伏电池不能发电时，储能系统可以提供备用能源，确保电力供应的连续性。储能系统的储能容量取决于负荷需求和光伏发电的不确定性。

（3）提高电力品质和可靠性：光伏发电系统的孤岛运行可能导致电压尖峰、电压下降和其他干扰现象对系统造成影响。储能系统可以平滑电力输出，调节电压和频率，减少电力质量的波动。通过采用足够数量的储能系统，可以保证电力输出的品质和可靠性。此外，储能系统还可以提供快速响应的功率支持，提高系统的稳定性和应对电力需求峰谷的能力。

储能系统在光伏电站中的作用是多方面的，包括保证系统的稳定性、提供能量备用和提高电力品质与可靠性。随着储能技术的进一步发展，储能系统在光伏发电领域的应用将会得到更广泛的推广和应用。

### 7.1.4　光伏微电网孤岛运行

#### 7.1.4.1　孤岛效应

光伏发电是一种清洁、可再生的能源形式，它的应用正在逐渐扩大和普及。然而，光伏发电系统在电网停电或进行检修时可能会出现孤岛效应。孤岛效应是指在电网供电中断时，光伏发电系统与本地负载连接处于独立运行状态，形成自给供电的孤岛。

孤岛效应可以分为两种情况。一种是当外部电网断开时，如果光伏发电系统发出的功率与本地负载需求的功率相匹配，光伏逆变器的端电压和频率变化不大，逆变器的保护机制无法检测到电网的变化，从而继续运行，形成孤岛效应。另一种是当外部电网断开时，光伏发电系统的功率无法满足本地负载需求，逆变器无法继续运行，这种情况下不会形成孤岛效应。

与传统的联网电力系统相比，孤岛电力系统由于缺乏各种调频手段和无功补偿控制手段，其静态稳定性和动态稳定性都较差。在孤岛运行时，电压和频率的波动范围较大，受负荷运行的影响较为明显。此外，多数时间内，孤岛电力系统运行在低压、低频范围。运行原理图如下图 7.8 所示。

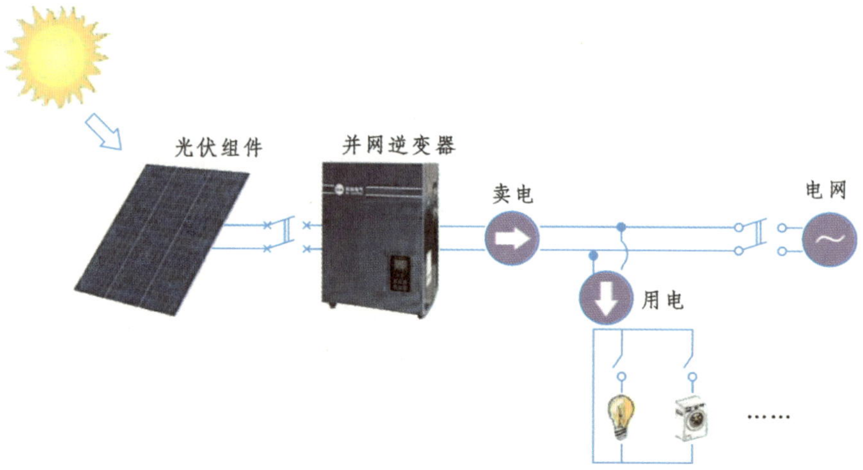


图 7.8　光伏微电网的孤岛运行原理图

#### 7.1.4.2　非计划性光伏孤岛效应危害

光伏发电系统的孤岛效应确实存在着一些潜在的安全和电力质量问题。

（1）当电网停电或进行检修时，光伏发电站的存在可能对电力工作人员的安全构成潜在风险。这是因为，当电力工作人员需要对电网进行维护和修复时，他们通常会假设电力系统处于无电状态，并且采取相应的安全措施。然而，如果并网光伏电站的逆变器仍然继续供电，存在对电力工作人员误判电网状态的风险。这可能导致电力工作人员受到电击等安全风险。

（2）光伏孤岛效应确实会导致电网无法控制供电孤岛的电压和频率，从而引起电压和频率的波动。这种波动会对连接到孤岛的用电设备造成损坏。由于缺乏电网的调节手段，在没有外部电源的情况下，光伏系统可能无法提供稳定的电压和频率，从而对设备的正常运行造成影响。特别是对于一些对电力质量要求较高的敏感设备，如计算机、医疗设备等，波动的电压和频率可能导致设备故障或数据丢失。

（3）光伏逆变器在孤岛运行状态下仍然发电时，当电网重新恢复供电时会产生浪涌电流。这是因为光伏并网系统的输出电压和电网电压之间可能存在相位差。当电网重新供电并与光伏系统重新连接时，由于相位差的存在，可能会引起大量的电流突变，这被称为浪涌电流。浪涌电流可能会导致电网再次跳闸或对光伏发电系统、负载和供电系统造成损坏。

针对这些问题，需要采取适当的措施来解决光伏发电系统孤岛效应带来的安全和电力质量问题。这包括采用并网检测技术来实时监测电网连接状态，改进光伏逆变器的控制算法，以及在孤岛发生时通过自动断开光伏系统与电网的连接或通过降低电压和频率波动来减少用电设备的损坏风险。同时，对于电力工作人员，应加强安全教育和培训，提高他们对光伏发电站存在的认识，以避免潜在的安全风险。

### 7.1.5 风力发电并网服务

人类利用风能的历史悠久，利用风力发电（简称风电）的历史可以追溯到 19 世纪晚期。风电是最具规模化开发前景的可再生能源之一。我国风能资源丰富，近年来，在国家相关政策的支持下取得了快速发展，截至 2022 年底，我国风电累计并网装机容量达到约 3.65 亿千瓦，占全部发电装机容量的 14.2%，发电量达到约 7 600 亿千瓦时，占全部发电量的 8.8%，已成为我国的第三大电源，风电累计和新增装机容量位居全球首位。

从风能的角度看，风能资源受地理环境和时间因素的影响很大，最显著的特性是其变化性，是一种间歇性能源。与常规发电机组相比，其输出的电能具有显著的波动性，对电网主动支撑能力弱，抗电网扰动能力不足。随着风电占比逐年升高，风电并网特性对电力系统的安全稳定运行带来显著影响和巨大挑战。

为保障风电的安全稳定运行，促进风电的健康发展，国内外风电发达地区均对风电的并网服务进行了规范，且随着风电设备性能的不断提高和风电装机占比的不断攀升，现行标准也在不断修订，并网服务体系也在不断完善。

风能资源随时间随机变化，规律性差，使得风电功率表现为随机波动性，大规模风电并网后，对电力系统维持实时的能量平衡带来较大的难度，需要由常规电源预留大量旋转备用容量来平衡，进而挤占了电力系统的调峰能力，降低了电力系统运行的经济性。

伴随着风电功率的波动及电网备用容量的减少，电网的频率也会随之变化调整。同时，有功功率变化也会引起风电机组和就地补偿装置的无功变化，进而造成母线电压水平变化，产生电压偏差。

随着电力电子技术的发展，非线性电力电子器件和装置在风力发电系统中得到广泛应用。但大规模电力电子器件和装置的运行使得风电机组输出电压和电流发生越来越严重的畸变，造成谐波污染，给电网带来电压波动、闪变、谐波等电能质量问题。

通过对风电未来不同时间尺度下的发电功率进行准确预测，将波动性的风电功率变为基本可知，从而把风电纳入负荷调节计划是应对风电随机性和波动性的有效手段，在风电利用中具有十分重要的作用。近年来经过不断的完善和升级，风电功率预测的准确性已得到了提高，我国所有集中式并网风电场站和各省级调度机构均已建立了风电功率预测系统，有力地支撑了大规模风电的消纳能力。但仍需看到风电功率预测能力在山地风电，分散式风电等领域的局限性和准确度低的问题，急需得到进一步的发展和完善。

## 7.2　并网服务相关标准

为保证电力系统安全稳定运行，接入电网的所有发电设备需遵守共同的运行规范，将公认的运行规范转换为可具体执行的规则，即并网标准。由于并网标准的内容和电网的客观情况相关，不同国家采取的风电并网标准条款不尽相同。此外随着电网运行结构和风电设备的不断发展和变化，并网标准也随之滚动更新。

### 7.2.1　国外标准

国际上大多依据国际电工委员会（IEC）发布的标准建立，并根据各个国家自己的情况提出适合于本国的技术标准。IEC 发布的风电标准以《IEC 61400 风力发电机系统》系列标准为主，涵盖电能质量、机组检测、仿真模型建立及验证、通信等方面。表 7.1 列出了部分 IEC 标准。

表 7.1　部分 IEC 标准

| 标准编号 | 标准名称 | 标准内容 |
| --- | --- | --- |
| IEC 61400-25 | 风力发电厂监控通信相关系列标准 | 面向风电厂的监控系统通信，实现各设备之间的相互通信，使各设备之间具有互联性、互操作性和可扩展性 |
| IEC 61400-21 系列标准 | 并网风力涡轮机的功率质量特性的测量和评估 | 风力发电设备电气特性的测量和测试规程 |
| IEC 61400-23 | 风电叶片相关标准 | 推荐指导建立风电叶片试验标准 |
| IEC 61400-27 系列标准 | 风力发电系统仿真模型 | 给出风力发电系统的一些通用模型，指导风力发电机组和风电场电气仿真模型验证 |

### 7.2.2 国内标准

《风电场接入电力系统技术规定》（GB/Z 19963—2005）是我国第一项风电并网国家标准。这项标准是在参照 IEC 标准和欧美部分国家的基础上，基于我国当时的风电发展情况制订的。考虑到当时风电开发处于起步阶段，该标准仅仅提出了一些原则性的建议，随着我国风电的迅猛发展，2011 年 12 月 30 日，发布了 GB/Z 19963—2011 的版本。与 GB/Z 19963—2005 相比，GB/Z 19963—2011 在风电场有功功率/无功电压控制、低电压穿越、接入系统测试等方面提出了技术要求。2021 年 8 月 20 日，该标准再一次修订后发布，该项标准最大的变化是分成了陆上风电和海上风电两个标准，充分考虑了两者的自身特点和固有特性。测试和评价内容增加了无功补偿装置、惯量相应和一次调频、仿真模型评价，高电压穿越方面的内容。与 GB/Z 19963—2011 相比，GB/T 19963.1—2021 已经达到甚至领先于世界上其他国家，这是和我国风电的迅速发展分不开的。

围绕《风电场接入电力系统技术规定》，我国已陆续建立了适合我国风力发展现状的风电机组并网标准体系。并网标准分为风电机组和风电场两个大类，包括《风电场风能资源测量方法》（GB/T 18709—2002）、《风电场风能资源评估方法》（GB/T 18710—2002）、《风电场气象观测资料审核、插补与订正技术规范》（GB/T 37523—2019）、《风能发电系统 风力发电机组电气特性测量和评估方法》（GB/T 20320—2023）、《风电场运行风险管理规程》（NB/T 10640—2021）、《风电场电能质量测试方法》（NB/T 31005-2011）、《大型风电场并网设计技术规范》（NB/T 31003—2011）、《风电场功率控制系统技术要求及测试方法》（NB/T 10317—2019）、《风电场并网性能监测评估方法》（NB/T 10650—2021）、《风电场动态无功补偿装置并网性能测试规范》（NB/T 10316—2019）等等上百项国标、行标、地方标准和团体标准，涉及电力系统、风能、风机各部件、继电保护及自动装置、高压开关设备、传感器、标准化、质量管理、卫生、安全、劳动保护等等方面，风电相关的标准体系已初步建立。

## 7.3 并网服务相关内容

我国是全球风电规模最大，发展最快的国家。对于“三北”地区（东北、西北、华北），高比例新能源电力系统形态已经形成，多个省区新能源穿透率超过 100%，风电在电力系统中的角色正由替代性电源向主力电源转变，但这也加剧了电力系统的功率波动，系统频率稳定和电压稳定问题逐渐突出。为确保风电并网安全，风电场并网关注的方向主要有以下几个方面。

### 7.3.1 电能质量

风电的电能质量分为风电机组的电能质量和风电场的电能质量。由于风电的间歇性、随机性、波动性的特点，以及风电场含有大量电力电子器件的原因，风电场的电能质量问题不容忽视。风电的电能质量问题主要是电压偏差、闪变、谐波和间谐波几类。风机的启动和退出、风速的紊流以及风机的塔影效应都可能导致电压闪变，现场通过测量短时间闪变值推算长时间闪变值来确定闪变的情况。风机本身配备的电力电子装置可能带来谐波问题，以及风机的并联补偿电容器可能与线路电抗发生谐振也会产生谐波。目前针对风电制定了电能质量测试的国家标准和行业标准，规定了电能质量特征参数的测试、分析方法过程，但谐波参照的基础标准仍是《电能质量 公用电网谐波》（GB/T 14549—1993），不能完全满足现行行业需求和时代发展。

### 7.3.2 功率控制

大规模风电场接入系统后，电网系统的电压和频率都存在大幅度波动，而随着风电穿透率的增加，且许多风电场远离负荷中心，风电带来的频率偏移和稳定性问题不容忽视。因此，为了保障系统频率、电压稳定运行，风电虽然有随机性和波动性的特点，也应该具备一定的有功、无功快速调节能力。风电场的功率控制测试主要分为有功\功率控制能力测试和无功\电压控制能力测试。在单台机组具备功率控制能力的基础上，风电场通过自动发电控制系统（AGC）和自动电压控制系统（AVC）实现整座风电场的协调控制，经过多年的发展，AGC 和 AVC 的协调控制能力已大幅提高，控制精度和调节时间均有明显改善，一定程度上满足电力系统实时功率平衡的要求。

### 7.3.3 电网适应性

我国风电资源大部分位于远离负荷中心的区域，风电系统对真实电网环境的适应能力已成为现代风电技术进一步发展需要考虑的重要因素。风电的电网适应性反映了在国家标准规定的电力系统正常运行范围内，风电应对电网扰动的适应能力，及在电网电压偏差、频率偏差、三相电压不平衡、电压波动和闪变、谐波电压等情况下的响应特性。目前，风电机组应对电网扰动的适应能力普遍较弱，风电机组脱网事故时有发生。因此增强风电的电网适应性，是保障风电场长期稳定运行的重要途径。

### 7.3.4 故障电压穿越

风电的故障电压穿越包括低电压穿越和高电压穿越，是指当电力系统发生事故或者扰动，引起并网点电压超过允许的正常运行范围时，在一定的电压范围和持续时间内，风电机组能够保证不脱网连续运行，且平稳过渡到正常运行状态的能力。早期风电装机规模较小时，风电在电力系统中占比较小，当电力系统发生故障时，风电机组往往采取直接脱网的方式应对，待电力系统恢复稳定后再并网运行。随着风电在电力系统内的占比越来越高，若电力系统发生故障时造成大规模风电脱网，将会进一步加剧电力系统的故障情况，不利于电力系统的恢复和重新建立稳定运行。风电的故障穿越能力测试，限于试验设备和现场情况的因素，目前仅对风电机组进行现场实测，针对风电场的故障穿越能力，多采取仿真验证的方式进行。

### 7.3.5　一次调频

风电功率具有波动性和间歇性，并且很难精确预测，这给电网调频和调峰都带来很大的影响。早期风电机组不参与系统调频，只要求风电机组具备调频能力。随着风电规模的逐步增加，近几年风电场的调频能力越来越受重视，目前已有不少省份明确要求风电场需要参与一次调频。风电系统运行特性不同于常规机组，尤其在功率调整方面，与常规电源火电机组、水电机组的调频特性存在较大差异，需要在多频率区间和多时间尺度，实现多调频资源的协调控制，提升电网系统频率的调整能力。风电场现有实现调频能力的方式有转子动能控制、功率备用控制和附加储能系统的频率控制等。

### 7.3.6　全站建模

早期风电场并网时，仅需要向调度机构提供模型参数，严谨性无法得到保障。随着风电规模的逐渐升高，风电仿真模型对电力系统的稳定分析带来显著影响，原有模型参数多无法正常反映风电场所在系统的真实情况，因此风电的建模工作在全国各大监管机构被反复提出，模型参数也在逐步完善。风电的建模是根据风电设备制造商提供的设备机电暂态模型，开展风电场场站建模工作，包括机组模型的机电、电磁暂态建模。建模需综合考虑电站实际电气结构、集电线路参数、无功补偿装置等影响的外特性等值模型，模型应能够反映电站的故障穿越特性、功率控制特性等，目前对应的国标正在编制中。

### 7.3.7　储能装置

储能技术主要为了解决风电间歇性问题，在风力强劲或者电力系统不需要时储存多余电力，并在风电场发电量下降时释放，有助于维持电力系统稳定，加强风能有效利用，实现调频能力，增加其对能源结构的总体贡献。目前提出较多的有抽水蓄能技术、飞轮技术、电化学储能、氢储能、岩穴储能等，技术最成熟的是抽水蓄能技术，但受场地的限制较大；应用于风电场现场较多的是电化学储能方式，但造价、安全性等问题不容忽视。目前风电场能设备的检测仍处于早期阶段，缺乏统一的标准和规范。但随着风电装机的增加，预计储能系统将在解决风电波动性问题，推动风能有效利用，确保电力系统稳定可靠运行方面发挥越来越重要的作用。

## 课后习题

1. 光伏发电的原理是什么？
2. 光伏并网发电系统的分类。
3. 光伏并网逆变器按照控制方式的分类方式？
4. 带储能装置的组成部分有哪些？
5. 储能单元在光伏发电系统中具有哪几种工作模态？
6. 孤岛效应的原理是什么？
7. 孤岛效应存在着哪些潜在的安全和电力质量问题？
8. 用电资源的缺点是什么？
9. 风电的电能质量分为哪几块？

# 第 8 章　负荷侧需求响应服务

## 8.1　需求侧响应的基本概述

### 8.1.1　需求侧响应概述

2023 年 7 月 4 日世界气象组织宣布，“厄尔尼诺条件”形成（见图 8.1）。此为近七年来热带太平洋首次形成厄尔尼诺条件，可能导致全球气温飙升、破坏性天气和气候模式的出现，建议各国做好预警，提前应对，以减轻对人类健康、生态系统和经济的影响。

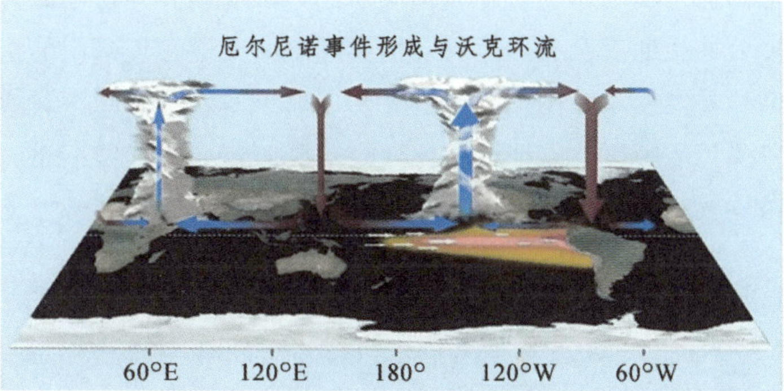


图 8.1　厄尔尼诺事件形成与沃克环流

与此同时，我国多地也是高温不下、热度不减。北京、天津、河北、山东、河南、新疆、广西、广东、福建等地先后发布高温预警。“高温橙色预警——北京、河北、河南等地部分地区可达 40 °C 或以上。”气象部门提醒，“公众需做好防晒降温措施，尽量避免在高温时段进行户外活动……”

为防暑降温，居民小区、办公楼、商场、工厂等场所纷纷打开了空调。空调的使用使得室内环境温度降低，却也使得用电负荷激增。据四川省电力公司统计，四川夏季空调降温负荷近 1 800 万千瓦，相当于 1 600 多万台 1.5P 的空调同时运转，超过全省用电负荷的 1/3。对于电力系统而言，用电负荷激增使得输电线路负荷电流大幅度增加，特别是高峰时段，线路设备几乎满载运行，这对电网安全运行和电力保障都是很大的考验（见图 8.2）。电网通常会采取一系列措施，力求顺利度过此季节的负荷高峰，也即“迎峰度夏”

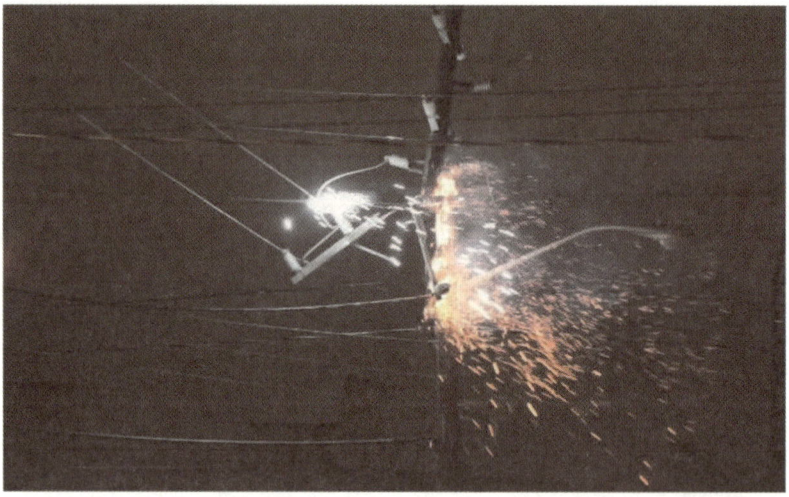

图 8.2　线路过载导致火灾

正如节假日出游时，高速公路上车辆激增，可以称之为“迎峰度假”（见图 8.3）。“迎峰度假”时，几乎满载的公路上很容易出现堵车情况或车辆连环相撞的交通事故，为此交通管理部门通常会安排交警在大街上手动指挥交通并通过新闻鼓励、劝导大家错峰出行，保障公共交通安全有序运行。但实际上，交通管理部门的指挥、劝导等方法对公共交通的疏导效果是有限的，部分车主可能不会完全遵照“交通维护管理员”所希望方式去行车，公众对其响应的积极性将会影响交通疏导的效果。

图 8.3　“迎峰度假”交通拥堵

不难想到，电网和公路具有相似之处，它们都会出现“高峰期”和“低谷期”，都有可能出现拥堵。电力公司作为电网的“电力维护管理员”，在高峰期通过某些方式进行用电疏导，需要每一位电力用户的积极配合，共同保障电力输送的通畅和安全。而电力用户对电网公司指挥信号的响应，便是电力需求侧响应，部分专家学者也常简称为需求（侧）响应。

电力需求侧响应是指当电力供应紧张（或过剩）、出现时段性电力电量不足（或富余）时，电力公司根据供需形势，在能源主管部门和当地政府的支持下，通过经济激励为主的措施，邀约具有负荷调节能力的用电客户在双方约定的特定时段主动调减（或增加）用电负荷，有效实现削峰填谷，缓解电力供需矛盾；越多用电客户主动地响应这种号召，就越有利于实现电力供需平衡，保障电力安全可靠供应。在需求响应完成后，用电客户可基于其调减（或增加）的用电负荷从电网公司处获得一定响应补偿（补贴）。目前，我国的电力需求侧响应实践工作尚处于起步阶段。

### 8.1.2 选择需求侧响应的原因

需求响应何以受此重视？为什么选择需求侧响应？通常高速公路只有在每个小长假、大长假的时候才会很堵，为此多修几条高速公路是不现实的。如果发现交通拥堵就拓宽公路，或许能从根本上解决堵车问题，但是经济与时间成本过大，性价比不高，势必会造成浪费。同理，电力系统的负载也不是一直居高，想依靠电网投资建设解决问题，缺乏时效性和经济性。

关于时效性，按一般工程经验：建成一座 220 kV 变电站，至少 13 至 15 个月；建成一座 500 kV 变电站，至少 2 年；建成一座火电厂，一般也需要 4 至 6 年时间；建成一座抽水蓄能电站，一般是 5 年时间，若考虑水文勘测与征地移民的话，其规划与建设的总时间甚至可能超过 10 年，如图 8.4 所示是白鹤滩水电站大坝修建现场。通过“建电网，架线路”来对电网进行扩容，时间成本过大，还会占用大量的土地资源，影响环境和社会效益。

图 8.4　白鹤滩水电站大坝修建

如果仅追求时效性，是否有其他办法能以更小的时间尺度对用电客户的负荷进行调控呢？2022 年夏天浙江、广东、四川等多个省市实行的“有序用电”——由政府部门出台用电指导政策，由供电企业和用户共同落实，自上而下迅速执行的用电方案调整。显然，这种以政府部门命令管控，用户被动执行的“自上而下”的方法最具时效性。但需要注意的是，需求侧响应是用户主动参与的，是“自下而上”的非强制性行为。换句话说，在电网企业向用电客户发出需求侧响应请求时，用户其实可以选择不响应。如果用户切实参与响应，并获得一定的经济补偿，这便是需求侧响应想要的核心要义，即用经济补贴激励用户主动参与到电力市场中，协助电网公司完成电力资源的灵活调控。

关于经济性，电网规划建设是跟经济发展、城市规划及工业产能等方面相匹配的，如果电网建设过多过快，而地区经济发展跟不上，那势必会造成资源浪费；而实施需求侧响应策略，电力公司只需付出适量的经济补贴，即可激励用户对用电负荷进行调节，缓解电网拥堵。根据《“十四五”现代能源体系规划》以及《2023 年四川省电力需求侧市场化响应实施方案》的相关要求，四川的市场主体要形成电网最大用电负荷5%左右的需求侧市场化响应能力。据四川省电力公司粗略测算，如果由电力供给侧削减这 5%的高峰负荷，电厂及配套电网的建设投入约为 400 亿元，为达到同等效果建设用户侧储能则需投入约 100 亿元，而实施需求侧响应仅需约 10 亿元/年。

综上可知，电力需求侧响应是能够激励用户调整用电以实现电力系统平衡稳定的经济性可、时效性佳的负荷侧资源的电力管理方法。自 2010 年我国颁布《电力需求侧管理办法》开始，相继出台了一系列政策以鼓励实施电力需求侧管理，促进电力资源优化配置。2015 年，《中共中央 国务院关于进一步深化电力体制改革的若干意见》正式出台，明确了需求侧响应和其他需求侧资源在确保电力供需平衡方面的重要作用。2022 年，国家发改委与国家能源局相继印发的《关于完善能源绿色低碳转型体制机制和政策措施的意见》《2022 年能源工作指导意见》等，也对电力需求侧响应提出指导意见并指明发展方向。在政府力推之下，各大电力企业纷纷积极开展需求侧响应实践——引导电力用户参与虚拟电厂、移峰填谷和需求侧响应。

未来，随着高比例、高渗透率的新能源发电机组在电网接入，供给侧与需求侧的出力随机性将成为影响电网安全稳定运行的重要因素。需求侧响应作为电力系统重要的互动调节手段，将在电力市场中发挥出与电源侧资源相同的作用，通过调动需求侧资源参与电网供需平衡调节或调峰调频等辅助服务，将有效提高电网的新能源消纳能力，促进电力供需平衡，实现有效且高效的能源利用。

### 8.1.3 需求侧响应的分类

需求侧响应的种类较多，可从不同方面来进行分类。

#### 8.1.3.1 从响应的类型分类

从响应的类型来看，狭义上电力需求响应可以分为削峰和填谷需求响应（见图 8.5）。

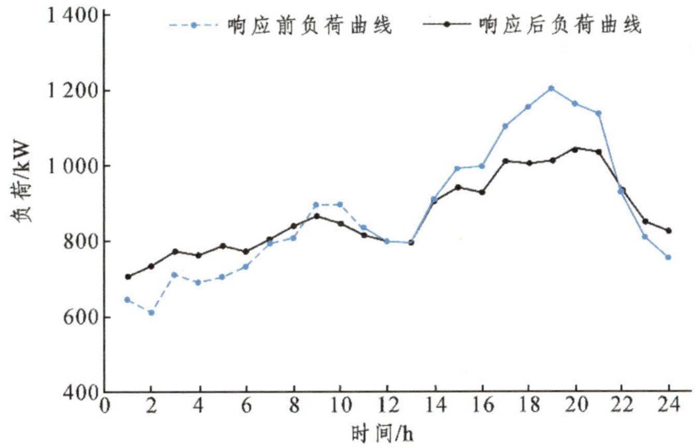


图 8.5　削峰和填谷需求响应

削峰需求响应，也就是需要用户在用电高峰期间减少用电的需求侧响应类型。在夏季高温天气下，风电机组出力不理想，很难用来弥补夏季用电高峰时段的电力缺口等。国网江苏省电力公司在 2016 年就曾创造全球单次最大规模需求响应，削减高峰用电负荷 352 万千瓦。

填谷需求响应，顾名思义就是需要用户在用电低谷期间增加用电的响应，一般用于电网低谷时段增加用户的电力电量需求，可以促进清洁能源的消纳，减少弃风弃光现象，提高能源利用效率，有利于电网运行的经济性和稳定性，降低电网运行成本和风险。其典型应用场景包括电动汽车在低谷时段充电、蓄热电锅炉在低谷时段蓄热等。

#### 8.1.3.2 从响应的补偿方式分类

从响应的补偿方式来说，电力需求响应可分为价格型需求侧响应与激励型需求侧响应。

价格型需求侧响应即以价格信号引导用户主动改变固有的用电模式，激励用户在峰时段减少用电，在谷时段或平时段增加用电。主要电价机制包括分时电价、尖峰电价和实时电价。分时电价应用最多，其他两种电价应用较少。

（1）分时电价可直接反映各时段供电成本，用电高峰时电价高，低谷时电价低。可根据日内不同时段划分为峰、谷电价，根据不同日期划分为丰、枯电价，根据不同季节划分为季节电价，其中峰、谷电价的应用最为常见。

（2）尖峰电价机制参照分时电价制定，一般实施于夏、冬两季。在峰时段电价基础上向上浮动部分电价，上浮的电价比例称为叠加尖峰费率（2021 年 7 月国家发改委规定上浮比例不低于 20%）。为了敦促用户调整用电方式，部分省份会在尖峰日执行尖峰电价、非尖峰日采用电价折扣以激励用户参与尖峰电价机制。

（3）实时电价能反映短期内生产电能的成本，包含日前实时电价机制和日内实时电价机制。在日前实时电价的指导下，用户将提前安排第二天的用电计划；而在日内实时电价作用下，用户需依据日内实时电价及时快速地调整用电。

激励型需求响应即在电力系统的安全性受到威胁或稳定裕度低于标准值时，引导用户及时调整负荷、优化用电行为，基于用户电价折扣或直接补偿的需求响应机制，包括基于计划的激励（如直接负荷控制、可中断负荷等）和基于市场的激励（如需求侧竞价、容量市场项目、辅助服务项目、紧急需求响应等）。

（1）直接负荷控制：电网公司在与用户签订需求响应合同后，可在当出现负荷高峰或电力系统稳定性受到威胁时直接远程控制用户设备。

（2）可中断负荷：调控部门或负荷聚合商提前将需求响应信息告知已签约的用户，用户则按照合同规定在一定时间完成相应负荷削减任务。

（3）需求侧竞价：负荷聚合商或用户自主申报后，电网以经济成本最优为目标的选择申报激励最低、可调度潜力大的负荷聚合商或用户参与响应，可在保证用户响应积极性的同时降低补偿成本。

（4）容量市场项目和辅助服务项目类似，相当于电力用户承担电力系统的备用储能任务，参与该项目的用户需提前与项目方签订合同。

（5）紧急需求响应：不需要用户与电网签订合同，用户可自行选择是否对电网发布的需求响应事件进行响应，当用户按照要求完成响应任务即可获得相应奖励。

#### 8.1.3.3　从使用场景和调用方式分类

从使用场景和调用方式看，电力需求响应可分为常规型响应和应急型响应。

常规型响应：在电网高峰（或低谷）时段，通过市场化机制，引导电力客户在约定时间内短时优化用电负荷，有效实现削峰填谷，缓解电力供需矛盾。常规型响应主要包括日前削峰响应、日前填谷响应、小时级削峰响应等类型。

应急型响应：在电网紧急情况下，电网企业通过专变负控终端、需求响应终端或精准负荷控制终端等负荷控制装置，远程调控用户内部可调节或可中断负荷。应急型响应主要包括分钟级可调节响应、（准）秒级可中断响应等类型。

#### 8.1.3.4　从响应速度分类

从响应速度看，电力需求响应可分为日前、小时级、分钟级、（准）秒级响应。

日前响应：电网企业于需求响应执行日前一天，根据第二天的电力供需预测，向符合条件的用电用户发出减少或增加用电的响应邀约，用户于邀约截止时间前反馈响应容量、响应价格等竞价信息；电网企业根据用户反馈信息，按照“价格优先、时间优先、容量优先”的边际出清方式确定本次补贴单价和用户中标容量。

小时级响应：电网企业于需求响应执行前数小时，根据当天的电力供需变化通过语音、短信等形式向协议用户发出响应执行通知，通知用户在特定时段内减少或增加用电；收到响应执行通知的用户在响应时段自行完成负荷调节。

分钟级响应：电网企业于需求响应执行前 30 min，基于当前的电力供需状况通过电力需求侧实时管理系统向协议用户发出调节特定时段指令，经用户确认参与后，利用需求响应终端与用户自有系统的联动策略，自动完成负荷调节。分钟级需求响应也可以通过虚拟电厂的方式，将分布式能源、储能设备、可调度负荷等资源纳入到电力市场中，提供辅助服务或调峰削谷。

（准）秒级响应：电网企业在电网紧急情况下，通过平台向协议客户发出控制指令，利用专变费控终端或精准负荷控制终端等负荷控制装置的分路跳闸功能，自动完成负荷控制，实现电网紧急情况下的精准调控负荷。

为实现电力系统“源-网-荷-储”一体化联动，最大范围动员、唤醒“沉睡”的需求侧响应资源，各地积极开展了多个项目试点示范。2021 年 6 月，浙江省发展改革委、省能源局发布《关于开展 2021 年度电力需求响应工作的通知》，要求各地通过实施日前、小时级、分钟级和秒级电力需求侧精密智控举措，形成日前削峰 1 000 万千瓦、秒级可中断 400 万千瓦和日前填谷 100 万千瓦的需求响应资源池，力争建成小时级削峰 100 万千瓦、分钟级（虚拟电厂）100 万千瓦的资源池。2020 年 12 月，国网江苏省电力有限公司在南京市开展了虚拟电厂需求响应试验。试验中，虚拟电厂通过调度分布式光伏、储能、智能充电桩等资源，实现了对市场价格信号的快速响应，并为辅助服务市场提供了有效支撑。此外，江西、四川、天津、广东等多地也对各类需求响应模式做了积极的探索，通过不同时间尺度、不同类型、不同参与对象响应形式实现了有效用电调节，增加了需求侧的灵活性和参与度，为电力市场和辅助服务提供了新的资源和支持。

## 8.2　需求侧响应的参与者

2022 年 1 月 29 日，国家能源局联合国家发展改革委印发《“十四五”现代能源体系规划》，提出“大力提升电力负荷弹性，加强电力需求侧响应能力建设，整合分散需求响应资源，引导用户优化储用电模式，高比例释放居民、一般工商业用电负荷的弹性。”目前国内需求侧响应的参与对象可分为一般工商业用户和居民用户两类。

图 8.6　公交枢纽充电站

### 8.2.1 工商业用户参与需求侧响应

目前，电网公司一般会要求需求侧响应的参与用户具有一般纳税人资格，配置完善的负荷管理终端及用户侧开关设备，使相关的负荷数据接入供电公司的负荷管理系统，且运行状态良好；对于高耗能用户，还要求企业符合国家相关产业政策和环保政策，且拥有较高的能源管理水平和用能效率。此外，国家还鼓励推广新型储能、分布式电源、电动汽车、空调负荷等相关主体，以负荷聚合商或虚拟电厂等形式参与需求响应，如图 8.6 所示为公交枢纽充电站。近年来，浙江、广东、云南、四川、河北、江苏等超过 20 个地区先后出台了电力需求响应的实施方案与补偿政策，其中大部分补偿激励机制都针对于工商业用户进行设置。

以四川为例，具备一定响应能力以及分时计量与数据传输条件的，单个户号响应时长不低于 1 h 的 10 kW 及以上工商业用户，可申请参与需求侧响应。当省电力调控中心判断某日可能出现电力缺口时，将提前 3 日对响应的需求容量、地区、时段、原因等进行预估，并推送至省电力公司和省电力交易中心。交易中心将至少提前 2 日通过电力交易平台进行响应需求预发布。届时，电力用户及负荷聚合商可通过电力交易平台查询用户的基线负荷与响应申报交易资格，着手进行需求侧响应的准备。每个交易单元中，每个用户只能在响应价格的上下限之间申报一个价格。目前按照《关于四川电网试行需求侧市场化响应电价政策有关事项的通知》（川发改价格〔2023〕183 号）文件的规定，四川电力需求侧响应价格上限为 3 元/（kW·h），下限为 0 元/（kW·h）。在响应的前 1 日，交易中心组织市场出清，并在电力交易平台发布需求侧市场化响应出清结果，包括各用电户号的中标响应容量、响应价格、响应时段等，并将相关信息推送至四川省电力公司。在响应当日，用户将遵照上述出清结果，按时按量压降用电负荷，将执行情况纳入省电力公司实时动态监测中。省电力公司将在响应执行后第 5 日，按用电户号推送实际用电数据，交易中心据此计算实际响应负荷、有效响应容量等，并于执行后第 7 日完成响应日的数据汇总整理，最后再按月对负荷聚合商和电力用户出具结算依据。至此，一轮完整的电力需求侧市场化响应得以实现。

全国各地的电力需求侧响应的实施组织者一般为对应的省电力公司，在其各自辖区内各有不同的需求侧响应实施方法，不同省份设置的响应价格也略有不同。在《2022 年重庆电力削峰移峰实施方案（试行）》中提到，在削峰响应方面，重庆的工业用户每次为 10 元/kW，商业、数据中心、电动汽车充换电站、冻库等用户每次为 15 元/kW；填谷响应为每次 1 元/kW。《2023 年云南省电力需求响应方案》提到，在邀约型响应中，云南削峰类响应补贴标准的上限别为 5 元/kW 时。不难看出，各地需求侧响应补贴价格设定依据主要与地区负荷特性有关，不同地区补贴标准差别较大。但可以肯定的是，我国的需求侧响应切实发挥了一定的市场机制，在调节电力供需平衡中促进“源-网-荷-储”协同互动、提升电力系统调节能力等方面都起到了重要作用。

在浙江，杭州人工智能产业园某经理表示：“每次在接到需要响应邀约后，通过供电公司协助开发的园区低碳数智管理平台，可一键启动响应策略，快速压降 500 kW 左右负荷。”

在辽宁，某企业负责人算了一笔经济账：“企业已接入虚拟电厂的电熔镁负荷如果全部参与调峰，按 ± 15%可调节区间计算，可调容量将达到 ± 1 万千瓦。这部分负荷进入辅助调峰市场交易，按每天调峰 1 h 计算，全年可为企业增加经济效益 219 万元。”

陕西，某纺织企业设备部负责人也接到了咸阳供电公司通知：“因该厂在 12 月 16 日的电力需求侧响应试点工作中主动降低用电负荷 2 123.48 kW，经核算，供电公司将向该厂支付补贴电费 42 469.65 元。”

“目前公司各条产线都是满产状态，按照协议，我们将在用电高峰时段进行生产调整，按照申报的需求侧响应电价 2.3 元/（kW · h）来计算，我们上午 9:00 响应到晚上 11:00 可以获得电费补贴约 25 万元。”四川某化工企业负责人表示。

### 8.2.2 居民用户参与需求侧响应

目前我国针对工商业负荷的需求侧响应实践成果较丰富，但对于居民用户的需求侧响应应用较少。实际上，国内部分地区曾随机选取一定比例的居民客户体验参与需求侧响应，在首次完成邀约答复后，该居民用户将自动转为需求侧响应客户。截至 2023 年，安徽、江西、福建及江苏等多省电网公司都曾多次联合当地政府与发展改革委印发电力需求侧响应的相关通知，鼓励符合条件的居民小区充电桩设施以及负荷聚合商积极申报并参与需求侧响应。

2019 年 8 月 8 日，为应对高温高负荷考验，确保电网平稳度夏，国网江西电力有限公司曾面向居民用户邀约开展需求侧响应试点，在南昌、九江、鹰潭三个设区市开展了多次居民需求响应试点，邀约居民用户 21 703 户，节电用户 5 888 户，减少用电负荷 3 717 kW。2020 年 12 月 15 日，国网江西省电力有限公司在南昌、九江、鹰潭、宜春、萍乡五个设区市组织实施 2020 年迎峰度冬居民需求响应工作，邀约居民客户 112.2 万户，实际参与节电客户 25.1 万户，节电响应率 22.4%，降低电网高峰负荷 15.15 万千瓦。

2020 年 9 月，浙江省杭州市余杭地区陆续开展低压侧（居民）首批体验用户的日前邀约型电力需求响应工作。该次需求响应试点共有 147 户用户在规定时间段完成邀约答复，共减少用电负荷 309 kW，参与响应的用户当天准时关闭了家中的电器设备，获得预计可拿到约 2 500 元响应补贴。

目前，国内切实有效参与到电力需求侧响应的居民用户不多，但在全国各地的“十四五”能源发展规划中都有提到关于规范居民用户电力需求侧管理的发展目标与重点任务，相信未来会有更多居民用户参与到电力需求侧响应中。

## 8.3 需求侧响应的应用案例

### 8.3.1 需求侧响应的应用——德国

在上述内容中，我们初步了解国内的需求侧响应实践，或许有人会想追问：“那国外是怎么样的呢，他们的工商业与居民用户全都参与需求侧响应了吗？”以工业尤其发达的德国为例，其自然资源比较匮乏但能源消耗较大，早期能源主要依赖进口的煤矿和石油。化石能源的大量使用使得环境污染严重，上世纪末还曾爆发过能源危机。为此，德国政府出台了《可再生能源法》《能源经济法》等一系列政策鼓励开发风能、太阳能等可再生能源，以此来减轻对化石能源的依赖，实现能源转型。

#### 8.3.1.1 E-Energy 计划

为切实推进能源系统转型与升级，德国联邦经济技术部于 2008 年投资 1.4 亿欧元启动了 E-Energy 计划，在多个区域建设了示范工程项目。在 E-Energy 计划下辖的 E-Dema 示范工程中，引入灵活的电价机制并设计多种电价套餐，使用户通过智能电表了解多个时段的电价，根据电价高低手动调节用电设备，达到节约电费的效果；通过智能电表采集的用户负荷数据，定制每个用户的负荷曲线；根据每个用户的用电状况、电力价格及电网参数自动调节智能家居的运行，整体调控需求侧资源从而实现并完善需求侧响应。

可见，德国把建设新型能源系统的落脚点放在了需求侧，改变了传统能源系统中用户处于被动的地位，强调用户自主响应对于整个能源系统的突出作用。除了利用灵活电价机制引导用户改变用能方式、构建“能源管家”集中管理用户的智能家居和储能设备等措施外，德国还重点培养用户从能源消费者向能源产消者转变的格局，支持用户通过分布式发电装置满足自身的用电需求，努力培养用户对能源资源的保护与节约意识。

#### 8.3.1.2 Future Energy Grid 项目

在 E-Energy 计划后，德国并未停止对能源系统需求侧响应管理的研究，而是联合众多企业与科学组织陆续建设了 NEW 4.0、SmartAC、Future Energy Grid、WindNODE 等多个示范项目。以 Future Energy Grid（未来能源网或未来电网）为例，目前德国电网主要基于交流的电力系统运行，为实现 Future Energy Grid 联合整个大陆电网的目标愿景，其预期建造新的高压直流（HVDC）或超高压直流（UHVDC）电网以覆盖整个大陆，并允许可再生能源发电的大规模扩展，以电网为交换平台，进而协同其他国家的电力资源进行协调互补（见图 8.7）。例如，用阳光充足的南方国家的太阳能，换取北方的风能和水能，以确保国家之间对清洁能源的有效消纳与高效利用。在上述网架的物资基础上，优化电力市场化交易机制，通过电力供给数字系统使电力消费动态协调。一方面可以实现德国本土地区的电力输出供需平衡，另一方面，还可以通过储能技术、工业生产的灵活性调控技术以及电采暖技术等进一步提高其可再生能源发电的比重。

Future Energy Grid 项目通过让更多国家以更多种形式的能源参与到电力供需平衡中，从而相互辅助、共同努力以平衡电力供需平衡。提升能源网架的兼容性与开放性，使德国乃至欧洲部分地区的能源供应更安全、绿色、经济，从根源上改善能源三大困境。未来，相信会有更多类似工程项目继续落地实践，使得德国能源优化利用的道路进一步拓宽，有效实现国家能源结构转型升级。

图 8.7　德国超高压输电线路

#### 8.3.1.3　WindNODE 项目

WindNODE 项目（见图 8.8）是德国东北部地区的能源转型示范项目，旨在通过技术手段去挖掘需求侧的负荷转移潜力以及能源之间的耦合效益，从而优化整个能源系统的灵活性与经济性。在未来，高比例可再生能源发电份额的德国能源系统中，需求侧资源的灵活性将变得越来越重要，为此，WindNODE 项目通过挖掘工业、商业、综合楼宇、供暖以及公共交通等多维度资源的调度潜力与灵活性实现需求侧资源高效利用。

图 8.8　德国 WindNODE 示范工程

德国的能源结构较为特殊，其工业、供暖及公共交通的技术与市场机制都较为发达，这些领域的多能耦合互补效益和脱碳潜力是巨大的。在工业生产领域，多能耦合技术已有一定的基础，但实际上，目前服务于电网和能源系统的多能耦合消费机制、法律、政策等都还存在一定欠缺。为此，在电网运营商和灵活性服务商的密切合作下，WindNODE 项目在分析当前德国的能源交易监管框架中演化出一种基于“柔性平台”的市场机制，对电、气、热等多种能源进行柔性利用。

电力用户和运营商可通过“柔性平台”发布的信息，判断出各个节点电力产出和需求并进行供载匹配，通过蓄热系统、电动汽车、智能家居应用等手段主动参与系统的稳定调节，进而获得利益。

在“柔性平台”的作用下，WindNODE 项目对各类工程实例进行统计分析与经济测算，建立了服务于市场的高效智能的电网数据采集系统，进而实现对数据进行整理和利用，其参考现有的法律和监管框架对电力市场未来可能的进一步发展进行了设计和评估，为德国能源系统未来的发展方向探索了道路。

### 8.3.2 需求侧响应的应用——丹麦

丹麦的国土面积虽不大，但石油、天然气等资源较多，风能资源也较丰富。20 世纪末，由于二次石油危机使得油价迅速上涨，丹麦放弃了其依赖的石油资源，推出了《可再生能源利用法案》等政策，尝试对能源消费结构进行适应性调整，鼓励开发推广风能、生物质能以及热电联产技术。相关政策的实施与技术发展使得丹麦在可再生能源领域取得了很大的进展。截至目前，丹麦已通过热电联产产出的热能实现了区域化供热，满足了丹麦 60%以上家庭的供暖需求。作为世界上最早一批进行分布式能源区域供热实践的国家，丹麦早期的热电联产厂规模较大较集中，且燃料接近 90%是煤，环保性不佳。随着经济和技术的发展，其热电联产逐步趋于分散化且燃料逐渐转为天然气。分布全国各地的热电联产机组产生的电力加上风力发电共同满足用户电力需求，排出的热量外加电取暖产生的热量已能满足大部分丹麦家庭供热及用电需求，同时还为丹麦的风电消纳提供了有效的辅助服务。

过去几十年间，丹麦针对如何在确保经济增长和可负担电价的同时，不断探索出新的可再生能源技术；如今，丹麦已经成为全球可再生能源技术的领跑者。2011 年，丹麦可再生能源占比便达到 20%；2017 年丹麦的陆地与离岸风电即可供应 43%的全国电力消耗；2021 年，丹麦电力系统中超过一半的电力需求都依赖于风电和太阳能发电，该再生能源的比重在世界各国电力系统中首屈一指。在某些时期，丹麦的可再生能源发电量甚至可以超过电力总需求量，也即完全由可再生能源满足国家用电需求，同时还能将剩余电力进行出口。此外，丹麦还提出了一个更宏大的目标：到 2050 年完全摆脱化石燃料，实现低碳零化石燃料社会，使可再生能源在总能耗中占比 100%。

不难想到，丹麦实现如此高的可再生能源整合比例，绝非一蹴而就的。在可再生能源的开发利用历程中，每一步都会遇到技术与制度的双重障碍。丹麦能源署曾在《丹麦电力系统中灵活性的发展及其作用（2021）》报告中指出：自 20 世纪 80 年代开始直到今天，为快速实现能源系统的转型与可再生能源的优化利用，丹麦电力系统一直经历着激进的转型，从基于大型中央燃煤电厂的系统转型为高比例可再生能源供给、热电联产厂和强大的电力网架系统，丹麦在整合热电联产、风电、光伏多能联合技术与电力市场机制方面做了很多尝试。

在 2000 到 2009 年之间，丹麦可再生能源比重 < 20%。为确保电力交易市场公平、平等，在 20 世纪末期丹麦便开始着手拆分电网对发电厂的所有权，不允许任何公司同时拥有电网和发电资产，以确保包括可再生能源在内的所有技术拥有公平、平等的市场准入权。电力市场制度设计方面，丹麦引入三段式电价并在后续演化出每小时电价的市场机制。为在电价瞬息万变的背景下谋求利益最大化，市场竞争进一步加剧，电厂所有人也开始有了在电力市场上积极活动、提高自身运营灵活性的经济动力。

在灵活的价格机制基础上，丹麦热电联产厂也对机组灵活性进行升级（见图 8.9）。受机组的启停时间、爬坡功率、启停成本、居民热能需求等方面的制约，在电力系统理论中一般认为热电联产机组是必须运转。但是，为迎接整合更多波动性对可再生能源发电带来的挑战，也为更适应电力市场改革，丹麦决定更改热电厂的运行方式，提高其灵活性。经过改造，丹麦的热电联产机组提高了最大过载能力并降低了最小稳定出力，有效提高了机组的运行灵活性，通过更高的爬坡速率实现了更灵活的运行。

图 8.9　丹麦热电厂

此外，为了获得瑞典和挪威丰富且价格低廉的水电资源，丹麦与之建设了互联线路，使得在丰水期能够获得廉价的水电，而瑞典和挪威也可以在枯水期从丹麦热电厂进口电能。不难发现，为了实现能源转型并发展北欧电力市场，丹麦通过改善交易机制、调整热电厂灵活性以及充分利用联网线路等方式迈出了第一步。

从 2010 到 2015 年，丹麦可再生能源比重从 20%一路飙升到 44%。更高的可再生能源比重要求加大对灵活性技术措施的投资，采用新的机组及电网运行方式。由于可再生能源的进一步接入，电网度电成本进一步优化，但同时市场电价低于热电厂边际成本的情况也越来越明显。

为此，丹麦只能对原有热电联产技术再次进行升级改造。在热电联产系统中，产生的热量与电量呈正相关，产生的电量越多释放的余热也越多，因而机组一般只能采取“以热定电”或“以电定热”的方式进行运行。因此，为保证系统在可靠运行的基础上兼顾经济性与环保性，业内专家学者选择通过电价这只“无形的手”来进行优化调控。基于上述风能与热电的联动模式，2011 年，欧盟在丹麦博恩霍尔姆岛开展了 Ecogrid EU（生态电网）示范项目的实践，建立了以 5 min 为时间尺度的实时电力市场，进行电-热-气联合优化。当风力发电不足，电价过高时，热电联产尽量多发电，同时产生的热量也较多，能满足用户需求；当风力发电过剩，电价较低时，热电联产尽量少发电，此时产生的热量可能难以满足用户需求，因此可利用风力过剩的电量通过电取暖满足用户用热需求。通过以上的热电交互在保证用户舒适度和系统安全可靠的前提下，可使整个系统的运行成本最小，同时热电联产还能配合风电调峰，一举多得。该项目配置了 37 MW 的热电联产机组、柴油机组和 30 MW 的风力发电机组等电源，涉及 1 800 多家装有智能电表的居民用户，鼓励小容量用户参与市场。系统运营商会根据系统的运行状况每 5 min 计算出 1 个电价后发给用户，用户的智能控制器会根据电价信号实时调节热泵、电取暖等可调度负荷，在不影响用户舒适的前提下满足用户的用能需求。

除上述示范项目的“软件”改造方案，丹麦也从“硬件”上对热电联产技术做了改进，例如灵活的汽轮机旁通以及电热锅炉或热泵热电解耦等技术解决方案。采用完全或部分的涡轮机旁通，可使大量的高压蒸汽直接用于发热，少部分用于发电，进一步拓宽了热电联产机组的灵活性。此外，将电热锅炉和热泵直接将热电联产供能转化为仅生产热能。在可再生资源较多的低电价时段，该方案能利用电价优势促使热电厂运营商进入平衡市场，用以满足供热需求。

经过上述的热电交互示范项目实践以及热电联产机组的升级改造，丹麦电力系统超过 50%可再生能源的运行可行性基本上得到了检验，这也为丹麦后续的新型能源系统建设奠定基础，如图 8.10 所示为丹麦 CopenHill 新型垃圾焚烧发电厂。

在 2016 至 2020 年间，丹麦可再生能源比重已接近 50%，在此期间，丹麦几乎没有投资新建任何热电厂，整个丹麦电力系统已逐渐摆脱热电厂运行，电网运行的焦点逐渐转移到终端能源消费部门耦合和推动需求侧灵活性发展。丹麦电网基本淘汰中央热电厂，仅将其作为备用电源使用。但对于居民而言，热电厂仍是主要的供热提供者。

图 8.10 丹麦 CopenHill 新型垃圾焚烧发电厂

而在电力市场建设方面，2018 年欧洲跨境日内市场启动，丹麦与其他欧洲电力交易市场的连接愈发紧密。此外，为了建设对消费者友好的零售市场，提高市场流动性，丹麦电网还尝试引入了聚合商，鼓励消费者从被动消费转变为到主动参与到电力市场中来。至此，大量的输电系统运营商、配电系统运营商、供应商和消费者等各方角色涌入电力市场中，进一步推动了整个欧洲范围内日内交易的效率提升，有效改善了可再生能源日内发电量偏差。丹麦的风电（见图 8.11）和热电联产机组的多能交互技术与灵活的电力市场机制有效实现了热网和电网的耦合互动。在未来，预计电力市场交易与多能耦合依然是灵活性的主要驱动力，而市场设计将不断演进，从而推动灵活性水平的提升，并最终于 2027 年之前，实现丹麦电力系统的 100%可再生能源化。

图 8.11 丹麦风电场

丹麦能源署指出："灵活性解决方案本身不是目标，而是一种工具，可用于促进具有成本效益的可再生能源的整合，电力市场的建设才是核心。"开放电力市场环境使得所有技术都能够平等地进入电力市场，接入电网。在市场的刺激下，各类技术的革新与设备灵活性改造方案的演变，才使得丹麦的可再生能源的整合利用率达到现在的世界一流水平。

除上述示范项目之外，世界各国对需求侧响应的探索实践还有很多。在澳大利亚，South Australian Virtual Power Plant 项目利用公共住房的屋顶和墙壁安装太阳能和储能电池实现分布式储能，旨在建成澳大利亚最大的虚拟电厂，主动参与需求侧响应的同时也为用户提供更便宜、可靠和安全的电力。Power Shift Atlantic 示范项目在加拿大大西洋地区开展，其通过对住宅和商业用户的用电设备进行智能调度，进而将风能融入电力系统进行高效利用，实现对风力发电的需求响应。在英国，Interoperable Demand Side Response Programme 项目由政府资助实施，旨在支持开发和演示能够通过智能电表提供对如洗衣机、烘干机、洗碗机、冰箱等具备可操作性的智能用电设备进行需求侧响应。在美国，由波内维尔电力管理局和西北能源局联合开展了 BPA's Demonstration Projects 项目，于 2017 年夏季进行了 36 MW 的需求侧响应实验，通过智能电表和无线通信技术，实现了对住宅和商业用户的空调、水泵、冰箱等用电设备的远程控制，达到了降低峰值负荷和提高电网稳定性的目的。该项目还与太平洋西北智能电网示范项目（Pacific Northwest Smart Grid Demonstration Project）合作，利用了分布式能源、储能、微电网等技术，实现对可再生能源的有效利用，降低运行成本并增加电网可靠性。除上述的示范项目外，国内外对电力需求侧的探索与挖掘还有很多，各国能源管理部门互相协作，渴望通过这些示范项目的实践经验给能源改革带来启发，帮助世界进一步推进能源系统的转型，以便携手应对气候变化这一全球挑战。

## 8.4 需求侧响应的发展方向

随着电力市场化改革的深入，各个国家的相关探索和试验表明电力需求侧响应在协助维持电力系统的稳定性、提高电网对可再生能源的消纳能力，降低电力系统峰谷差、延缓电网的建设投资等方面均确有成效。而近年来随着多能源系统的发展，在继续挖掘电力需求侧响应潜力的同时，更多学者将目光转移到电、热、冷、天然气等多能源的耦合利用上来，如内蒙古蒙泰东胜二期 2×660 MW 热电联产项目（见图 8.12）。国外学者 Aras Sheikhi 和 Shahab Bahrami 于 2015 年，在电力需求侧响应的基础上提出综合需求响应（Integrated Demand Response，IDR），期望能利用能量之间的替代与互补作用，更大限度地调度并利用需求侧资源。IDR 的定义为：在综合能源系统的前提下，用户的需求侧响应可将需求侧的用能种类转换与时间转移结合，充分利用现有的通信技术、分布式储能、分布式能源转换设备的能源耦合与转换作用来调整负荷需求，进而更加有效地激发负荷柔性，充分发挥需求侧资源的价值。

图 8.12 内蒙古蒙泰东胜二期 2×660 MW 热电联产项目

丹麦 Ecogrid EU 和德国 WindNODE、E-Telligence 等示范项目已经用到了 IDR，利用热电联产设备与储能装置挖掘需求侧电、热负荷灵活性，极大提升了用户的用能灵活性。典型 IDR 项目及其参与方式如表 8.1 所示。

表 8.1 典型 IDR 项目及其参与方式

| 国家 | 项目名称 | 能流种类 | 应用场景 | IDR 参与方式 |
| --- | --- | --- | --- | --- |
| 美国 | Stanford Energy System Innovations | 电/气/热/冷 | 200 栋校园建筑 | 联合优化校园内冷水机组和燃气发电机，通过回收余热和储能应对高负荷时刻 |
| 英国 | Manchester 示范工程 | 电/气/热 | 17 栋建筑 | 联合优化 CHP、光伏和热锅炉，并根据价格或激励信号削减电、热负荷 |
| 德国 | E-Telligence | 电/气/热/冷 | 650 户家庭 | 将包含 CHP、光伏、风电和冷库的区域多能源系统包装为价格控制下热需求可变的虚拟能厂 |
| | Model city of Mannheim | 电/气/热 | 城市级 | 以电力为主，建立包含能源生产者、消费者和管理者的虚拟能源市场 |
| 丹麦 | — | 电/气/热 | 区域性 | 将热电厂周边稳定的大量工业蒸汽负荷加入 IDR，参与调峰；通过可快速启停、调节的 CHP 机组，降低风力发电供热的不确定性 |
| 中国 | 延庆能源互联网示范区 | 电/气/热 | 区域性 | 包含大量柔性可响应负荷（电、热）和能量转换设备，如电锅炉、CHP 等 |

国内学者将用户自主响应的负荷按照其特性分为可削减负荷、可转移负荷、可转换负荷，其特点如表 8.2 所示。前两类与普通的电力需求侧响应中的定义类似。

可削减负荷模型为用户根据价格信号或者激励机制削减或增加某种能源的用量，包括大量存在于家庭用户和商业楼宇中的照明负荷、空调、供暖设备等。

可转移负荷模型为在优化/控制时间内，总用能量近似不变，但可进行时间上的平移和调节的用能器件，包括洗衣机、电动汽车、蓄电池、储气/热罐等。

可转换负荷的需求响应则定义为：能量转换设备使得需求侧具备了不同能源间的转换能力，当各类能源价格发生变化时，用户可通过对能源转换设备的合理配置与使用使得在保障自身用能舒适度的同时，采用效益更高的方式满足用能。一般适用于配置在需求侧的典型能量转换设备，包括微型燃气轮机、微型热电联产机组、电转气设备等。

表 8.2 自主响应的负荷类型特点

| 响应类型 | 器件名称 | 能流类型 | 响应速度 | 应用场景 |
|---|---|---|---|---|
| 负荷削减 | 暖通系统 | 电/热/冷 | 秒级 | 以家庭、智能楼宇等终端用户为主 |
| | 热水器 | 电/热 | 秒级 | |
| | 照明负荷 | 电 | 秒级 | |
| 负荷转移 | 电动汽车 | 电 | 秒级 | 可作为终端用户或通过聚合商参与 IDR |
| | 蓄电池 | 电 | 秒级 | |
| | 储热/气罐 | 热/气 | 分钟级 | |
| 负荷转换 | 微型燃气轮机 | 电/气 | 秒/分钟级 | 功率分布从几千瓦至几十兆瓦，通常分布式配置于智能楼宇、工业园区等包含多种能流的需求侧，可有效调节自身产能比例和出力水平参与 IDR |
| | 热电联产（内燃机） | 电/气/热 | 分钟/小时级 | |
| | 热电联产（斯特林） | 电/气/热/冷 | 分钟级 | |
| | 高压电极锅炉 | 电/热 | 分钟级 | |
| | 燃料电池（质子交换膜） | 电/氢气/热 | 秒/分钟级 | |
| | 燃料电池（固体氧化物） | 电/氢气/天然气/热 | 小时级/日前 | |
| | 电转气技术 | 电/氢气 | 小时级/日前 | |

上表对按负荷特性对 IDR 进行了分类并对其应用场景进行了说明，但值得注意的是需求侧响应是一种促进可再生能源整合、调节电力系统负荷峰谷差的手段，要形成与之配套的电力市场机制才能最大程度调动需求侧资源，从而实现资源的集约化利用。

在电力市场环境下，用户及负荷聚合商的 IDR 运行优化如何实现，电网与其他能源供应商的利益如何协调，各利益方的信息不对称问题如何缓解，实施 IDR 时对能源网架的稳定性影响，不同能源间的定价机制难以确定，不同能源之间的动态特性和时间尺度不统一，IDR 的效益如何量化，IDR 与可再生能源联合调度与消纳如何实现等问题该如何解决，都还有待商榷。但可以肯定的是，多能互补的能源网络是未来必然的发展趋势，综合能源系统需求侧管理方法与响应策略将为多能流的状态估计、安全评估与控制、优化调度、节点能价等关键技术提供增益，将有效挖掘需求侧资源调度潜力、发挥各种能源间的互补互济优势，必然是未来能源领域研究与发展的热点。

## 课后习题

1. 某市即将迎来夏季用电高峰，为了节约和有序用电，下列做法可行的是（　　）。

A. 多开城市亮丽工程的景观灯和霓虹灯

B. 停止向所有工厂企业和商店供电

C. 让长期不使用的家用电器处于待机状态

D. 离开教室后及时关掉电灯和电风扇

2. （　　）是指可快速响应（秒级-分钟级）电网指令进行二次调频等辅助服务的负荷，例如电解铝负荷、用户侧储能，自备电厂及余热余压发电。

A. 快调负荷　　B.可削负荷

C. 可塑负荷　　D. 弹性负荷

3. 我国弃风较为严重的地区为（　　）。

A. 三北地区　　B. 西南地区

C. 南方地区　　D. 中东部地区

4. 分时电价是一种电价定价机制，根据电力系统发电和用电变化情况，将一个周期时间划分为若干时段，对每一时段分别规定不同的电价。分时电价不包括（　　）。

A. 峰谷电价　　B. 季节电价

C. 丰枯电价　　D. 代征电价

5. 供电公司向签约用户发出响应邀约，用户须于发出邀约后规定时间内反馈（　　）、响应价格等竞价信息。

A. 响应时间　　B. 响应负荷

C. 响应容量　　D. 响应方式

6. 需求响应借助于（　　）等手段，促使终端用户主动参与市场运行和价格决策。（多选题）

A. 市场模式　　B. 价格机制

C. 行政手段　　D. 补偿机制

7. 各级价格主管部门应推动完善峰谷电价、尖峰电价、差别电价、惩罚性电价、居民阶梯电价，(　　)激励力度，扩大实施范围。

A. 减小　　B. 扩散　　C. 加大　　D. 控制

8. 以电力市场化改革为契机，引导和激励电力用户挖掘调峰资源，参与系统调峰，形成占年度最大用电负荷(　　)%左右的需求响应能力。

A. 1　　B. 2　　C. 3　　D. 4

9. 电能质量标准化是为了保证(　　)，保证对用户连续、可靠地供应电能，保障输配电设备、用电设备与装置正常使用。

A. 设备安全、运行安全　　B. 电压稳定运行

C. 制度的统一性、可行性、完整性　　D. 电网安全、经济运行

10. 负荷管理是指通过加强管理或采用蓄能技术改善用电方式，降低用电负荷波动，实现(　　)，减少或延缓对发、供电资源的需求。

A. 节能　　B. 调峰

C. 削峰、移峰填谷　　D. 降损

11. 能效管理是指通过计划、组织、激励和控制，采用各种先进技术、管理手段和高效设备提高终端(　　)，来降低单位产品能耗或单位产值能耗。

A. 用电负荷　　B. 经济效益

C. 用电效率　　D. 节能水平

12. 绿色照明是指通过提高照明电器和系统的效率，以消耗较少的(　　)获得足够的照明，进而减少电厂污染物排放，达到节能环保的目的。

A. 用电负荷　　B. 电量

C. 能源　　D. 电能

13. 环保用电，是指充分发挥电能清洁环保、安全便捷等优势，在(　　)实施电能替代燃煤、燃油、薪柴等，促进能源消费结构优化和清洁化发展，支持大气污染治理。

A. 低压侧　　B. 电力侧

C. 高压侧　　D. 需求侧

14. 选择需求响应资源条件较好、可再生能源富集的地区，因地制宜开展需求响应促进可再生能源电力消纳试点，以互联网技术为支撑，探索、推广(　　)与可再生能源电力消纳协同模式。

A. 多方共赢的需求响应　　B. 可再生能源电力消纳

C. 需求响应　　D.多方共赢

15. 支持电网企业会同电力用户探索建设大规模源网荷友好互动系统，有效平抑可再生能源带来的波动，提升电网“源”“荷”互补能力，助力可再生能源大规模替代(　　)。

A. 化石能源　　B. 电能

C. 天然气　　D. 太阳能

16. 用户参与调峰辅助服务补偿费用：用户获得调峰补偿费用=∑(　　)×出

清电价

A. 调峰电量　　B. 最大电量

C. 最小电量　　D. 平均电量

17. 有序用电，是指在电力供应不足、突发事件等情况下，通过行政措施、经济手段、技术方法，依法控制部分用电需求，维护供用电（　　）平稳的管理工作。

A. 安全　　B. 秩序　　C. 有序　　D. 过渡

18. 各地应扩大需求响应试点实施范围，结合电力市场建设的推进，推动将（　　）资源纳入电力市场。

A. 新能源　　B. 绿色　　C. 需求响应　　D. 有机

19. 错峰是指将高峰时段的（　　）转移到其他时段，通常不减少电能使用。

A. 用电容量　　B. 用电负荷

C. 用电设备　　D. 用电时间

20. 需求侧管理（DSM）的目标主要集中在电力和（　　）的改变上。

A. 电力　　B. 电能　　C. 电量　　D. 电压

21. 根据响应时间不同，可调节负荷在时间尺度上可分为毫秒级（1 s 以内）、秒级（1 min 以内）、分钟级（60 min 以内）、小时级（4 h 以内）等类别。（　　）

A. 正确　　B. 错误

22. 主要生产负荷，指中断后会引起人身安全事故的负荷。（　　）

A. 正确　　B. 错误

23. 安全保障负荷，指中断后可能造成一定损失的生产负荷。（　　）

A. 正确　　B. 错误

24. 基于价格的需求响应是指用户响应零售电价的变化并相应地调整用电需求。（　　）

A. 正确　　B. 错误

25. 参与需求响应用户须具备完善的负荷管理终端及用户侧开关设备，相关数据接入供电公司的负荷管理系统，且运行状态良好。（　　）

A. 正确　　B. 错误

26. 参与需求响应用户申请时须符合国家相关产业政策和环保政策，能源管理水平和用能效率较高。（　　）

A. 正确　　B. 错误

# 第 9 章　综合能源系统典型案例

## 9.1　江苏 YL 化工股份有限公司能源管理系统项目

### 9.1.1　项目背景

江苏 YL 化工股份有限公司成立于 1999 年，是国内农化上市企业、全球拟除虫菊酯原药供应商、全球农化企业十强，如图 9.1 所示。公司现有员工 3 000 余人，公司旗下现有四家工厂。其中，旗舰工厂——江苏优嘉植物保护有限公司是国家工信部首批认定的“绿色工厂”，是国资委国有重点企业管理提升标杆企业、江苏省质量标杆企业、江苏省智能制造示范工厂。产品远销全球 80 多个国家和地区，是全球农药原药产品的核心供应商。

图 9.1　项目背景（江苏 YL 化工股份有限公司）

根据江苏扬农化工股份有限公司能源管理系统整体规划要求，实现优嘉植物保护有限公司能源管控系统等功能，建设实施一套能源管理系统，实现对企业级和部门级能源总量指标、能效指标和其他指标的采集、分析、汇总、处理和管理。

### 9.1.2　项目目标

#### 1. 集　团

（1）通过系统建设，实现集团总用能的实时数据采集及历史数据展示，让集团可以了解各分公司用能动态。

（2）通过系统建设，目前还未建设能源管理平台的分公司可以避免重复投入，可直接借用该平台实现企业能源管理。

（3）通过系统建设，可作为集团购电分析的依据，节省购电费用。

（4）通过系统建设，可作为考核分公司能耗指标的标准及依据。

#### 2. 分公司

（1）实现公司现场一级、二级、三级能源数据实时数据采集，无需再频繁现场巡视，提高监测的效率和准确性，节约了人力及管理成本。

（2）系统能实现能源分层、分级、分项计量。系统建成后细分各种能源，用能考核精细化，按照能流图流向分级计量、统计，便于后期维护、管理、绩效考核。

（3）通过建设能源在线监测系统，帮助企业了解各个部门的能耗情况，了解企业的重要能耗设备有哪些，与同行业比较获得企业的能耗消耗情况。

（4）通过建设能源在线监测系统，帮助企业建立能源管控体系，利用大数据分析系统查找企业节能空间，为企业节能降耗提供理论依据。

（5）可实现能耗综合分析，产生各种报表，为企业生产计划提供各种能耗依据，提高生产管理的效率，指导后续生产计划。

（6）系统能够实现企业能源平衡分析，快速定位企业不合理用能。

（7）系统能够实现对变压器能效分析，计算变压器损耗情况，通过掌握变压器负载率降低损耗，调整负荷接入，保障变压器高效运行，实现优化负荷的目标（如停用负载率低的变压器，重新配置高效变压器，节约企业费用）。

（8）通过系统平台建设，利用需量分析模块的实时、历史数据及曲线分析企业的所用需量情况，找出企业最优需量，从而降低企业电费。

（9）系统实现对电能质量的分析，如功率因数、电压不平衡、电流不衡量、谐波含量分析。当出现超过标准情况时，及时提醒进行治理（如当功率因数低时，增加动态补偿装置，提高功率因数，获取供电公司力率电费奖励），减少设备损耗、延长设备寿命，降低企业成本。

（10）通过系统实现对企业用电的峰谷分析。根据国家标准规定，将时间段分成尖、峰、平、谷等部分，对公司及各车间峰平谷的能耗情况精准分析，实现对公司生产计划科学、有序统筹安排，使各车间提高电能谷值占比，减少峰时用电，节省电费。

### 9.1.3 项目实施方案简介

（1）企业主要监测能源介质为电能，而项目电能计量分布在高低压配电室及各个车间内，且已安装带通信接口的电能表。

（2）整个厂区、各厂房、各车间进出总水量计量数据从集散控制系统（Distributed Control System，DCS）导入；能源管理所需数据通过与生产执行系统（Manufacturing Execution System，MES）对接进行数据交互，MES 系统与 DCS 系统对接。

（3）水、蒸汽、氮气、空压、天然气等按厂区总量、车间、厂房、设备等分四级计量，其中部分蒸汽需从积算仪通信取数据，其他计量数据均从 MES 系统取数据。能源管理系统与 MES 系统进行数据交互。

（4）对于不具备远程监测条件的能源类型，以及暂时不便实现远程监测的能源消耗点，项目系统预留手动录入接口，方便手动录入数据以便进行综合处理。

（5）能够与 MES 系统或其他第三方系统进行数据对接，YL 化工信息中心能够读取各分公司能源管理系统数据。

### 9.1.4　数字化技术应用情况

能源监测分析系统采用分层分布式结构，整个系统共分为管理中心、通信网络及数据采集层：管理中心主要包含网络交换机、数据服务器、工作站等；通信系统采用以太网、现场总线、通信网关等组成；数据采集层由智能化的仪表、传感器等其他设备组成。

能源监测分析系统平台基于工业以太网，软件架构采用 B/S 结构，用户在任何联网的计算机上经过授权都可以进行数据查询、分析和管理操作。系统软件包含电能的采集、监测查询、报警、分析等功能模块，并能通过能流图、数据报表、趋势图、报警报表等多种方式展示能耗数据，进行能源消耗趋势分析，提供能耗管控决策依据。

### 9.1.5　具体实施方案

#### 1. 主站设计方案

根据系统功能和可靠性需要，能源管理系统服务器放置在 YL 化工信息中心，在各分公司安装区域服务器及工作站。能源管理系统通过集团局域网与 DCS、MES 系统进行数据对接。

#### 2. 网络通信方案

集团建设有主干通信网络，在各分公司配电室安装区域能耗采集管理机，就近接入企业网络，用于能源管控系统数据通信，包括水、电、气等计量仪表数据和环境温度监测数据。企业相关负责人通过企业专网登录能源管理系统授权查看相关能源信息等。

#### 3. 数据采集方案

（1）通过新增通信管理机读取带 RS485 通信功能的多功能电表、流量计、积算仪，网关经区域交换机接入层网络接入厂级主干网。通信网关设备端支持多种工业控制协议，能直接与主流通信系统进行数据采集。

（2）通过新增通信网关读取带 RS485 通信功能的积算仪，网关经区域交换机接入层网络接入厂级主干网。通信网关设备端支持多种工业控制协议，能直接与主流通信系统进行数据采集。

（3）水、用冷量、氮气、压缩空气、天然气等数据采集通过 DCS 或 MES 对接读取。

### 9.1.6 综合效益分析

（1）采用物联网和大数据分析技术，对企业能源管理系统的生产、输配和消耗环节实施几种扁平化的动态监控和精细化管理，能够改进和优化能源平衡，实现系统性节能降耗的节能分析系统。

（2）能够保障重要设备运行安全、进行事故提前预警、消除设备故障隐患。

（3）通过建立能源闭环管控体系，减少企业能源运行管理成本，实现企业三级能源监测，提高生产效率。

（4）通过监测能源质量，实现电能质量异常报警，对异常情况自动预警，并提供治理方案。

（5）实时监测重要设备运行参数，能减少人工巡检力度，提高效率。

（6）优化能源供需平衡，推动企业主动降耗，提高能源利用水平。

（7）帮助企业节能，降低生产成本，提高设备利用效率。

（8）通过节能分析，实现企业合理用能。

## 9.2 雄安新区剧村“1+5+X”城市智慧能源融合站建设实践

2021 年，雄安数字化主动电网建设被列入国家电网公司 2021 年重点任务。在同年 6 月，雄安新区数字化主动电网首个 220 kV 变电站——剧村“1+5+X”城市智慧能源融合站正式建成投运。

所谓“1+5+X”是指以变电站为核心，融合边缘计算、智能充放电、综合能源、应急保障、健身服务等五大核心功能，拓展数字化新基建、绿色能源微网、普惠臻享生活等三大新业态（20+典型场景），打造多站融合项目覆土空间利用发展新模式、数字经济臻享生活新模式、共建共享共赢商业新模式、设施租赁运营盈利新模式等四大新模式，实现人与自然、人与能源的有机融合。

### 9.2.1 项目介绍

雄安新区规划范围包括雄县、容城、安新三县行政辖区（含白洋淀水域），布局规划以起步区为主城，总面积 100 $km^2$。其中起步区中的启动区为先行区域，属于城市早期核心区，总面积约 38 $km^2$，建设用地 26 $km^2$。重点承接北京非首都功能疏解，突出创新特色，提供优质公共服务，集聚一批互联网、大数据、人工智能、前沿信息技术、生物技术、现代金融、总部经济等创新型、示范性重点项目。

当地具备丰富的地热、光伏、污水余热等可再生能源，如图 9.2 所示。外来电力为可再生清洁能源，充分保障雄安新区用能需求，适宜建设清洁、零碳的多元化供能模式，形成协同互补的智慧能源体系。新区的能源发展方向自规划建设阶段就以近零碳为主要目标，可以更有效地从城市层面入手支撑我国“碳中和”目标的实现。

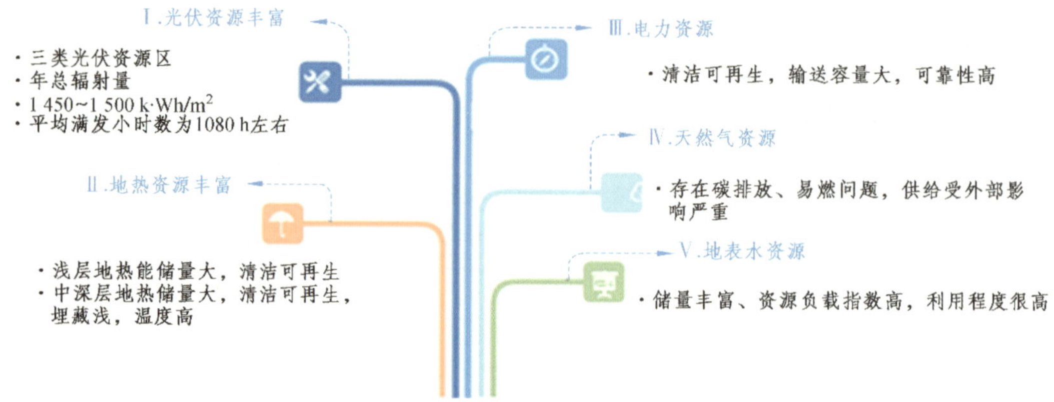


图 9.2　雄安新区可再生资源

新区外来电源主要是冀北等北部地区风电、光电和西南地区水电，远期规划利用沿海核电。按照规划纲要和国家有关规划要求，建设张北—雄安（北京西）、金上—雄安“一交一直”特高压工程，形成“北交南直、北风南水”的受电格局，实现风、光、水多能联合互补运行，保障新区清洁电力稳定可靠供应。

按照靠近负荷中心就近供电的原则，以 2 座 500 kV 变电站为枢纽，构建 220 kV 供电分区，分区内部设置 3~4 座变电站形成环网结构，增强电力互供能力，提高电网运行灵活性、可靠性。饱和年建成 220 kV 变电站 29 座，变电容量 1 566 万千伏安，形成 4 个供电分区，建设区间联络通道，进一步提升 220 kV 电网供电可靠性。

剧村变电站是新区首个投入使用的 220 KV 变电站，按照《河北雄安新区总体规划》要求：“从枢纽变电站到用地终端的线路全部入地”。为保障变电站运行安全、降低运维难度，剧村 220 KV 变电站创新采用地上户内和周边起坡形式建设，实现与片区景观融合，同时节省投资约 1.2 亿元。为充分利用坡下覆土空间，雄安综合能源公司投资建设了剧村“1+5+X”城市智慧能源融合站，如图 9.3 所示。

图 9.3　剧村“1+5+X”城市智慧能源融合站（源于：电网头条）

### 9.2.2 建设内容

该项目融合了创新、协调、绿色、开放、共享的新发展理念。依托 220 KV 变电站本体，创新创造覆土空间复合利用模式，并利用内部空间与覆土后的花园空间，拓展了电力服务的五大功能区，同时推动多种新业态融合发展，实现了电力设施与公园景观协调融入，人与自然、人与能源的和谐共生。

项目建筑主体结构位于剧村站北侧及西侧消防通道外侧，呈 L 型布置，二层设置，每层层高 4.5 m。总建筑面积 9 615.3 $m^2$，地上部分建筑面积为 66.64 $m^2$，地下部分建筑面积为 9 548.66 $m^2$。

地下一层建筑面积约 2 800 $m^2$，建设边缘计算服务中心，建成后可为新区提供智慧交通、政务等公共服务，以及为工业物联网、智慧家庭、人工智能、5G 等产业发展提供基础设施服务资源。

地下二层建筑面积 6 700 $m^2$，建设综合能源站、智能充放电站、绿能健身中心、电力驿站、省级碳监测中心、应急保障中心等一系列面向公众的共享空间，作为电力设施的功能延伸，完善多源供应服务、多能耦合互补、多元聚合互动新业态。

在该项目协调功能区，主要负责“X”功能的实现。在屋顶花园，雄安综能公司部署了北斗授时、5G 基站、光储零碳能源微系统、环境监测站等多个新业态场景。其中，光储零碳能源微系统作为站点的微网示范应用，包含 54 kW 的屋顶光伏、20 kW 的微储能，并与低压直流生态系统相连接，实现了清洁能源 100%接入和消纳，为站内地下照明、5G 基站、北斗授时、环境监测站等设备可靠供电。如图 9.4 所示。

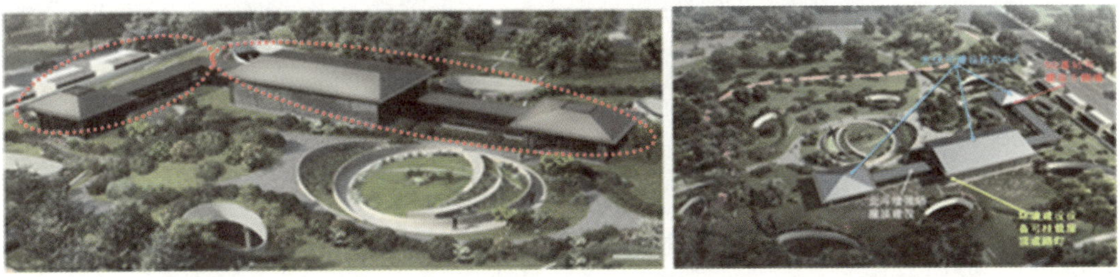

图 9.4 项目功能区

在绿色功能区，雄安综能公司建设了河北省“碳达峰 · 碳中和”监测平台，覆盖河北省 63 个行业，准确率达到 95%以上。

在开放功能区，对外展示了国网形象和成果贡献，建设了全国首家 7×24 h 全业务自助办理的电力驿站，为客户提供全开放融合的空间。

在创新功能区，主要展示了国网在能源电力领域的一些创新实践，包括高铁站屋顶光伏项目运营及全线能源管理系统的情况。今年，雄安综能公司将雄安站屋顶光伏项目产生的 67.5 万千瓦时绿电形成的碳资产出售给澳大利亚的一家公司，实现新区首笔国际绿证业务。

共享功能区主要是面向公众的区域，包括绿能健身中心和应急保障中心等，利用覆土空间建成新区首个边缘计算节点，并配有 S2G 智慧充储放电站，是全国首个建成的整站式兆瓦级有序充储放电站。

## 9.3 多维度打造综合能源发展“最佳案例”

### 9.3.1 项目介绍

当前，推进能源生产和消费革命，构建清洁低碳、安全高效的能源体系，是我国能源发展重要方向。开展综合能源服务是以市场化方式推动多能源系统协同降碳的重要途径。在我国能源消费供给、能源结构转型、能源系统形态呈现新趋势的当下，国网甘肃综合能源服务有限公司（简称：国网甘肃综能）积极适应能源发展新趋势，以市场化方式推动能源生产和消费革命。借助国家电网公司的品牌、技术和客户资源，国网甘肃综能以能源互联网、智慧能源和多能互补为发展方向，通过智能电网、大数据、物联网和互动服务，努力建立以电为中心、多能互补、安全高效的现代能源消费新模式，致力于为客户提供多元化的综合能源服务，加速能源转型和降低碳排放。

### 9.3.2 建设内容

#### 1. 电能替代推广成果丰硕

国网甘肃综能积极应对新建建筑的电能替代需求，推广新型供暖技术。该公司在天平高速房建工程的 3 个标段中采用了新型单机双级螺杆式超低温空气源热泵等技术来实施采暖项目建设，预计每年可节省燃煤 720 t，减少碳排放 303 t，取得了显著的节能减排效果。

此外，国网甘肃综能还开拓省外供暖市场，在青藏铁路局的大柴旦、鱼卡、马海 3 个站区中成功完成大容量电采暖项目。该项目采用了符合大场所和超低温地区供暖需求的电阻锅炉和电磁采暖炉两种技术路线。

在电代油方面，国网甘肃综能成功实施了亚洲陆上最大的采油行业国家级示范页岩油长水平井平台以电代油项目。通过提供 25 000 kV·A 110/35 kV 移动变压器和 10 000 kV·A35/10 kV 移动变压器等临时电力设备，解决了传统柴油驱动钻机能耗高、可靠性低和环境污染严重的问题。临电共享模式不仅解决了变电站建设、投资和短期用电等问题，还增加了售电量。该项目每年增加用电量 40 万千瓦时，并减少标准煤消耗 336.95 t，减少粉尘排放 229.1 t，减少二氧化硫排放 25.3 t，减少氮氧化物排放 12.6 t。

#### 2. 多维度打造“甘肃综能”最佳案例

国网甘肃综能在综合能源服务方面进行了有益的探索。其中，安宁桃树村智慧能源服务站（见图 9.5）以多站融合和智慧微电网为特点，为甘肃省内和社会化应用提供了示范项目，并针对不同应用场景、多种技术路线和多能源供应，提供了典型的综合能源服务解决方案。

图 9.5　安宁桃树村智慧能源服务站

在绿色智慧服务站方面，国网甘肃综能与甘肃省高速公路服务有限公司合作，在高速公路服务区建设充电站，实现分布式光伏建设项目和清洁能源充电的目标，将服务区打造成绿色智慧服务站。

在绿电交易方面，国网甘肃综能成功促成了甘肃省内的第一笔 11 万千瓦时绿电交易，并促成了跨省交易 2 303.5 万千瓦时，这标志着公司跨省跨区电力交易的开始。在新能源超高压汇集站建设方面，国网甘肃综能积极参与国网综能服务集团的项目开发，与其合作推进了张掖高台 330 kV 汇集站项目。

### 3. 加强关键设备技术集成，多元提升综合能源服务业务品质

未来，国网甘肃综能计划继续参与电网发展，并采用“内市场内资本”业务投资机制，实施合同能源管理模式，其中由国网综能集团负责投资，省综能公司负责建设管理，产业方负责实施，并将在配电网节能技改、台区线损治理、电能质量综合治理、新建及老旧变电站建筑设施能效提升等领域开展合同能源管理业务。同时，国网甘肃综能还与相关研究院所联合研发新产品，并以国网芯为核心开发智能终端、传感器、柔性负控终端等新型智能产品，以满足发输变配用专业领域的需求。

此外，该公司加强与发电企业的合作，提供新能源项目的成套设备技术集成服务以及调试、运维和电力交易等服务。积极探索建立“外市场外资本”业务合作机制，作为技术和产品的系统集成商，针对政府机关、学校、医疗服务等稳定资金客户，开展楼宇能效提升、冷暖改造合同能源管理和托管业务。

同时，该公司继续提升电动汽车及充电设施服务能力，为客户提供特种电动汽车运营服务、充电设施建设、车联网接入和“e 约车”服务等综合服务。还将加大省内和跨省绿电交易业务，与政府主管部门、电力交易公司、发电公司和其他省综能公司加强沟通协商，争取平价新能源资源，拓展省内外绿电市场。也将与发电企业合作，

争取参与新能源建设运维业务，并开展储能项目技术服务储备。在未来，将致力于提供资金、方案设计、技术集成、现场实施和系统维护等服务，围绕新型负控系统、柔性负荷聚合和虚拟电厂构建等方面全面提升服务能力。

## 课后习题

1. 江苏 YL 化工股份有限公司能源管理系统项目的技术路线是什么？
2. 雄安数字化主动电网建设什么时候被列入国家电网公司重点任务？
3. “1+5+X”指什么？
4. 在绿电交易方面，国网甘肃综能取得的成就有哪些？

# 第 10 章　展　望

随着我国经济的发展和“双碳”目标的逐步深入推进，综合能源服务的市场需求量将不断增大，产业发展前景将更加广阔，同时，综合能源系统的发展动力、市场投资吸引力以及可持续能力将出现新的变化。加快综合能源系统及服务产业发展，有利于促进能源结构转型，提升能源综合利用效率，优化经济结构，实现碳达峰与生态环境的协同发展。

## 10.1　全球综合能源服务行业发展现状

近年来，全球综合能源服务行业整体保持平稳的发展势头，根据相关统计数据显示，2021 年全球综合能源服务行业市场规模已达到 5 171 亿美元，如图 10.1 所示。

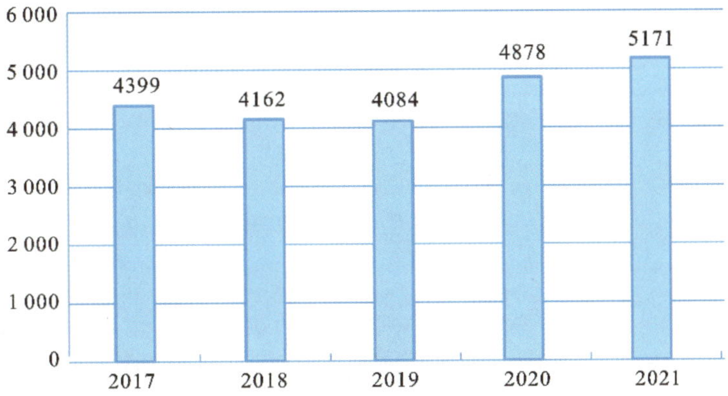


图 10.1　全球综合能源服务行业市场规模（亿美元）

全球综合能源服务市场主要集中在北美、欧洲以及亚洲地区，如图 10.2 所示，其中，北美综合能源服务市场规模占比为 33.8%，欧洲综合能源服务市场规模占比为 27.9%，亚洲综合能源服务市场规模占比为 26.2%。从市场规模来看，较早开展该领域的国家已经形成了较为稳定发展的节能服务产业，尤其是美国，其部分公司已形成跨国集团。

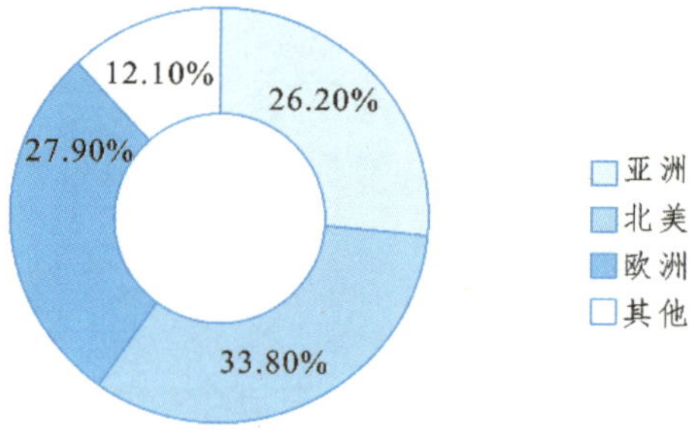


图 10.2　全球综合能源服务行业市场分布

## 10.2　我国综合能源服务行业发展现状

我国综合能源服务行业尚处于起步阶段，开展能源服务的企业主要包括售电公司、服务公司和技术公司等。国内典型的综合能源服务供应商有国网综合能源服务集团有限公司、南方电网综合能源有限公司、广东电网综合能源投资有限公司、华电福新能源股份有限公司、新奥泛能网、协鑫分布式微能源网、远景能源、阿里云新能源等。从业务类型来看，各类能源公司和相关电力企业提供的不仅仅是能源的供给和销售服务，更应该提供全方位、综合性的能源服务。在“双碳”目标的政策作用下，2021 年，我国综合能源服务行业市场规模已达到 9 203 亿元，如图 10.3 所示。

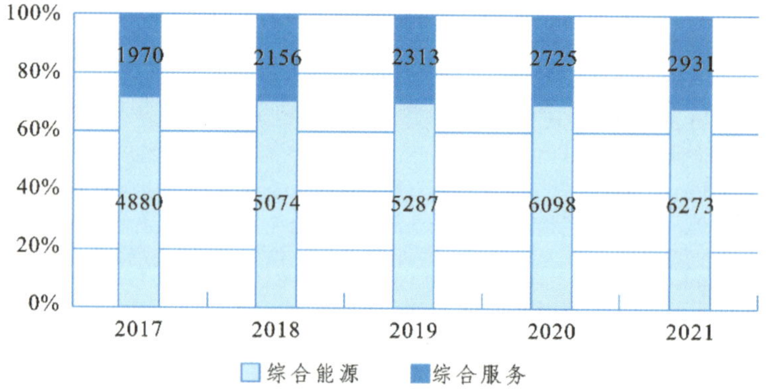


图 10.3　我国综合能源服务行业市场规模（亿元）

同样，在清洁能源政策的驱动下，中国天然气表观消费也实现了稳健增长。截至 2021 年，全国天然气表观消费量达 3 726 亿立方米，2015—2021 年复合年均增长率达 11.6%。天然气等清洁能源需求不断增长，也促使我国综合能源服务市场规模不断增长，截至 2021 年，已达到了 6 273 亿元。同时，综合能源服务能够适应现代能源供应体系和消费方式多样化变革需要，作为融合供能侧多种供能方式和用能侧多种需求响应的能源服务创新模式，具有智慧、清洁、低碳、协同等特征，涵盖了能源的生产、传输、销售、使用、调节等各领域，得到了国家和各省市的大力扶持。许多企业把能源互联网纳入业务经营范围，相关企业的数量迅速增加。截至 2021 年，综合能源服务的市场规模达到了 2 931 亿元，综合能源服务公司数量达到 8 725 家，如图 10.4 所示。

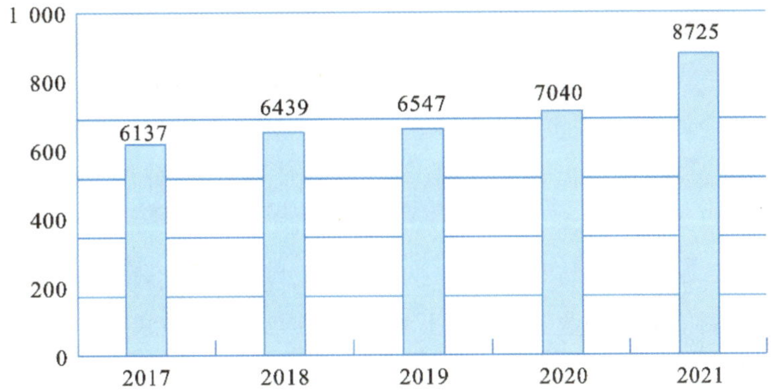


图 10.4 我国综合能源服务公司规模（家）

## 10.3 我国综合能源服务行业发展趋势

“十四五”期间，是我国深入推进生态文明建设的关键期，是以生态环境高水平保护促进经济高质量发展的攻坚期。作为碳排放总量世界第一的国家，我国工业总体上尚未完全走出“高投入、高消耗、高排放”的发展困境。综合能源服务产业作为带动经济增长和应对环境问题双重属性的战略性新兴产业，将成为“十四五”时期支撑我国供给侧结构性改革的重要动能，未来发展趋势有：

一是综合能源服务业务将表现出极强的互联特性。互联网技术已经融入包括能源行业在内的各个行业，一方面能够借助用户信息流通、开发新应用、提供个性服务等方式降低边际成本，通过市场调研、设计开发、销售推广等措施降低交易成本；另一方面能够提高用户黏性，吸引用户高频次访问，建立、保持与用户之间长期的互动关系，赢得用户对企业的强烈认同甚至偏爱，促进开发出新的服务产品和新的商业价值。“互联网+”综合能源服务平台已经成为综合能源服务企业的常规工具，把用户的数据接入互联网平台，线上线下结合为用户提供全方位服务。

二是综合能源服务企业将注重新技术的应用。云计算技术、大数据技术、物联网技术、移动互联网技术、人工智能技术的应用，能够帮助综合能源服务公司对复杂的用户侧能源系统进行观察、诊断、预测，提升实时性、简便度、准确度，满足用户节约成本、省时省心、安全可靠的需求，提升市场竞争力。各类企业必须及时跟进能源服务需求变化趋势，提前培养和吸引创新人才，尽早对多种应用领域开展技术研发、专利申请。特别应在能源消费预测、能源价格预测、天气条件预测、新能源出力功率预测、故障预测、非侵入式负载监控、图像识别、机器翻译、决策优化等方面尽早做好人工智能技术开发储备。同时，与人工智能相关的创业企业也应发挥创新机制灵活的优势，与能源服务企业、设备制造企业合作，尤其是与数据管理机制更灵活的能源服务企业合作，不断提升智能算法的精确度。

三是综合能源服务的产业集中度将提升。随着实践项目的推进和内部机制的不断完善，综合能源服务企业、专业化能源服务企业将逐步明确其战略定位。特别是拥有技术、资本、用户或品牌的企业将不断迸发其优势，体现出差异化竞争特点，在优势市场精耕细作，扩大市场份额。在细分市场中，综合能源服务企业为了更好满足用户对降成本、安全、舒适、便捷、速度等方面的本质要求，在提供能源服务的同时，还会与专业的合作伙伴一同提供物业管理、垃圾处理、建筑设计、大气治理、水处理、固废处理等相关服务。

四是综合能源服务企业将与本地产业建立紧密联系。综合能源服务企业根据本地区域实际情况有侧重地开展业务，如在开展大气污染防治、发展新兴能源产业的地区，煤改电、煤改气、分布式能源市场活跃度高，可以进行规模更大的能源供应服务业务。地方政府往往出台更多更有力的分布式能源政策、减煤政策等，这些政策对用户和园区的能源供应绿色化将产生较大影响。例如在经济发达、工业体系成熟、外购入能源比重大的地区，节能市场活跃度高，用户侧能源消费服务业务规模较大，这是因为在这些地区，高端先进产业比重大，用户综合素质较好，能源服务产业链相对成熟。

五是综合能源服务企业将有更广泛的合作伙伴。综合能源服务企业必须重视上下游产业链的合作关系，包括能源生产设备制造企业、用能设备制造企业、感知设备制造企业、信息服务企业、工程服务企业以及专业能源服务企业等，需要整合多元的资源，为客户提供全方位解决方案。对于依托于发电企业、供电企业、城市燃气企业、城市热力企业、光伏组件制造企业、大型节能企业等的综合能源服务企业，可以利用已有优势，通过规模化、标准化手段，吸引合作伙伴一同降低综合服务方案成本。

# 参考文献


[1] 贺帅佳，阮贺彬，高红均，等. 分布鲁棒优化方法在电力系统中的理论分析与应用综述[J]. 电力系统自动化，2020，44（14）：179-191.

[2] 潘越，林舜江，梁炜焜，等. 沿海区域综合能源生产单元随机优化调度[J/OL]. 电网技术：1-13[2023-08-04].https://doi.org/10.13335/j.1000-3673.pst.2023.08.01.

[3] 郭尊，李庚银，周明，等. 考虑网络约束和源荷不确定性的区域综合能源系统两阶段鲁棒优化调度[J]. 电网技术，2019，43（9）：3090-3100.

[4] 税月，刘俊勇，高红均，等. 考虑风电不确定性的电热综合系统分布鲁棒协调优化调度模型[J]. 中国电机工程学报，2018，38（24）：7235-7247，7450.

[5] 杜刚，赵冬梅，刘鑫. 计及风电不确定性优化调度研究综述[J]. 中国电机工程学报，2023，43（07）：2608-2627.

[6] 骆钊，刘德文，沈鑫，等. 综合能源系统优化运行技术研究综述[J]. 电力建设，2022，43（12）：3-14.

[7] 黎静华，朱梦姝，陆悦江，等. 综合能源系统优化调度综述[J]. 电网技术，2021，45（06）：2256-2272.DOI：10.13335/j.1000-3673.pst.2021.0020.

[8] ABDOLMOHAMMADI H R，KAZEMI A. A Benders decomposition approach for a combined heat and power economic dispatch[J]. Energy Conversion and Management，2013（71）：21-31.

[9] 崔杨，陈志，严干贵，等. 基于含储热热电联产机组与电锅炉的弃风消纳协调调度模型[J]. 中国电机工程学报，2016，35（15）：4072-4080.

[10] 华电电力科学研究院有限公司. 综合能源服务系统与模式[M]. 北京：中国电力出版社，2020.

[11] 赵风云，韩放，齐越，等. 综合智慧能源理论与实践[M]. 北京：中国电力出版社，2021.

[12] 朱维政. 智慧城市—能源服务[M]. 北京：中国电力出版社，2019.

# 附录一　综合能源服务相关机构及网站介绍

| 序号 | 平台 | 网址 | 应用场景 |
| --- | --- | --- | --- |
| 1 | COMPOSE | http://www.energianalyse.dk/index.php/software/ | 运行决策规划，特定情景应用 |
| 2 | DER-CAM | https://gridintegration.lbl.gov/der-cam/ | 固定功率范围热电冷联产系统，运行决策规划，投资决策规划 |
| 3 | EnergyPLAN | https://www.energyplan.eu/download/ | 可再生能源发电系统，投资决策规划，特定情景应用 |
| 4 | eTransport | https://www.sintef.no/en/projects/etransport/ | 运行决策规划，特定情景应用 |
| 5 | HOMER | http://www.homerenergy.com | 小功率可再生能源系统，运行决策规划，投资决策规划 |
| 6 | RETScreen | http://www.retscreen.net/ | 综合能源，投资决策规划，特定情景应用 |
| 7 | TRNSYS | http://sel.me.wisc.edu/trnsys/ | 系统仿真分析 |
| 8 | IES-Plan | http://ies.guoenergy.com | 投资决策规划，特定情景应用 |
| 9 | OpenModelica | https://openmodelica.org | 工业复杂系统，能源系统建模与仿真 |
| 10 | 中国能源研究会 | https://www.cers.org.cn | 综合能源服务相关学术研讨、技术交流 |
| 11 | 中国节能协会节能服务产业委员会 | https://www.emca.cn | 节能服务行业标准制定、认证 |
| 12 | 国家能源局 | https://www.nea.gov.cn | 国家能源发展政策与规划制定实施，能源市场监管 |

# 附录二　综合能源服务相关术语解释

（1）综合能源系统：在一定区域内利用先进的物理信息技术和创新管理模式，整合区域内煤炭、石油、天然气、电能、热能等多种能源，实现多种异质能源子系统之间的协调规划、优化运行、协同管理、交互响应和互补互济。

（2）综合需求响应：通过价格信号、激励机制等手段引导用户调整用能方式，在满足基本多能需求的前提下，通过电力、天然气及热力资源协调互济实现的合理配置和高效利用。

（3）混氢天然气：是指在现有天然气管道体系中掺入一定浓度的氢气，形成氢气－天然气混合气体来进行运输的技术。

（4）低位热值：每标准立方米燃气完全燃烧后，其烟气被冷却至原始温度，但烟气中的水仍为蒸气状态时所放出的热量。

（5）能量品质：能量不仅有数量多少的问题，而且还有品质高低的问题。电能和机械能几乎可以完全转换为机械功，属于较高品质能量；热能只有部分可以转换为机械功，能量品质较低。

（6）碳排放：人类生产经营活动过程中向外界排放温室气体（二氧化碳、甲烷、氧化亚氮、氢氟碳化物、全氟碳化物和六氟化硫等）的过程，被认为是导致全球变暖的主要原因之一。

（7）碳交易：即碳排放权的交易，由政府确定碳排放总量目标，再给排放主体限定一个碳排放配额（即碳排放权），排放主体因实际经营情况的调整导致碳排放配额的余缺，需要到市场上对碳配额进行自由买卖交易即为碳交易。

（8）绿证：即可再生能源绿色电力证书，是可再生能源绿色电力的“电子身份证”，是对可再生能源发电项目所发绿色电力颁发的具有独特标识代码的电子证书，1 个绿证单位对应 1 000 kW·h 可再生能源电量。

（9）碳捕集：是将大型发电厂、钢铁厂、化工厂等排放源产生的二氧化碳收集起来，用各种方法储存以避免其排放到大气中，并且加以合理利用的一种技术。

（10）朗肯循环：即 Rankine Cycle，也被称为兰金循环，是一种将热能转化为功的热力学循环，主要应用于蒸汽动力装置，如蒸汽发电机和蒸汽机车。

（11）低碳经济：低碳经济是以低污染、低能耗和低排放为发展目标，追求人类可持续发展的经济。

（12）需求侧：需求侧是相对于供给侧，涉及用户需求的各个方面。

（13）低压穿越：风机、光伏及储能设备等在并网点电压跌落时，能够保持并网，甚至向电网提供一定的无功功率以支持电网恢复，直到电网恢复正常，从而“穿越”这个低电压时间。

（14）状态估计：根据可获取的量测数据估算动态系统内部状态的方法。对系统的输入和输出进行测量而得到的数据只能反映系统的外部特性，而系统的动态规律通常无法直接测量，需要用内部状态变量来描述。

（15）代理购电：是指用户委托电力销售公司或其他电力服务公司，代表用户与发电公司进行电力交易，购买电力。

（16）爬坡速率：是指发电机组在一定时间内可以安全、稳定地改变出力的速率。

（17）主从博弈：是一种博弈模型，其中一个玩家（主）首先选择其策略，然后其他玩家（从）观察主的行动并相应地选择他们的策略。

（18）纳什均衡：在一个非合作博弈中，任何一个玩家都没有改变策略的动机，只要其他玩家的策略保持不变。

（19）隔墙售电：是指分布式发电市场化交易，允许分布式光伏电站通过电网将电力直接销售给周边的电力用户，而不是先低价卖给电网，再由用户从电网买回。

（20）增量配电网：国家电网/南方电网公司以外的公司投资建设的配电网。《中共中央 国务院关于进一步深化电力体制改革的若干意见》提出，鼓励社会资本投资配电业务。按照有利于促进配电网建设发展和提高配电运营效率的要求，探索社会资本投资配电业务的有效途径。逐步向符合条件的市场主体放开增量配电投资业务，鼓励以混合所有制方式发展配电业务。

（21）低品位热能：是指温度较低的热能，如工业废热、地热、太阳能等。这些热能的利用效率通常较低，但通过某些技术，如热电技术、热离子电容器和热电池等，可以提高其利用效率。

（22）分层调控：通常指微电网分层调控策略，将微电网的控制任务分解为多个层次，每个层次负责不同的控制任务，以实现微电网的高效、稳定运行。

（23）最大功率追踪：通常指光伏 MPPT，是一种通过对光伏电池的电压和电流进行监测和调节，实现光伏电池输出功率最大化的技术。

（24）转动惯量：是任何可以旋转的物体的属性，是指物体抵抗改变其旋转状态的能力大小。转动惯量越小，物体改变其旋转状态所需的力就越小。

（25）压缩空气储能：将电能转化为空气内能储存起来的技术，主要通过压缩空气并将其储存在一个容器中。当需要电能时，可以将压缩的空气释放并驱动涡轮发电机产生电力。

（26）光热集热单元：收集太阳能并将其转化为热能。该热能可用于加热水或空气，也可以用于驱动发电机产生电力。

（27）虚拟储能：在综合能源服务中，通常指基于建筑物墙体结构对温度的传递的延迟作用，对机组制热量、制冷量在时间尺度上短暂地进行虚拟储存。

（28）荷电状态：SOC 是电池中所存储能量的相对度量，定义为特定时间点可从电芯提取的电荷量与总容量之比，可以表征出剩余电量和电池健康状况。

（29）V2G：Vehicle-to-Grid，即车辆到电网技术，可以使电动汽车的电池能够将能量反馈到电网。

（30）P2G：Power to Gas，即电力到气体，将剩余电力转化为气体燃料（如氢气或甲烷）以便储存和利用。

（31）供能可靠性：对电力系统供电可靠性一词的延伸，衡量综合能源系统能否持续、稳定地提供多类用能的指标。

（32）CCUS：Carbon Capture Utilization and Storage，即碳捕集、利用和封存，将 $CO_2$ 从排放源中分离出来，然后直接利用或者封存起来，以实现减少二氧化碳排放的技术过程。

（33）能量母线模型：用于描述和分析综合能源系统的模型，在此模型中，每个能源形式都可以被看作是一个“母线”，而各种能源设备（如发电机、热力设备、储能设备等）则可以被看作连接在这些母线上的元件，将复杂的综合能源系统简化为一个电路网络，从而更容易地进行分析和优化。

（34）苏霍夫公式：科学家苏霍夫在 19 世纪末提出的，用于计算不考虑摩擦升温影响的热油管温降，主要用于热力学计算。

# 答案解析

## 第 1 章

1. 能源早期指能量的来源，随着时代的进步，后来泛指产生能量的原料和资源。

2. 答案不唯一，论述得有道理即可。例：能源的品质有高有低，能量总量虽不变，但便捷利用的高品质能源在使用过程中会转化成低品质的废能，而目前的主要能源仍是不可再生的化石能源，也就会产生能源危机。

3. 生态平衡指自然生态系统中生物与环境之间，生物与生物之间相互作用而建立起来的动态平衡联系。又称“自然平衡”。温室效应指二氧化碳等温室气体的大量排放导致大气变暖的现象。臭氧层破坏指人类大量排放的氟氯烃（CFCl）、甲烷等气体导致南极上空臭氧层出现巨大空洞的现象。主要因素包括工业生产的重度污染和化石能源的快速消耗等。

4. 电能对环境无污染，能很方便地转化成其他形式的能，可以实现远距离传输。（主观论述，有道理即可）

5. 清洁、方便、可持续性、开发成本、稳定性等等（可自由发挥看法）。

6. 开放题，可放开想象。

7. 可畅想核聚变技术的突破和应用。

## 第 2 章

1. 综合能源系统（Integrated Energy System，IES）是指将多种不同类型的能源（如电能、热能、气体等）进行综合利用，形成高效、低碳、可持续的能源体系，以满足不同领域的能源需求。

2. 风能是指空气相对于地面作水平运动时所产生的动能；风能的大小取决于风速和空气密度；风能也是太阳能的一种转化形式。

3. 水力是可以再生的能源，能年复一年地循环使用；水电发电成本低，积累多，投资回收快，大中型水电站一般 3 ~ 5 年就可收回全部投资；水电没有污染，是一种干净的能源；水电站一般都有防洪、航运、养殖、美化环境、旅游等综合经济效益；操作、管理人员少，一般不到火电的 1/3 人员就足够了。

4. 电能存储具有多种方式，可以分成：物理储能、电化学储能以及电磁储能。其中物理储能包含抽水蓄能、压缩空气和飞轮储能等技术；电化学储能包含液流电池、锂电池等形式；电磁储能则主要包括超导电磁、超级电容等。

## 第 3 章

1. ABCD　　2. A　　3. AD　　4. CD

5. 能对不同的频率成分采用逐渐精细的采样步长，从而可以聚集到信号的任意细节，尤其是对奇异信号很敏感，能很好地处理微弱或突变的信号，其目标是将一个信号的信息转化成小波系数，从而能够方便地加以处理、储存、传递、分析或被用于重建原始信号。

6. 短期负荷预测是预测未来 0 ~ 24 h 之内供冷系统负荷的变化情况，主要用于系统的供冷量与用户需冷量相匹配；中期负荷预测的周期为 3 ~ 7 天，目的是：为供冷系统制定生产、维修、运输及人员财务计划提供依据。

7. 光伏发电超短期预测：在未来 0 ~ 4 h 的时间范围内预测光伏出力的可能值，提供出力变化的瞬时信息。

8. 光伏发电中长期预测：对未来 1 月 ~ 1 年的出力进行预测，能够为电网检修计划、安全稳定运行提供参考数据，也可以规划新建光伏电站。

9. 综合能源系统的储能技术分为：物理储能、化学储能、热储能。

10. 在热力系统中，储热主要的作用有：调节热能供给与负荷之间存在的不平衡、接入间歇性能源、平衡太阳能热发电系统中的辐射波动。

11. 综合能源系统中，储热主要包括：显热储热、潜热储热、化学储热。

12. 对于综合数据的具体分析过程，大约可以分为三个部分，分别是：数据采集、数据中继、数据分析。

## 第 4 章

1. ABC

解析：电能采集设备是数据采集中的重要环节，它通过 RS-485、电力线载波、无线微功率等通信方式采集智能电表、智能开关等信息采集点的数据，并对采集的数据进行处理、分类存储和上报。

2. AB

解析：集中抄表终端是对低压用户用电信息进行采集的设备，主要安装于低压居民用户用电台区，包括集中器、采集器。

3. A

解析：专变采集终端是对专用变压器用户用电信息进行采集的设备，主要安装于专用变压器用户计量节点，可以实现电能表数据的采集、电能计量设备工况和供电电能质量监测，以及客户用电负荷和电能量的监控，并对采集数据进行管理和双向传输。

4. A

解析：基本型采集器抄收和暂存电能表数据，并根据集中器的命令将储存的数据上传给集中器。

5. D

解析：液晶显示“”表示正在进行模块通信。

6. A

解析：支持存储功能，可保存电能量、需量、费率电能、定时冻结数据等，在电能表断电情况下，与结算关的数据至少可保存 10 年，其他数据至少可保存 3 年。

7. B，解析见图：

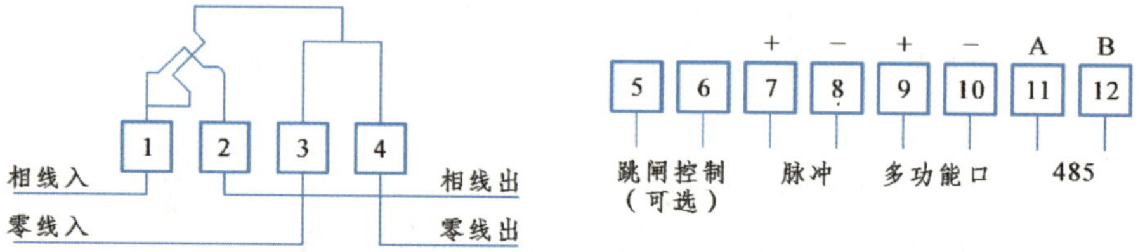


8. D，解析见图：

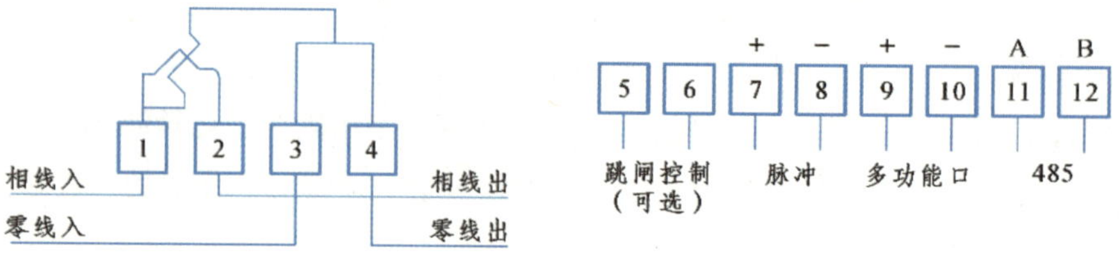


9. D，解析见图：

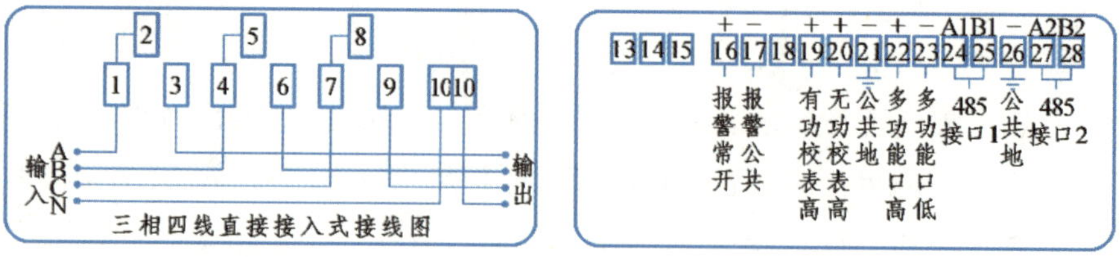


10. A

## 第 5 章

1. C

解析：V2G：Vehicle to Grid，指电动汽车给电网送电的技术；P2G 指电转气技术。

2. B

解析：随机优化方法是一种较为成熟的处理不确定性的方法，它基于确定的概率分布来对不确定性问题进行描述，因此一般求解时间较长。

3. A

解析：电力系统优化模型多处理为线性模型。遗传算法和深度学习属于人工智能方法。

4. C

解析：A、B、D 属于电力系统优化调度模型的典型约束，不仅局限于综合能源系统优化模型。

5. ABC

解析：D 应为最小化投资成本。

6. AC

解析：B、D 属于不等式约束。

7. ABCD

解析：A、B、C、D 都为常见的提高系统灵活性的手段。

8. BD

解析：鲁棒优化方法通过构建不确定集合来描述不确定参数的变化范围，求解速度较快，但由于是在最恶劣场景下所得结果，因此优化结果较为保守。

9. 调度模型求解方法主要分为解析法和人工智能方法两大类。

解析：根据算法的智能性来分类。

10. 鲁棒优化方法是指通过设定不确定参数（如风机出力）的波动范围，寻求最恶劣场景下优化方案的方法。

解析：鲁棒优化方法是在最恶劣场景下对问题进行优化求解的方法。

11. 分布鲁棒方法同时具备随机优化（SO）与鲁棒优化（RO）的优点，在采用分布鲁棒方法去求解优化调度模型时，可以同时兼顾求解时间、经济性及鲁棒性。

解析：分布鲁棒方法结合了随机优化和鲁棒优化方法的特点，在经济性、保守性方面都表现出较好的性能。

12. 综合能源系统优化调度等最优化问题的三要素为 决策变量、目标函数 以及约束条件。

解析：最优化问题一般由目标函数、决策变量和约束条件三要素构成。

## 第 6 章

一、单选题

1. B

解析：综合能源服务业务是以“能源”为核心，涵盖横向“电热冷气水”多能互补，纵向“源网荷储用”全产业链，垂向设备制造、规划、设计、建设、运营、投融资等各环节，综合衍生出的能源相关业务。

2. A

解析：综合能源服务业务是受消费驱动、以用户为中心的服务模式，致力于满足用户日益增长的个性化和差异化消费需求。

3. C

解析：能源生产端涵盖了能源生产项目的设计、咨询、规划、运营、服务、设备销售等诸多环节。

4. D

解析：以分布式能源为主建设区域多能供应能源站实现供冷、供热、供电、供气、供水的综合能源服务。

5. B

解析：综合能源服务的基本业务模式可从供能侧和用能侧出发，通过能源输送网络、信息物理系统、综合能源管理平台以及信息和增值服务，实现能源流、信息流、价值流的交换与互动。

二、多选题

1. ABCDE

解析：综合能源服务业务是受新能源技术、“大云物移智链”等技术驱动，适应用户日益增长的多样化差异化用能需求提供的能源服务。综合能源服务业务具有能源综合性、品种多样性、需求导向性、创新驱动性、生态共建性。

2. ABCD

解析：综合能源服务业务范围广，涉及类型多。为统一梳理所涉及的业务，借鉴国际国内实践经验，按照要素覆盖齐全的原则，将综合能源服务业务分为能源生产、能源输配、能源消费、能源交易四大环节。

3. BC

解析：以分布式能源为主建设区域多能供应能源站实现供冷、供热、供电、供气、供水的综合能源服务。区域多能供应通过能源梯级利用和多能源协同优化，提高能源的综合利用水平。

4. ABCDE

解析：综合供能网络建设与运营包含供电、供热、供冷、供气（汽）、供水等综合供能网络，通过赚取过网费获取收益。

5. ABCD

解析：综合能源服务的基本业务模式可从供能侧和用能侧出发，通过能源输送网络、信息物理系统、综合能源管理平台以及信息和增值服务，实现能源流、信息流、价值流的交换与互动。理想的盈利模式中，除了产业链和业务链的构建之外，其盈利主要来源于四个方面：核心服务、基础服务、增值服务、潜在的收益来源。

三、简单题

1. BT 是基础设施项目建设领域中采用的一种投资建设模式，指根据项目发起人通过与投资者签订合同，由投资者负责项目的融资、建设，并在规定时限内将竣工后的项目移交项目发起人，项目发起人根据事先签订的回购协议分期向投资者支付项目总投资及确定的回报。

2. BOT（Bulid Operate Transfer）即建造-运营-移交方式，其最大的特点是将基础设施的经营权有期限地抵押以获得项目融资，或者说是基础设施国有项目民营化。

3. PPP 是指政府与私人组织之间，为了提供某种公共物品和服务，以特许权协议为基础，彼此之间形成一种伙伴式的合作关系，并通过签署合同来明确双方的权利和义务，以确保合作的顺利完成，最终使合作各方达到比预期单独行动更为有利的结果。

## 第 7 章

1. 光伏发电主要通过光生伏打效应来实现太阳能的转换和收集。当太阳光照射到光伏板上时，光子与光伏材料中的电子相互作用，导致电子从原子中被释放出来，形成电流。这样产生的直流电经过逆变器的处理，可以被转化为交流电，以供电网使用。

2. 根据系统的设计要求，光伏并网发电系统可以分为两类：一类是“不可调度式光伏并网发电系统”，这类系统不含储能环节；另一类是“可调度式光伏并网发电系统”，这类系统则包括了储能环节。

3. 光伏并网逆变器按照控制方式的分类，可以分为电压源电压控制、电压源电流控制、电流源电压控制和电流源电流控制这四种方法。

4. ①光伏组件阵列：由多个太阳能光伏电池板组成，将光能转化为直流电能；②光伏控制器：用于监测和控制光伏组件阵列的工作状况，以实现最大的发电效率；③电池组：储能装置，通常采用锂电池或其他化学电池技术，用于存储多余的光伏发电能量；④电池管理系统（BMS）：负责监测和管理电池组的充电和放电过程，以确保电池的安全运行和性能寿命；⑤逆变器：将直流电能（来自光伏组件和电池组）转换为交流电能，以供电网使用或馈回电网；⑥储能电站联合控制调度系统：作为整个系统的中央控制平台，协调光伏发电、储能装置的充放电以及逆变器的运行，以实现系统的稳定运行和优化能源管理。

5. 储能单元在光伏发电系统中具有四种不同的工作模态，分别是并网充电、离网充电、离网独立放电和离网辅助放电。

6. 孤岛效应可以分为两种情况：一种是当外部电网断开时，如果光伏发电系统发出的功率与本地负载需求的功率相匹配，光伏逆变器的端电压和频率变化不大，逆变器的保护机制无法检测到电网的变化，从而继续运行，形成孤岛效应；另一种是当外部电网断开时，光伏发电系统的功率无法满足本地负载需求，逆变器无法继续运行，这种情况下不会形成孤岛效应。

7. 当电网停电或进行检修时，光伏发电站的存在可能对电力工作人员的安全构成潜在风险。光伏孤岛效应确实会导致电网无法控制供电孤岛的电压和频率，从而引起电压和频率的波动。光伏逆变器在孤岛运行状态下仍然发电时，当电网重新恢复供电时会产生浪涌电流。

8. 风能资源随时间随机变化，规律性差，使得风电功率表现为随机波动性，大规模风电并网后，对电力系统维持实时的能量平衡带来较大的难度，需要由常规电源预留大量旋转备用容量来平衡，进而挤占了电力系统的调峰能力，降低了电力系统运行的经济性。

9. 风电的电能质量分为风电机组的电能质量和风电场的电能质量。

## 第 8 章

1. D

解析：见文件《有序用电管理办法》。

2. A

解析：快调负荷是指能够快速响应电网指令，进行二次调频等辅助服务的负荷。这类负荷能够在电网需求变化时迅速调整其电力消耗，以帮助平衡电网的供需。

3. A

解析：见《需求侧可调节电力负荷技术研究报告》。三北地区包括东北、华北和西北地区，拥有丰富的风能资源。由于电网容量限制、能源需求不足以及输电线路不足等问题，导致大量风能无法得到有效利用，从而产生了所谓的“弃风”现象。

4. D

解析：代征电价不是电价定价机制，而是指政府代征的一种费用，如环保、移民基金费用等，与分时电价的概念不相关。

5. C

解析：响应容量是用户在电网紧急情况或者电价高峰时，能够减少或增加的电力容量。这种机制有助于电网的平衡和稳定，同时允许用户通过调整用电行为来获得经济利益。

6. ABD

解析：见《需求侧可调节电力负荷技术研究报告》规定，促使终端用户主动参与市场运行和价格决策的手段包括市场模式、价格机制和补偿机制等。

7. C

解析：为了更有效地管理电力资源，促进电力市场的合理运作，以及激励用户合理使用电力。各级价格主管部门应推动完善这些电价机制，并加大激励力度，扩大实施范围，目的是提高电力使用的效率和合理性。

8. C

解析：需求响应能力指的是电力用户在电网需求高峰期间减少用电负荷的能力，从而帮助电网减轻压力。题目中的“形成占年度最大用电负荷一定百分比的需求响应能力”是一个具体的目标，这个百分比表示电力系统希望通过需求响应机制实现的用电负荷调节能力占年度最大用电负荷的比例，目前相关文件提到的目标是3%。

9. D

解析：电能质量标准化的目的是确保电能的连续、可靠供应，同时保障输配电设备、用电设备与装置的正常使用，应该选D。

10. C

解析：削峰、移峰填谷是负荷管理的核心目的，削峰是指减少电力高峰时段的用电量，移峰填谷是指将高峰时段的用电转移到低谷时段，以此平衡电网负荷。

11. C

解析：能效管理的核心目的即是通过提高用电效率来降低能耗。

12. D

解析：绿色照明主要关注的是提高电力使用效率，即以较少的电能消耗获得必要的照明，从而达到节能环保的目的。

13. D

解析：环保用电主要发生在需求侧，通过在这一端实施电能替代，减少对传统污染能源的依赖。

14. A

解析：“多方共赢的需求响应”这一选项包含了需求响应，还强调在促进可再生能源电力消纳的同时实现多方利益的最大化，如可再生能源供应商、电网公司和用户等。这符合试点项目的目标。

15. A

解析：化石能源（如煤炭、石油和天然气）是当前主要的能源来源，但它们的使用产生了大量的温室气体排放。可再生能源的目标之一就是替代这些化石能源，减少环境污染和气候变化的影响。

16. A

解析：用户参与调峰辅助服务时获得的补偿费用通常是基于他们为调峰贡献的电

量和相应的电价计算的。调峰指的是用户根据电网的需求调整自己的用电量，以帮助电网平衡供需。在公式中，用户获得的调峰补偿费用等于他们提供的调峰电量乘以相应的出清电价。

17. B

解析：有序用电的目的是在电力供应不足或出现突发事件等情况下，维护供用电秩序的平稳。

18. C

解析：需求响应资源的纳入电力市场是实现电力系统效率和灵活性的关键方式，这与扩大试点实施范围和电力市场建设的目标一致。

19. B

解析：错峰用电是指将电力的高峰时段用电负荷转移到其他时段，以此减少高峰时段的用电压力，但通常不减少总体的电能使用量。

20. C

解析：需求侧管理旨在鼓励消费者更高效、更节约地使用电力，对电力系统的需求量和使用方式的管理和调整，改善整个电力系统的效率和可靠性。

21. A

解析：见《需求侧可调节电力负荷技术研究报告》。

22. B

解析：见《需求侧可调节电力负荷技术研究报告》，如果主要生产负荷被中断，可能会导致生产过程的停止或严重干扰，但它们并不一定直接关联到引起人身安全事故的风险。

23. B

解析：见《需求侧可调节电力负荷技术研究报告》，安全保障负荷通常是指那些对于保障人员安全或关键设施运行至关重要的负荷。如果这些负荷被中断，可能会对人员安全、关键设施的完整性或关键业务流程造成严重影响。

24. A

解析：基于价格的需求响应确实是指用户根据零售电价的变化来调整自己的用电需求。在这种需求响应模式中，电价通常会根据电力系统的供需情况而变化，如在高峰时段电价上升，在低峰时段电价下降。

25. A，解析略。

26. A，解析略。

## 第 9 章

1. 需对主站设计方案、网络通信方案、数据采集方案进行设计，实现能源管理系统通过集团局域网与 DCS、MES 系统进行数据对接。

对于含分布式电源的园区能源管理架构，可参考下图：

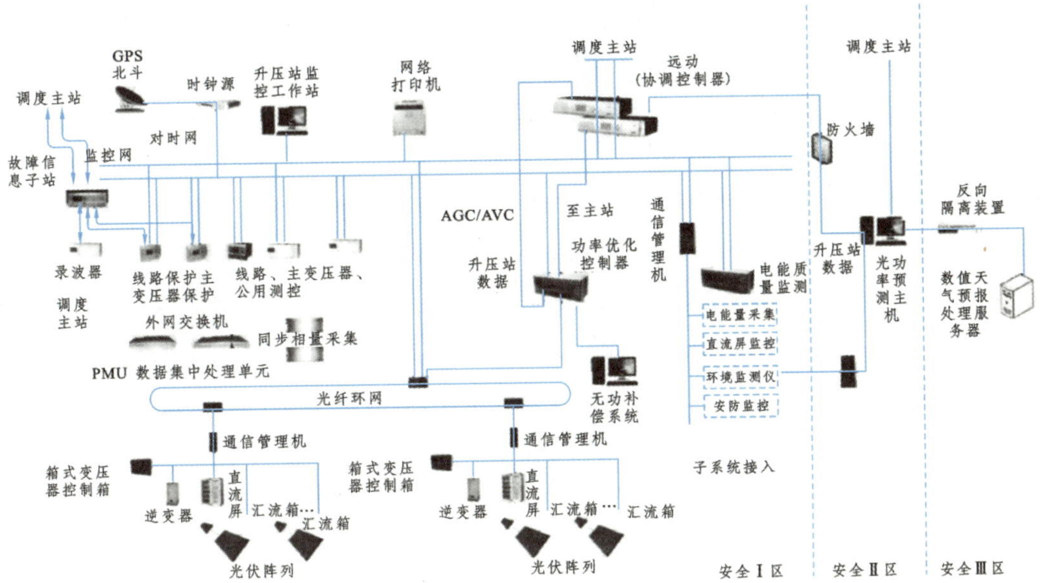


对于国网公司，可参考含分布式电源/综合能源园区的能源管理逻辑架构：

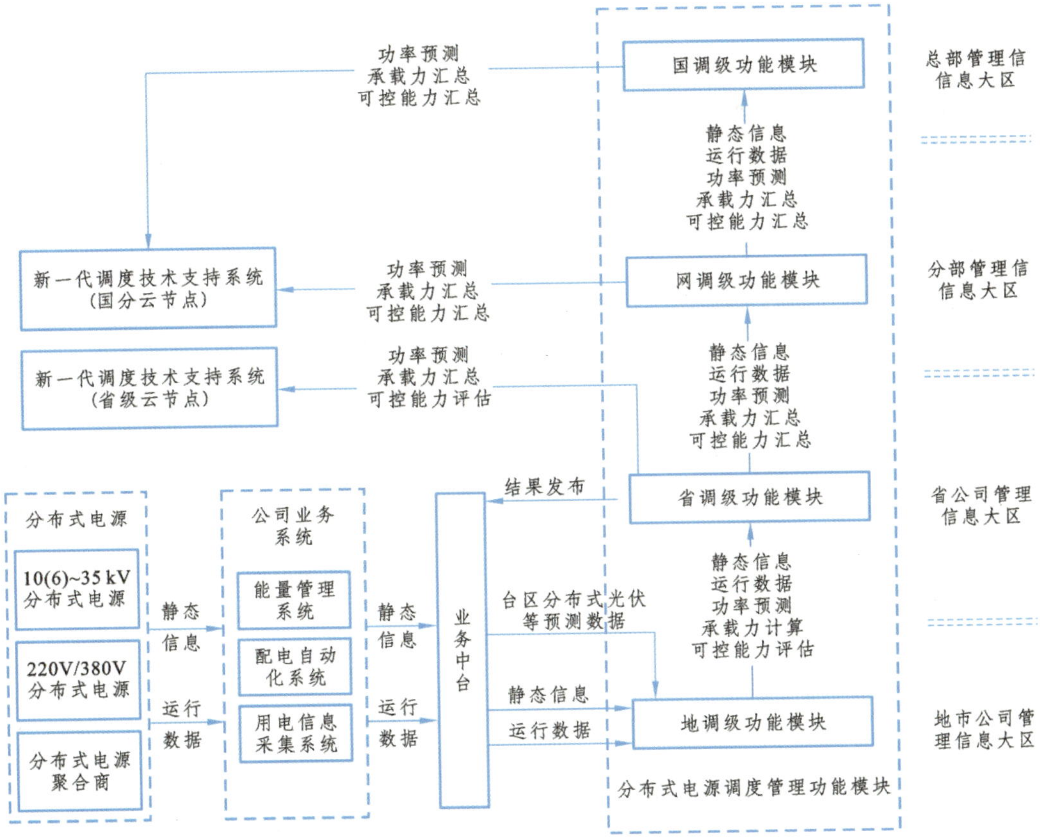

2. 2021 年，雄安数字化主动电网建设被列入国家电网公司重点任务。

3. “1+5+X”是指以变电站为核心，融合边缘计算、智能充放电、综合能源、应急保障、健身服务等五大核心功能，拓展数字化新基建、绿色能源微网、普惠臻享生活等三大新业态（20+典型场景）打造多站融合项目覆土空间利用发展新模式、数字经济臻享生活新模式、共建共享共赢商业新模式、设施租赁运营营利新模式等四大新模式，实现人与自然、人与能源的有机融合，讲好雄安故事五个点，重塑国网新品牌。

在绿电交易方面，国网甘肃综能已与 134 个代理购电客户签订合同，中长期电量超过 20 亿千瓦时，与去年相比增长了 201.88%。同时，该公司还成功促成了甘肃省内的第一笔 11 万千瓦时绿电交易，并促成了跨省交易 2 303.5 万千瓦时，这标志着公司跨省跨区电力交易的开始。在新能源超高压汇集站建设方面，国网甘肃综能积极参与国网综能服务集团的项目开发，与其合作推进了张掖高台 330 kV 汇集站项目。